创新与激励

公立高校科研奖励政策研究

杨忠泰 刘辉 著

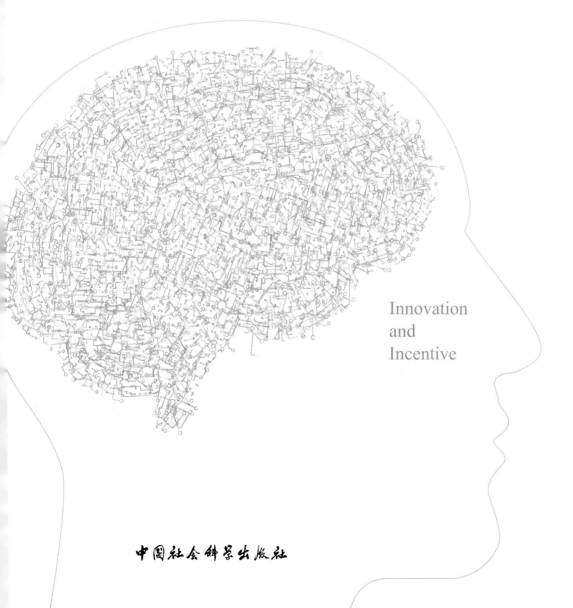

Innovation
and
Incentive

中国社会科学出版社

图书在版编目（CIP）数据

创新与激励：公立高校科研奖励政策研究／杨忠泰，刘辉著．—北京：
中国社会科学出版社，2022.2
ISBN 978－7－5203－9520－5

Ⅰ.①创…　Ⅱ.①杨…②刘…　Ⅲ.①高等学校—科研管理—
研究—中国　Ⅳ.①G644

中国版本图书馆 CIP 数据核字（2022）第 014989 号

出 版 人	赵剑英
责任编辑	高　歌
责任校对	周　昊
责任印制	戴　宽

出　　版	中国社会科学出版社
社　　址	北京鼓楼西大街甲 158 号
邮　　编	100720
网　　址	http://www.csspw.cn
发 行 部	010－84083685
门 市 部	010－84029450
经　　销	新华书店及其他书店

印刷装订	三河弘翰印务有限公司
版　　次	2022 年 2 月第 1 版
印　　次	2022 年 2 月第 1 次印刷

开　　本	710×1000　1/16
印　　张	19.75
插　　页	2
字　　数	316 千字
定　　价	108.00 元

目　　录

第一章　导论

第一节　研究依据

一　研究缘起

高等学校科研创新发展是一个弥久且永恒的话题。如何站在当前我国高等教育内涵式发展的新阶段，用什么样的方式引导和激励高校科研创新发展，乃是一个具有创新意义的重大课题。我国高等教育从艰难起步到实现跨越式发展，用了 100 多年时间。这 100 多年，跨过了西方高等教育几百年的历程。经过中华人民共和国成立后的 70 年，尤其是改革开放 40 年发展，我国高校科研创新无论是 R&D 经费投入、R&D 人员全时当量还是成果数量、规模皆位于世界前列。① 但站在新的历史起点上，高校作为科技第一生产力、人才第一资源和创新第一动力的重要结合点，在新一轮世界科技革命的大背景下，从我国现代化建设阶段性特征和国际高等教育发展潮流及其激烈竞争来看，我国高等教育及其科学研究还不能完全适应人民群众接受良好教育和建设世界科技强国的要求，与世界一流大学相比在质量上还有明显差距。因此，我国高校"双一流"建设和高质量发展，无论是大势所趋还是国内经济社会高质量发展的内在需求，都必须走上依靠原创性研究求得生存和内涵式发展的道路。

改革开放以来，尽管我国高校科研创新为国家自主创新能力的提高作出了突出贡献，但在教育、科研评价中还存在"唯论文、唯帽子、唯职称、唯学历、唯奖项"的"五唯"顽瘴痼疾，严重阻碍了我国科技创

---

① 教育部：《2019 年全国教育事业发展统计公报》，2020 年 5 月 20 日，http：//www. moe. gov. cn/jyb_ sjzl/sjzl_ fztjgb/202005/t20200520_ 456751. html，2021 年 6 月 21 日。

新和高校高质量发展。习近平总书记在 2018 年全国教育大会上明确提出，要深化教育体制改革，健全立德树人机制，扭转不科学的教育评价导向，坚决克服唯分数、唯升学、唯文凭、唯论文、唯帽子的顽瘴痼疾，从根本上解决教育评价指挥棒问题[1]（需要说明的是，本书所讲的"五唯"，是指教育部、科技部破"五唯"专项行动中的"唯论文、唯帽子、唯职称、唯学历、唯奖项"，主要针对高等学校。习近平总书记在这里讲的"五唯"，是包括基础教育在内的整个教育领域。清理和整顿高校科研评价中的"五唯"现象，并不只针对论文、帽子、职称、学历与奖项五个方面，还体现在高校教师学术水平的各种外在因素，例如课题/项目、专著、专利、论文引用及引用频次，等等）。习近平总书记关于高校要坚持立德树人和坚持"四个面向"加强科技创新等一系列重要讲话精神，深刻阐明了高校的根本任务，为高校发展指明了方向，提出了基本遵循。为落实习近平总书记这一重要讲话精神，中共中央办公厅、国务院办公厅于 2018 年 10 月 24 日发布了《关于优化科研管理提升科研绩效若干措施的通知》，提出要完善有利于创新的评价激励制度，开展"唯论文、唯职称、唯学历、唯奖项"问题集中清理。科技部、教育部等五部委从 2018 年开始，在全国组织开展破"四唯"、破"五唯"专项行动，要求教育部组织清理整顿高校科研成果奖励等；各高校要清理学校内部管理文件中涉及的"论文奖励，国家、省部级配套奖励支持，院系科研绩效考核，人才计划评选"等 11 项重点领域的问题[2]，迈出了重建科学的高校科研管理机制、清理和整改高校科研奖励政策实质性的一步。尤其是两部于 2020 年 2 月先后发出通知，国家首次以正式文件的形式，进一步明确要求全国各高校"要取消直接依据 SCI 论文相关指标对个人和院系的奖励"[3]，"对存在奖励论文发表的相关高校等采取约谈、

---

[1] 《习近平在全国教育大会上强调 坚持中国特色社会主义教育发展道路 培养德智体美劳全面发展的社会主义建设者和接班人》，《人民日报》2018 年 9 月 11 日第 1 版。

[2] 科技部、教育部、人力资源和社会保障部、中科院、中国工程院：《关于开展清理"唯论文、唯职称、唯学历、唯奖项"专项行动的通知》，2018 年 11 月 8 日，http：//www. moe. gov. cn/srcsite/A16/s7062/201811/t20181113_ 354444. html，2021 年 6 月 21 日。

[3] 教育部、科技部：《关于规范高等学校 SCI 论文相关指标使用树立正确评价导向的若干意见的通知》，2020 年 2 月 20 日，http：//www. moe. gov. cn/srcsite/A16/moe_ 784/202002/t20200223_ 423334. html，2021 年 6 月 21 日。

通报批评等方式予以处理并责令整改"①。教育部、国家知识产权局、科技部2020年1月3日也发文，要求高校要以优化专利质量和促进科技成果转化为导向，停止对专利申请的奖励，大幅减少并逐步取消对专利授权的奖励。② 科技部、国家自然科学基金委也于2020年7月29日发出通知，要求"科学、理性看待学术论文，注重论文质量和水平，不将论文发表数量、影响因子等与奖励奖金挂钩，不使用国家科技计划（专项、基金等）专项资金奖励论文发表"③。2020年10月13日，中共中央、国务院印发了《深化新时代教育评价改革总体方案》，进一步强调教育要坚持把立德树人成效作为根本标准；围绕"破五唯"目标，"坚持改进结果评价，强化过程评价，探索增值评价，健全综合评价"的基本原则；进一步强调要突出质量导向，激励原创性研究，扭转科研激励功利化倾向，"不得将论文数、项目数、课题经费等科研量化指标与绩效工资分配、奖励挂钩"④。由此可见，长期以来，尤其是2018年开始的破"四唯"、破"五唯"专项行动以来，国家都明确把高校SCI等科研论文奖励、专利申请奖励等科研成果奖励和科研项目奖励作为破"五唯"清理和整改的主要对象之一。国家风向标和政策要求的变化，必然要求对高校科研奖励机制和政策体系进行重构。从而为本书的研究主题提供了国家政策依据和良好时机。

破"五唯"专项行动为我们提出了一个重大命题：如何理性认识"五唯"和破"五唯"？如何正确激励高校科研创新？破"五唯"，如何"立"？"立"什么？即破"五唯"的关键和难点是破"唯"和"立"什么的问题，采取什么样的政策制度更好地引导和激励高校及教师的科研

---

① 科技部：《关于破除科技评价中"唯论文"不良导向的若干措施（试行）的通知》，2020年2月23日，http：//www.most.gov.cn/xxgk/xinxifenlei/fdzdgknr/fgzc/gfxwj/gfxwj2020/202002/W020200716318617342543.pdf，2021年6月21日。

② 教育部、国家知识产权局、科技部：《关于提升高等学校专利质量，促进转化运用的若干意见》，2020年2月19日，http：//www.moe.gov.cn/srcsite/A16/s7062/202002/t20200221_422861.html？isappinstalled=0，2021年6月21日。

③ 科技部、国家自然科学基金委：《关于进一步压实国家科技计划（专项、基金等）任务承担单位科研作风学风和科研诚信主体责任的通知》，2020年7月17日，http：//www.gov.cn/zhengce/zhengceku/2020-07/30/content_5531151.htm，2021年6月21日。

④ 中共中央、国务院：《深化新时代教育评价改革总体方案》，2020年10月13日，http：//www.gov.cn/zhengce/2020-10/13/content_5551032.htm，2021年6月21日。

创新？这又为我们提出了一系列重大任务：如何平衡好高校教学与科研的关系，科学研究如何更好地服务高校立德树人，提高育人质量？如何遵循科研创新基本规律，平衡好基础研究、应用基础研究与试验发展、科技成果转化之间的关系，提高原创性研究质量？如何分类推进高校决策层、管理者与不同教师群体等科研奖励政策利益相关者博弈关系所形成的"奖"与"不奖"两难选择问题，重构科学的高校科研奖励政策的路径和政策体系？

其中如何重构和优化高校科研奖励政策体系便是其重中之重。这势必涉及在我国高校实施已久、曾经在高校科研创新外延式发展的特定阶段发挥重要作用，但已严重偏离现阶段高校科研创新高质量发展和科技成果内涵属性的科研奖励政策。党的十九届四中全会对"中国之制"与"中国之治"之间的辩证关系进行了科学的论述，深刻指出中国特色社会主义是实现"中国之治"的制度基础。我国高校也不例外，要实现治理能力现代化，关键在于制度政策建设，也就是以"大学之治"推动"大学之制"。"大学之治"就是大学的治理体系，是围绕高校教学、科研和社会服务紧密相连、相互协调的基本功能，实现其知识传承、创新和发展根本目标的制度政策体系。教师是完成高校基本功能和根本目标的主体和核心力量，"大学之治"就是要为解放教师和学术生产力、激发其科研创新积极性提供制度政策保障。

以 SCI 论文为首的高校科研奖励政策由来已久，在我国高校已实施20 多年，它是我国社会、经济、科技、文化和社会主义市场经济发展特定阶段多种因素交织的结果。近年来，在国家破"五唯"的背景下，国内外学者从不同角度，对其发表过一些很好的意见和观点。

这个问题的实质，涉及高校育人质量和科研创新与激励的根本，涉及高校及教师的科研初心和使命；关乎高校育人和国家科技创新健康、长久发展。这是一个具有本源性质和意义的问题，也是一个亟待研究和解决的重要理论和现实问题。本书在国家进一步破"五唯"的视域下，其着眼点在于破解高校科研创新"奖"与"不奖"的两难选择困境，探讨如何"立"？"立什么"？因此，本书以揭示科技奖励制度与高校科研奖励政策关系为切入点，以清理和整改公立高校科研奖励政策为着力点，以重构公立高校科研奖励机制和政策为落脚点，以国内外科技奖励制度和高校教师薪酬制度的理论和实践与我国公立高校科研奖励政策的实践及理论分析为逻辑主线，构建实证研究和理论分析框架，形成全书的逻辑体系安排。我们认为，创新激励是释放科研创新动能，推动高校科研创新高质量发展的内驱动力，科学的科研评价是其实现的前提条件，恰当的激励、而非纯粹物质奖励是持续调动高校教师科研创新积极性的核心要素。笔者深知，在国家进一步破"五唯"、取消高校 SCI 论文等奖励的背景下，破解公立高校科研"奖"与"不奖"的两难选择困境，构建一个既要遵循科研创新规律，加快公立高校科研奖励政策清理和整改，又要符合我国现阶段高校科研创新实际，有效激励高校教师科研创新积极性的理论分析框架和政策体系，是一个非常复杂、充分风险的问题，但它确实是我国新时代高校科研创新高质量发展不得不解决的核心问题之一。笔者作为从事高校教学、科研和管理近 40 年的教育工作者，愿对此作出不懈的努力，以期为国家进一步破"五唯"，深化教育、科研评价改革，加快清理和整改高校科研奖励政策提供一些新的事实依据和理论支撑，以作为决策的参考。

本书研究公立高校科研奖励政策奖项内容并不包括高校教师职称晋升、资格控制、年度考核等规范性激励政策内容，以及教师产学研服务收入、奖励与学校之外获得的各级政府、社会力量给予其科研成果的正常奖励等，但在讨论中会涉及这些内容。

二 研究文献综述

我国目前高校科研奖励政策作为一种"明码标价，按件计酬"的外在物质激励手段，其奖项内容主要包括 SCI 论文等科研成果、科研项目、科研获奖、论文引用等。自实施以来，一直是国内外学者和社会各界关注的热点问题和敏感话题之一。国内外相关研究主要表现为历史与逻辑相统一的三个时期、四个方面。

第一，早期关于科技奖励制度与高校科研奖励政策的理论基础研究。默顿于 1957 年发表的《科学发现的优先权》一文，标志着科技奖励理论的初步形成。默顿及其学生们以"科学中的社会"为研究取向，构建了具有浓厚社会学意味的科学奖励研究范式，发展成系统的"默顿理论"，是当代科技奖励研究的经典理论基础。此后，哈格斯特龙又以

"社会中的科学"为研究取向，构建了科技奖励的"交换理论"；同时期，贝尔纳则更加强调"科学技术与社会的互动"，注重从科技社会功能来思考科技奖励，被称为"贝尔纳路线"。

默顿认为，科学奖励系统的本质是科学共同体根据科学家的角色表现来分配承认和荣誉。① 其基本形式是对科学贡献，特别是对原创性成果的承认，所有别的奖励形式皆源于此。诚如默顿和科尔兄弟所言："承认是科学王国中的基本通货。"这种承认是一种积极的社会控制方式，它引导科学家及其群体更好地履行科学家的角色和实现科学建制目标。获得这种承认，意味着科学家及其群体向社会交了一份满意的答卷，理应获得社会回报，即通过承认来满足自身需要。同时，这种承认因等级不同而形成不同的层级。科学奖励制度把原创性确立为最高价值，并且把奖励授予原创性成果的创造者，从而使科学家非常看重对原创性的承认，并力争获得优先权。

为克服默顿理论仅把评价科学成果的标准局限于科学共同体内部这一欠缺，贝尔纳强调应在更为广阔的社会中寻找一切能够促进科学发展的因素。不同于"默顿理论"，他把科学拓展到整个科学技术领域，强调要着重研究科技奖励系统对于科技发展的重要机制效应。注重从科技社会功能思考"科技奖励"，从而形成了科技奖励的"贝尔纳路线"。贝尔纳等强调，正是巨大的社会功能引起了人们对于科学研究的兴趣，并由此产生频繁的奖励。② 因此，决不能单纯就科技发展讨论"科技奖励"。贝尔纳等人关注科技的社会功能，关注科技与社会互动，无疑比默顿理论更具有现代性气息和更宽广的视角。因此，相对默顿理论而言，贝尔纳路线无疑是一个有益的补充。不过，贝尔纳路线把社会功能置于科学技术发展的唯一方向，这会使科技奖励过分偏重社会经济效益，从而对科技奖励实践产生一定的负面效应。如在科技奖励评审时，如若把科技的社会经济效用作为科技奖励评判的主要依据，会导致基础研究，以及研究前沿难题的获奖机会少于易解决、易产生直接社会经济效益问题的研究。这对纯基础研究乃至整个科学技术体系的发展都会产生一定

① ［美］R. K. 默顿：《科学社会学》（下），鲁旭东、林聚任译，商务印书馆2011年版，第423—429页。

② ［英］J. D. 贝尔纳：《科学的社会功能》，陈体芳译，商务印书馆1982年版，第40页。

的消极影响。

相比西方，我国科技奖励理论研究比较晚，直至 20 世纪 90 年代初才步入正轨，研究方法上呈现出两个特点：一是主要基于默顿学派的理论基础，关注科学共同体内部的科技奖励问题；二是重视案例研究，探讨科技奖励制度的改革。如张忠奎等在肯定默顿观点重要性的同时，指出其奖励系统的缺陷在于主要涉及"科学"而不包括"技术"，并强调科技奖励制度对于扩展科学知识与创造效益等方面具有重要推动作用。[①] 王炎坤强调导向、竞争、激励、承认是科技奖励的主要要素，这些要素在科技奖励系统内相互联系、共同作用，不断推动科技发展。[②] 姚昆仑在总结国内外科技奖励制度发展史的基础上，指出国内外科技奖励制度都是采取纯精神奖励，或物质奖励与精神奖励相结合，但以精神奖励为主的方式进行。在国内外科技奖励制度发展史上，纯精神奖励的奖项不占多数，但纯物质奖励的奖项是没有的。即使采取两种形式相结合，其物质奖励的"奖金"也只是象征性的。[③]

对于我国高校科研奖励政策这一新生事物，主要是由国内学者在"默顿理论"或"贝尔纳路线"的理论框架下进行。在默顿理论框架下，万丽华和龚培河认为，我国高校科研奖励政策以量化形式为依据，忽视科研的创新性和价值这一本质。[④] 任珂指出，与一般科技奖励制度采取物质奖励与精神奖励相结合，但以精神奖励为主，或纯精神奖励不同，我国高校科研奖励政策则采取纯物质奖励的方式。[⑤] 董立平和周水庭认为，经济人假设是我国高校制定科研奖励政策的理论基础，并分析了学术人具有追求真理、超功利性、自律性、创新性等本质特征。[⑥] 进一步，在"贝尔纳路线"下，操太圣指出，高校科研奖励政策将教师复杂的科研劳动成果与科研奖金直接挂钩，并转化为可运算、可加总的

---

①　张忠奎等：《科技奖励》，科学出版社 1991 年版，第 6—7 页。

②　王炎坤等：《试探科技奖励的本质》，《科学学研究》1996 年第 2 期。

③　姚昆仑：《现代科学技术奖综论》，科学出版社 2000 年版，第 203 页。

④　万丽华、龚培河：《高校科研奖励与科研实效的关联性及对策研究》，《科技管理研究》2014 年第 17 期。

⑤　任珂：《新建本科院校科研奖励政策的个案研究——以 N 学院为例》，《国家教育行政学院学报》2016 年第 8 期。

⑥　董立平、周水庭：《学术人：高等教育管理的人性基础》，《江苏高教》2011 年第 5 期。

数字。① 教师的科研行为也被明显分化为一般所认为的理性经济人或学术人。这为分析公立高校科研奖励政策提供了一个理论分析框架，并在一定程度上揭示了公立高校科研奖励政策提出的理论基础。

第二，中期关于高校科研奖励政策的本质、价值取向与效果的研究。20 世纪 90 年代末至今，我国绝大多数高校一直都在实施科研奖励政策，甚至有愈演愈烈之势。正如学者全薇等提出的首份中国"有奖科研"的系统化调查报告所揭示，我国高校科研人员发一篇论文最高可获 16.5 万美元奖金；被 WOS 收录期刊发表的论文都有资格获取额度大小不等的奖金等。② 对于我国高校的"有奖科研""按篇计价"的做法，2017 年 7月《麻省理工评议》予以明确反对；"中国高校重奖科研论文的政策令西方科学家难以置信，甚至有些愤怒，科学之所以让人信仰就在于科学家不受自身利益影响的情况下探索真理"③。彭江强调，高校科研奖励政策以"贤能主义"、提高科研绩效为价值导向，意在调动教师的科研积极性，使学校内部迅速积聚具有一定数量和级别的论文、专著成果等学术兑换券，以从外部环境中为其换取资金、名誉、地位等效用资源。④刘献君等的研究也表明，相对教学效果的长期性、滞后性和内隐性，科研成果易于量化比较，且容易在短期内见到明显成效。⑤ 曾磊等以电子科技大学为例，认为通过 SCI 论文奖励等，能够调动教师的科研积极性，有助于引导其多发表这方面的学术论文。⑥ 在此基础上，万丽华、王雅敏指出，加大论文引用奖励力度，虽然会快速提高论文引用数量，但论文质量并非一定提高，并会助长"人为引用"等学术不端风气。⑦ 这为

① 操太圣：《"五唯"问题：高校教师评价的后果、根源及解困路向》，《大学教育科学》2019 年第 1 期。

② 科研圈：《发一篇 Nature 奖励 6 万美金　首份中国有奖科研调研报告出炉》，2017 年 8月 10 日，https：//www.antpedia.com/index.php? action-viewnews-itemid-1418938-php-1，2021 年6 月 21 日。

③ 搜狐网：《中国学术论文之惑：探索真理还是赚奖金?》，2017 年 7 月 19 日，https：//www.sohu.com/a/158370553_ 644346，2021 年 6 月 21 日。

④ 彭江：《中国大学学术研究制度变革》，华中师范大学出版社 2009 年版，第 76—77 页。

⑤ 刘献君等：《大学教师对于教学与科研关系的认识和处理调查研究》，《高等工程教育研究》2010 年第 2 期。

⑥ 曾磊等：《SCI 论文奖励制度对高校科技创新的促进作用——以电子科技大学为例》，《电子科技大学学报》（社会科学版）2012 年第 5 期。

⑦ 万丽华、王雅敏：《高校论文引用奖励政策的负效应及对策研究》，《科学管理研究》2016 年第 5 期。

清理和整改公立高校科研奖励政策提供了一些理论和事实依据。

第三，中后期关于高校科研奖励政策形成的根源与困境的研究。陈先哲指出，学术锦标赛制对大学产生组织层面的激励，学校内部则根据学术人员科研业绩论功行赏，并催生高校科研奖励政策的形成。① 阎光才的研究也表明，它反映了高等教育系统及其组织内部存在的一种"学术棘轮"效应，是政府学校、学科评估和资源配置体制、高校学术评价与晋升制度等多种因素共同作用的结果。② 李志民指出，在现行科研体制下，行政权力机构和高校管理者不能不无视以 SCI 论文为首的指标体系，引致高校实施科研奖励政策，损害学术生态系统、消解高校立德树人根本任务等严重问题。③ 可操太圣又强调，高校科研管理又因其简单易行，能够减少争议、提高效率；特别是一些科研奖励利益既得者、又是学校科研创新主力教师的极力反对，而无法舍弃它；④ 加之一些高校对如何"破"和"枪打出头鸟"的担忧，仍在坐等观望，使得包括清理和整改高校科研奖励政策在内的破"五唯"相关内容难以在高校落地。从而提出了基于高等教育系统内部不同利益相关者博弈关系所造成的"奖"与"不奖"的两难选择问题。这为本书的研究提出了一定的政治要求和现实依据。

第四，各个时期关于高校科研奖励政策负面效应与对策研究。这方面的研究成果较多。任珂指出，高校科研奖励政策会导致教师科研与教学出现明显失衡现象。杨光钦强调，这种奖励政策导致高校知识生产者，甚至学术精英们的学术失范"惯习"难以得到有效遏制，并会阻碍高校原创性研究能力的提升。⑤ 进一步，胡娟认为，"五唯"的破坏性启示，在光鲜的"一流""论文"和"奖励"等诱惑之下，一些高校和教师逐渐丧失了独立运用自己理智的能力，忘却了自己的初心和职责使命。⑥

① 陈先哲：《中国学术增长的动力机制与激励逻辑》，《高等教育研究》2017 年第 9 期。

② 阎光才：《研究型大学中本科教学与科学研究之间关系失衡的迷局》，《高等教育研究》2012 年第 7 期。

③ 李志民：《评价与时俱进 科研回归初心》，《光明日报》2020 年 3 月 9 日第 7 版。

④ 操太圣：《"五唯"问题：高校教师评价的后果、根源及解困路向》，《大学教育科学》2019 年第 1 期。

⑤ 杨光钦：《高校学术生产数量繁荣的制度探源及理性分析》，《清华大学教育研究》2015 年第 5 期。

⑥ 胡娟：《"大学之制"关键在解放学者和学术生产力》，《人民网》2020 年 1 月 14 日，https：//baijiahao. baidu. com/s? id = 1655659742393638604&wfr = spider&for = pc，2021 年 6 月 21 日。

对于学术不端和高校科研奖励政策负面效应的治理，陈亮认为，最为关键的是形成政府主导、高校及教师与学术共同体共同参与的"三位一体"治理模式。① 解本远认为，学术不端治理，最为关键的是形成内化于心、外化于行的学术共同参与学术不端治理的具体路径。这为本书的研究提供了一些事实依据和有益启示。②

综上，随着国家破"五唯"专项行动的进一步推进，作为与"五唯"有内在联系的高校科研奖励政策，已然成为亟待研究的重大问题。然而，尽管国内外学者对我国高校科研奖励政策的旨意和形成根源，尤其是在完善科研论文奖励政策、激励科研产出效率的框架内，对其积极作用和负面效应的研究取得了较好的成果，但仍存在两点不足：一是在研究视角上，尚未在破"五唯"视域下基于激励原创性研究价值导向角度从整体上对破解高校科研奖励政策困境，进行对策研究；二是在研究内容上，尚未涉及高校科研奖励政策中的科研项目、论文引用和科研获奖等更多奖项内容以及重复奖问题。

三 学术价值和应用价值

本书的新进展在于：按照国家《深化新时代教育评价改革总体方案》基本精神要求，突破已有研究以"贤能主义""绩效主义"为价值导向所构建的完善高校科研奖励政策理论框架的局限，创建基于原创性研究价值导向的科研创新激励政策体系；拓展和深化已有"高校科研评价"与"高校 SCI 论文奖励"等相关研究成果，对高校科研奖励政策的科研论文等科研成果、科研项目、论文引用和科研获奖等奖项内容进行全面研究；揭示其科研项目、论文引用和科研获奖等奖项存在奖励内容的重复，创新性地提出高校科研奖励政策中的重复奖概念，突破和丰富已有高校科研奖励政策的理论研究。

（一）学术价值

本书在学术思想、学术观点和研究方法等方面都有所创新，具有较高的学术价值。其中类比于"科技奖励制度"，创新性地提出"高校科

---

① 陈亮：《学术共同体：新时代学术不端治理的突破口》，《教育发展研究》2019 年第 1 期。

② 解本远：《大数据时代的科研不端治理》，《首都师范大学学报》（社会科学版）2016 年第 2 期。

研奖励政策"概念，分析其与科技奖励制度的联系与本质区别；指出其科研项目、论文引用和科研获奖等奖项内容存在奖励内容的重复，据此，创新性地提出公立高校科研奖励政策中的重复奖概念，指出其中科研奖励仅是政府科技奖的一种派生物质待遇；创新性地提出公立高校科研创新激励要突出"唯原创性"标准，并进行系统的理论和实践应用研究。突破和丰富了已有高校科研奖励政策的理论研究。创建基于原创性研究价值导向的高校科研奖励政策体系，拓展和深化新进代高校科研评价、激励理论。从而为破"五唯"、清理和整改高校科研奖励政策、完善科研奖励政策体系提供新的事实依据和理论支撑。有助于从理性角度对破"五唯"政治任务有更加清醒的认识。

（二）应用价值

1. 有助于破"五唯"在高校的具体落实。按照国家《深化新时代教育评价改革总体方案》基本精神要求并作为其具体行动，创建基于原创性研究价值导向的公立高校科研奖励政策体系，不仅有助于贯彻落实国家进一步破"五唯"，寻求从根本上破解长期困扰我国公立高校既要取消 SCI 论文等奖励，又能有效激励教师科研创新积极性这一必须直面难题的路径；而且还有助于准确把握科技部、教育部新规，在高校科研"奖"与"不奖"的两难选择困境中找到平衡，分类推进高校科研奖励政策的清理和整改，"破"了之后，如何"立"，"立"什么，进一步完善学校内部科研奖励政策体系。从而为破"五唯"、清理和整改高校科研奖励政策、完善科研奖励政策体系提供决策依据和政策参考。其中提出的在公立高校教师，尤其是研究型高校教师中试行较高年薪制，以及以学校内部科研基金申报的方式替代现行的科研奖励政策，取消研究型高校科研奖励政策中的重复奖项等一系列措施，具有较强的实践操作性。

2. 有助于揭示高校科研创新的根本使命和创新激励内涵，增强高校教师立德树人的历史使命感，提高其精神追求和文化品位。有助于对破"五唯"政治任务有更加清醒的理性认识。

第二节　研究框架

一　研究对象

本书研究对象为公立高校科研奖励政策涉及的主体（政府相关部门、

高校）和客体（高校教师这一教学和科研群体）。主要研究公立高校科研奖励政策的本质、价值基础与相关奖项的属性、生成机制和不同类型高校主要奖项的数量、层级、额度与高校类型、地区分布变化规律，以及所对应的科研产出纵向历时性变化情况与奖励政策的积极作用和负面效应；并探讨如何重构公立高校科研奖励政策体系。将研究对象限定在我国公立高校，是因为其和民办高校等其他类型高校功能定位、科研奖励经费来源等有所不同。

二　核心概念界定

（一）科技奖励制度

科技奖励理论创始人默顿认为，科技奖励制度是对优秀科研成果的承认和肯定，承认是对科学家至高无上的奖赏。科技奖励主要是荣誉性的，不要将其与金钱直接挂钩。因此，为充分体现对优秀科研成果的承认，国内外科技奖励制度，都是采取物质奖励与精神奖励相结合，但以精神奖励的方式进行，以发挥在科技界的社会分层、荣誉分配，以及引导社会崇尚科学精神的"风向标"作用。据此，结合本书研究内容，我们把科技奖励制度界定为，它是科研评价主体对科技人员所作出重大贡献予以承认而实现对优秀科研成果的一种激励手段和制度安排，其奖励周期、等级、内容及实施依据、程序等都具有明确的法规依据；其成果必须具有重要的科学价值或重大经济价值，且须经过数年沉淀，通过严格的专业评价和筛选才能授予；坚持物质奖励与精神奖励相结合，以精神奖励为主的原则。

（二）公立高校科研奖励政策

"公立高校科研奖励政策"是我国公立高校特有的一种政策措施，是笔者类比"科技奖励制度"而提出的一个概念。但它与科技奖励制度不同，主要是相关公立高校根据自身情况，依据相关科研量化指标，对有关教师科研产出数量、层级给予一定的物质奖励，并无统一的规定，没有确切的标准，奖励内容、数量也是可变的，与科技奖励制度仅对少数优秀科研成果给予奖励具有本质区别，其中科研获奖奖励，仅是政府科技奖的派生物质待遇。具体来讲，公立高校科研奖励并不进行严格的专业评价和评审，只是为了解决奖励技术操作性难题，便只好参照国际

"三大检索数据库"和国内"三大核心期刊"及论文引用频次与科研项目、科研获奖级别、层级等"客观标准"，采取"以刊代评""以刊评文"而非"以文评文"等方式，对相关教师申报的年度科研论文等科研成果、论文引用、科研项目和科研获奖等奖励类目、数量、层级、金额等构成的量化表格，仅经过二级学院、学校相关科研管理部门按奖励政策文本对应的内容简单"对标"认定，便将其奖金数额如数打入个人账户，并不举行特别的颁奖仪式。因此，我们可把公立高校科研奖励政策界定为，它以科研量化指标为依据，对教师相关科研产出形式的数量、层级给予一定物质奖励的、由学校颁布实施的有关科研论文等科研成果、论文引用、科研项目和科研获奖等奖项内容、标准、程序，并按该规定对相关人员实施奖励的校级文件。其奖项内容主要包括学术论文、专著、专利等科研成果、论文引用、科研项目和科研获奖等，不包括教学、社会服务等方面的奖励，也不包括公立高校教师职称晋升、资格控制、年度考核等规范性激励政策，但在讨论中有所涉及；其奖励对象为本校在职及退休人员中获取相关科研产出的教职工。

（三）公立高校科研重复奖

与国内外科技奖励仅对少数优秀科研成果奖励不同，公立高校科研奖励政策，除对相关科研论文等科研成果即科研劳动结果给予奖励外，还对并设有真正产出新的科研成果的相关科研项目、论文引用等科研劳动过程也给予奖励，即既对科研劳动结果又对科研劳动过程进行奖励，造成奖励内容的重复；同时，由于科技奖励本身是对科学研究事后与外在的评价，它既不会改变获奖成果的形式和内容，更不会因其而增加成果内在的科学价值或经济价值。因此，对教师获得校外相关各级、各类获奖成果，但并没有新的科研劳动投入，没有增加其科学价值或经济价值，学校若再对其给予奖励，则是科技奖励的派生物质待遇，同样属奖励内容的重复。因此，根据科技奖励制度的本质内涵，我们把公立高校科研奖励政策中的科研项目、论文引用和科研获奖等奖项内容界定为科研重复奖。同时，还存在科研奖励政策实施中的重复奖励问题：往往存在教师用同一科研成果从最低的二级院系和校级获奖后，又可用其获得的市级、厅级、省部级、教育部再到国家级获奖（省部级以上科研奖励一般都规定同一成果只有在获得低一级科研奖励后才有资格申报）和社会力量设奖的科研奖励成果，在学校科研获奖奖项中多轮回、先后反复获得最高可达七八次这一奖项的奖金。

（四）激励与公立高校科研创新激励政策

"激励"一词来源于心理学。心理学认为，激励就是持续激发人的行为动机的心理过程。管理学则认为，激励就是调动人的积极性，使其把潜在的能力充分地发挥出来。也即激励的目的就是使得组织成员拥有良好的工作积极性。孔茨强调，激励包括激发和约束两个方面，奖励和惩罚是两种最基本的激励措施。

综上，可以认为，激励就是社会组织为特定目标而影响成员的需要并规范成员的行为，使其自觉地为特定目标做出行为的持续反复过程。通俗地讲，就是激发人的内在潜力，开发人的发展能力，调动人的积极性和创造性。

激励应坚持物质激励与精神激励相结合的原则。其中，物质激励是基础，精神激励是根本。在两者结合的基础上，逐步过渡到以精神激励为主。因为一般在一个人的物质需求得到基本满足后，精神激励会产生持久性作用，而物质激励是难以持久的。必须明确的是，虽然激励与奖励都是用于调动人的工作积极性的重要方式，但两者还是有明显的区别：从前和后上讲，激励一般在事前，是推进过程的管理；奖励一般在事后，是对结果而言的，比如年终考评奖。从因和果上讲，奖励主要是对结果的给予，而激励多是先因；激励和奖励可以都是精神上和物质上的，主要区别还是前和后、因和果上。一个是行为的果——奖励；一个是行为的因——激励。

由此，我们可把公立高校科研创新激励政策界定为，公立高校为提高科研创新能力和贡献，用以引导、激发和规范教师科研创新活动的各种措施与行为的总和，以调动教师的科研积极性和创造性；应坚持过程与结果、物质激励与精神激励相结合，以精神激励为主的原则，而不只是简单地对结果的物质奖励。

三　研究思路与方法

（一）研究基本思路

本书在破"五唯"视域下，以激励公立高校原创性研究为价值导向，以揭示公立高校科研激励政策与科技奖励制度的区别为切入点，综合运用实证研究方法、理论分析方法、经验分析方法和教育行动研究法等量化研究、质化研究与理论分析方法，在分析公立高校科研奖励政策形成因素、构成要素的基础上，从实证研究和理论分析两方面揭示其内在结构、本质特征及形成和生成机制、各行为主体的博弈机制及其实施效果，以逐步打开公立高校科研奖励政策的内在作用机理这一黑箱；总结分析国内外科技奖励制度与高校教师薪酬制度实践的经验教训，以及我国公立高校科研奖励政策实践的经验教训与困境的表现形式；提出重构公立高校科研创新激励政策体系的"路径"和"内容"，以期为国家进一步破"五唯"、分类推进清理和整改公立高校科研奖励政策提供新的事实和理论依据及决策参考。研究基本思路如图 1.1 所示。

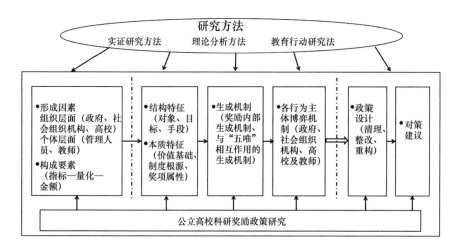

图 1.1 研究基本思路

资料来源：作者绘制。

（二）研究方法与步骤

1. 主要研究方法

（1）文本分析法和计量统计法。采用文本分析法对 70 所不同类型样本公立高校科研奖励政策文本进行解构分析；采用统计计量法对相关奖项及其相应产出数量、层级历时性变化数据等奖励内容、层级和额度进行统计计量。

（2）问卷调查法。自编《公立高校教师对科研奖励政策认知情况调查问卷》，在相关样本公立高校共发放1500份问卷，并采用SPSS20.0软件对问卷结果进行统计分析。

（3）访谈法。编制访谈提纲，选取样本公立高校中不同学科、职称、学历、年龄的一线教师，以及校、院处级领导等约130人次，进行半结构访谈，搜集相关研究资料。

（4）个案研究法。选择样本公立高校中25位具有代表性的一线教师为研究对象，总结不同教师群体科研行为的表现样态。

（5）因果分析法。综合实证研究结果，采用因果分析法及多学科交叉融合的理论分析，分析高校科研重复奖，以及奖励政策及其异化的表现形式、形成根源和负面效应。

（6）教育行动研究法。组织课题研究者、本校相关专业教师和二级学院院长等共同开展课题研究，以分类推进清理和整改公立高校科研奖励政策、重构科研创新激励政策为目的，实施相关对策建议的研究实践工作。

2. 研究步骤

具体步骤如图1.2所示。

按照以上研究基本思路和研究步骤，本书将对如下主要内容进行系统研究。

四　研究内容

（一）数据收集与现状分析

1. 数据收集

采用两种方法收集数据。第一种方法，使用Stata15.0＋R软件网络爬虫技术抓取研究所需的样本数据。分别采集相关网络页面公布的东、中、西部不同地区研究型、研究教学和教学研究型及教学型公立高校各18所、25所、27所共计70所，从以上不同类型样本高校科研奖励政策文本中获取其相关奖项数量、层级和奖金额度等横向数据；并在三类高校中各选择一所典型高校科研奖励政策文本所对应奖项科研产出纵向历时性变化相关面板数据。第二种方法，问卷调查和访谈笔录收集数据。设计《公立高校科研奖励政策调查问卷》，在相关机构及部分高校发放

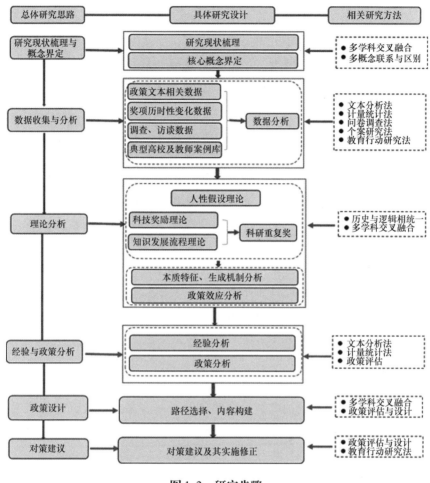

图 1.2 研究步骤

资料来源：作者绘制。

问卷 1500 份，并采用 SPSS24.0 软件对相关数据进行录入、整理、分析；选择部分样本高校中 36 位具有代表性的一线教师和管理人员访谈。

2. 现状分析

首先，从总体上对样本高校科研奖励政策的结构特征（对象、目标、手段）、奖励政策构成要素（指标—量化—金额）进行分析。再从横向对最近一期截面数据的主要变量——奖励政策的主要奖项：科研成果、论文引用、科研项目、科研获奖等奖项层级、数量进行描述统计；并采用实证研究和理论分析方法对其相关性、因果路径的内部生成机制及其与"五唯"相互作用的生成机制进行分析。其次，对多期面板数据进行纵向深化研究，进一步分析相关奖项内容、层级及奖金额度变化数据及其相应科研产出数量、层级的历时性变化等。最后，通过横向、纵向数据分析，以及 23 位典型教师个案跟踪研究，总结出奖励政策的实施现状及效果。

（二）理论分析

结合上述实证结果，基于人性假设理论、科技奖励理论、科研劳动及其作为投入产出知识发展流程理论等，构建公立高校科研奖励政策理论分析框架。基于此，在理论上分析清楚科技奖励制度与高校科研奖励政策的联系与本质区别；从实证数据和理论两方面揭示其相关奖项内部生成机制及其与"五唯"的内在联系、相互作用的生成机制；揭示其科研项目、论文引用和科研获奖等奖项存在奖励内容的重复；并进一步从理论上分析清楚公立高校科研奖励政策形成的认识论根源、人性基础及偏离科研创新本质和负面效应，为破解公立高校科研奖励政策困境、重构科研创新激励政策体系提供新的理论和事实依据。

（三）经验分析

一方面，对不同历史阶段国内外典型国家科技奖励制度、高校教师薪酬制度与科研创新激励政策形成的体制机制、制度政策、文化因素等进行背景分析、演进过程分析、实施与运行效果及问题分析，总结经验教训，并结合现状提出有针对性、可借鉴的启示。

另一方面，对我国不同类型、不同发展阶段和水平公立高校科研奖励政策的结构特征（对象、目标、手段等）、运行过程、实际效果及问题进行分析；对样本公立高校破"五唯"、清理和整改科研奖励政策的效果进行评估。在此基础上，基于科研创新激励理论和公立高校科研奖励政策实践，从"奖"与"不奖"的两难选择，以及理性经济人与学术人的矛盾、按劳分配与科研创新本质的矛盾、量化指标与质量标准的矛盾、奖励目标（原创性研究）与结果（存在大量低水平重复研究）的矛盾、技术操作手段（如只能采取"以刊评文""以刊代评"，难以做到"以文评文"）与实施结果的矛盾等方面，总结分析公立高校科研奖励政策的理论与现实困境的表现形式，以为破解公立高校科研奖励政策困境、重构科研创新激励政策体系提供现实依据。

（四）政策设计

基于上述研究结果，并结合公立高校科研奖励政策困境的现状，将研究内容最终聚集于"公立高校科研创新激励政策的设计"。主要从破"五唯"的视域，探讨如何重构公立高校科研创新激励政策体系的"路径"和"内容"问题。为此，基于政策设计实质是一种特殊的不完全信息博弈分析，在激励信息不对称条件下，以激励高校原创性研究为价值导向，从政府引导、社会组织、高校及教师多元主体共同参与，围绕调整科研创新激励理念、突出立德树人根本、深化科研评价改革、推进高校治理结构现代化、加快清理和整改公立高校科研奖励政策，以及完善政策主体的引导激励机制与问责机制、社会组织的监督机制和强化政策客体教师自我激励与约束机制等方面，提出重构公立高校科研创新激励政策的路径；按照分类、分层、分阶段精准治理的思路，探讨取消公立高校 SCI 等论文奖励的紧迫性和可操作性；围绕"破"了之后，如何"立"，"立"什么，基于波特—劳勒综合型激励模式，提出优化公立高校科研创新激励政策内容的对策建议：内容重视外在奖酬及其差异，提高保健层，试行较高年薪制和科研项目基金管理制；重视内在奖酬和精神层面的满足，保障基本承认层，提高声誉奖；规范外在奖酬，治理特别奖励层，即分类清理和整改公立高校科研奖励政策。

（五）重点和难点

重点：从实证数据和理论两方面分析揭示公立高校科研奖励政策的本质、价值基础及相关奖项内容的内在联系、相互作用的内部生成机制；提出破"五唯"后，破解公立高校科研奖励政策困境、重构科研创新激励政策体系的路径和内容。这既是清理和整改公立高校科研奖励政策的关键，也是本书研究的重点。

难点：从理论分析和实地调研两方面总结分析公立高校科研奖励政策的困境；在破"五唯"视域下，在"唯"与"不要"、"奖"与"不奖"之间寻找平衡，在促进国家科技自主创新、公立高校科研创新及教师学术贡献协同发展中寻求三方共同的价值追求和利益诉求的平衡点，提出适合公立高校科研创新定位和特殊使命的科研创新激励政策体系。这是长期困扰我国公立高校既要加快破"五唯"、取消 SCI 论文等奖励，又要有效调动教师科研创新积极性这一必须直面的难题，同时又是本书研究必须突破的难点。

五　研究目标

破"五唯"的关键和难点在于如何"破"，"破"了之后，"立"什么。因此，本书研究的主要目标是理性认识"五唯"和"破五唯"与公立高校科研奖励政策，按照国家《深化新时代教育评价改革总体方案》基本要求，创建基于原创性研究价值导向的公立高校科研奖励政策体系，提出与之相配套的激励政策与制度保障措施，以期为国家及地方相关部门和高校有关决策提供新的事实依据和理论支撑及决策参考。

第三节　篇章结构

本书以激励公立高校原创性研究价值导向统贯各章。其主要内容包括导论在内共九章，具体篇章结构如下。

第一章，导论。从国际高校原创性研究竞争格局演变、国家破"五唯"、高校科研评价改革的实践跟踪、国内外相关研究动态梳理，阐述本成果研究的背景和依据；确定本成果研究的基本范式、研究对象与内容框架。

第二章，科研奖励基础理论。从科研激励学的理论视野，梳理总结有关科学研究、科技奖励与科研奖励相关理论成果，提出本成果研究的理论参照。

第三章，公立高校科研奖励政策的演变与生成机制。从我国科研评价、激励由以往的平均主义走向侧重绩效主义的科研评价体系的制度变迁、高校以 SCI 为首量化评价指标体系的兴起、高校津贴分配制度改革及学术锦标制的盛行等阐述公立高校科研奖励政策的形成和演变过程；在破"五唯"视域下，揭示公立高校科研奖励政策奖项内容相互作用的内部生成机制，及其与"五唯"相同相近的内在联系及生成机制。

第四章、第五章，公立高校科研奖项内容、级别与奖励额度。从"结构—关系"两个维度，对研究型、研究教学和教学研究型各 18 所、25 所、27 所，共计 70 所样本公立高校科研奖励政策内容的构成要素

（指标—量化—金额）、结构特征（对象、目标、手段）和政策模式（指标—量化—奖励）进行整体分析；使用 Stata15.0 + R 软件网络爬虫技术抓取其最近一期截面数据的主要变量——奖励政策的主要奖项：科研成果、论文引用、科研项目、科研获奖等奖项内容、级别相关横向数据，同时收集 A 大学相关奖项额度与相应科研产出纵向历时性变化相关数据，并进行描述统计；采用 SPSS 聚类分析方法，对不同类型公立高校科研奖励内容、级别及额度与高校类型和地区的横向、纵向历时性分布变化情况进行分析；总结分析其论文引用、科研项目和科研获奖等重复奖在不同类型高校的表现情况。

第六章，公立高校科研奖励政策实施效果。从 A 大学科研奖励政策实施效果纵向历时性实证分析，不同教师群体科研行为表现样态、案例跟踪总结与科研奖励政策不同主体对科研奖励认知情况调查与访谈等质化研究，分析总结公立高校科研奖励政策的实施效果及积极作用和负面效应。

第七章，公立高校科研奖励政策理论分析。在科研创新激励理论视野下，以激励高校原创性研究为价值导向，基于人性假设理论、科技奖励理论、知识发展流程理论等，构建理论分析框架。对科研评价与 SCI 量化评价进行分析；对科技奖励制度的本质及其精神奖励和物质奖励蕴含的内容进行理论分析，并与公立高校科研奖励政策的奖项内容和属性等进行比较分析；对公立高校科研奖励政策的本质特征、形成的认识论根源、人性基础和生成机制及其重复奖以及异化进行理论分析。

第八章，中外科技奖励制度与高校教师薪酬制度比较分析。从国际和校际比较两个维度，对不同历史阶段国内外典型国家科技奖励制度、高校教师薪酬制度形成的背景、演进过程、实施与运行效果及经验教训进行共性和个性分析；并结合现状提出有针对性、可借鉴的启示和政策设计参考。

第九章，重构公立高校科研奖励政策体系设计。对我国不同类型、不同发展阶段和水平样本公立高校科研奖励政策的运行过程、实施效果及问题进行分析和评估；对其决策程序、实施过程中不同利益相关者博弈所形成的"奖"与"不奖"的两难选择及理论和现实困境的表现形式进行分析；对国家、部门、地方和高校等各方破"五唯"，清理和整改高校科研奖励政策的重要举措进行梳理总结；从破"五唯"视域，基于破"五唯"的难点和重点在于"立"的实践经验和认识，结合公立高校科研奖励政策现实困境的现状，构建分类推进公立高校科研奖励政策清理和整改长效机制；在"奖"与"不奖"之间找到平衡，设计出重构公立高校科研奖励政策体系的"路径"和"内容"。即按照国家《深化新时代教育评价改革总体方案》基本精神要求，提出重构公立高校科研激励政策体系的路径：强化高校立德树人和原创性研究激励导向，深入推进公立高校治理结构现代化，深化公立高校科研评价改革。其内容是借鉴波特—劳勒综合型激励模式，重视外在奖酬及其差异，提高保健层，试行较高年薪制和科研基金项目管理制；注重内在奖酬和精神层面的满足，保障基本承认层，提高声誉奖；治理外在奖酬，清理和整改特别奖励层，即清理和整改公立高校科研奖励政策。

第二章　科研奖励基础理论

第一节　科学、技术与科学研究

科学、技术是一种极其复杂的社会事物和社会现象。它们有多种功能，表现出多种特性，从而决定了现代科学研究（简称科研）包含着丰富的内涵。

一　科学

（一）科学的本质

什么是科学，这是一个有争论的问题。由于科学的历史很长，内容极其丰富，并且在不断发展深化，人们对它的认识也在不断深化，所以很难给科学下一个绝对不变的定义。人们更多的是从一个侧面对科学的本质特征加以揭示和描述。以英国著名科学社会学家 J. D. 贝尔纳为代表的科学家们认为，科学在不同时期、不同场合有不同含义。科学有若干种解释，每一种解释都反映出科学某一方面的本质特征。

首先，科学是不断深化的关于客观世界正确反映的知识体系。科学是正确反映客观事物本质和规律的知识体系，是建立在实践基础上，并经过验证或严密的逻辑论证的、关于客观世界各个领域中事物的本质特征、必然联系与运动规律的理性认识。由于认识和研究的范围不同，科学总体可分为自然科学和社会科学两大类。另一种观点则把科学分为自然科学、社会科学与思维科学三大类。

其次，科学是一种高层次的创造知识的人类活动。科学不仅是静态的知识体系，而且是人类的一项重要活动——获取知识、探索自然奥秘的认识活动，是创造知识和加工知识的精神生产，是一种研究活动。毛泽东曾把人类活动概括为三大类：改造自然的生产斗争、改造社会的阶级斗争和探索自然的科学实验。科学实验也即科学研究，它日益成为人类的一项重要活动。

从历史上看，科学活动是在生产活动、社会活动的基础上，随着近代实验科学的兴起而发展起来的。

在人类社会发展的早期，人们的科学活动是和社会生产活动交织在一起的，随着时间的推移，人类为了更好地改造自然，便产生了专门的探索自然的活动，从而逐渐演变成专门的活动—科学活动。这种科学活动经过伽利略时代的个体活动，到17世纪牛顿的松散群体的皇家学会时代，又到爱迪生的"实验工厂"的集体研究时代，之后是20世纪40年代美国为实现曼哈顿计划研制出原子弹的国家规模建制时代，最后是今天国际合作的跨国建制时代，从事科学活动的人数，在人类整个社会活动中所占的比重越来越大，逐步成为人类一项重要活动和社会职业。

再次，科学是一种社会建制。职业科学家、无形学院、科学共同体构成了科学社会建制的主体。20世纪以来社会发展及科学技术一体化，给科学的概念本身赋予了更广泛的意义。当代科学已成为人类一项重要活动，成为一项集科学家、工程技术家、政治家共同参与的国家事业。由于从事科学活动的社会成员空前增加，科学的经济功能日益突出。因此，以科学为中心形成了一系列的科研管理部门、高等教育、科研组织、学派、学会等相辅相成的科学活动的社会机构，这些机构密切配合，不断发展完善，已形成一种重要的社会建制。科学社会建制中的学派由一些具有共同学术思想的人们组成，他们保持密切的学术思想交流或科学研究的合作，并由公认的学术权威作为自己的带头人或领袖。一些有生命力的学派还有世代相继的师承关系，甚至具有广泛的国际性，如历史上的毕达哥拉斯学派、法国百科全书学派，现代的哥本哈根学派、布鲁塞尔学派等等。学派作为科学社会建制的重要形式，具有内聚性（以权威作为组织的"核"）、整体性（有竞争力的集体）、传统性（学术思想的历史继承关系）和排他性（学术思想上的党同伐异），在推动科学发展上表现出巨大的科学能力。

学会是科学社会建制诸种形式中人员最为广泛的组织形式。它是受国家法律保护的职业科学家团体，是科学劳动者集团利益的代表，其主要任务是学术交流。科学技术社会建制中最强的社会组织形式是在国家和社会直接领导下的科研组织，这就是国家的各级科学院、工程院、研究所和企事业单位的研究所以及高等学校及其研究、开发机构等。其主要任务是从事基础研究、应用研究和试验发展。

最后，科学还是一种文化现象。科学作为一种特殊的知识生产方式和精神创造方式，是人类文化中最活跃、最重要的组成部分。科学既具有不同于其他文化的性质和价值，同时又扎根于文化之中。

（二）科学的基本特征

科学在本质上体现了人对自然界的理论关系，具有客观性和实证性、探索性和创造性、通用性和共享性等。

第一，客观性和实证性。自然科学是对自然事物、自然过程和自然规律的真实的或客观的反映，必须以实验事实为基础，必须有实证性的材料和数据。实证性是科学，特别是自然科学的一个基本的和显著的特征。人们对自然界的认识是不是真知，是不是反映客观真理，必须经过科学实验的检验。可以说，原则上可以由实验来检验其真伪的认识或者知识才属于自然科学探讨的问题。如果某种观点或学说既不可能由实验来证实，又不可能由实验来证伪，就不属于科学的范畴。从本原意义上讲，一切科学都是来自实践，又必须最终接受实践的严格检验。

第二，探索性和创造性。科学是认识客观世界的动态过程。科学与按既定规程运作的物质生产过程不同，科学活动面对的是未知的或知之甚少的世界，它又难以完全按预定的目的和计划进行，因而有其不确定性和强烈的探索性。正因为人们在科学工作中不能完全确定地知道它的结果，才能有出人意料的创新。科学的生命在于创造，不断探索未知和创造新的知识是科学的根本任务。如果在科学活动中总是发现别人已经发现的事物，重复已经提出的见解，科学的生命就结束了。科学的创造性体现在相互联系的两个方面：一是不断解释自然事物的新的属性和新的自然过程，提出新的观点和原理；二是运用新知识去创造物质文明的新成果。

第三，通用性和共享性。自然科学作为知识体系，是人类认识自然的成果，它直接反映着人和自然间的关系，社会经济的变更、社会制度的更替和统治集团政策的改变，都不会导致自然科学内容的改变或丧失。自然科学知识具有通用性和共享性，不存在与特定国家、特定民族和特定集团的特殊利益相关的自然科学，所有的人都可以利用自然科学知识。在这个意义上，科学无国界。然而，研究、掌握和利用自然科学的人是处于一定社会关系中的人，在阶级社会里是从属于一定阶级、一定社会集团和一定国家的，科学家有自己的祖国，他们总要为自己国家的科学事业作出贡献。但在我国一些科研人员的研究中，却存在一味解读模仿西方、SCI崇拜，这将在本书第七章予以讨论。

二 技术及其与科学的辩证关系

（一）技术的本质属性

马克思主义认为，技术是人类为满足自身的需要，在实践活动中根据实践经验或科学原理所创造或发明的各种手段和方式方法的总和，它体现在两个方面。一是技术活动，狭义的技术活动是指人类在利用自然改造自然的劳动过程中所掌握的方法和手段；广义的技术活动是指人类改造自然、改造社会和改造人类自身的方法和手段。二是技术成果，包括技术理论、技能技巧、技术工艺与技术产品（物质设备）。其中技术理论是在科学理论应用于工程实践的过程中产生与发展起来的，是科学理论与工程实践的中介。它不仅存在于物质生产过程中，还表现在社会生活条件方面以及由此产生的精神生活的各个方面。因此，技术在本质上"揭示出人对自然的能动关系，人的生活的直接生产过程，以及人的社会生活条件和由此产生的精神观念的直接生产过程"，[①]体现了人对自然的实践关系，是人的本质力量的有力展现，属于直接生产力。具有自然性和社会性、物质性和精神性、中立性和价值性、主体性和客体性、跃迁性和累积性的统一等特性。

由此可见，技术系统具有三个相互联系的方面，即技术的操作形态、实物形态和知识形态。操作形态是主观（个人主体）的技术，包括技能、手艺、智能、经验、方法的总和，它存在于实施技术操作的主体之中，又作用和指导技术操作的全部过程。技术的操作形态又分为两类，

---

① 《列宁选集》（第二卷），人民出版社1995年版，第423页。

一类是观念的技术。这类技术形态不必与操作主体之外的机器、工具发生联系，如数学的计算、医生的临床诊断等。另一类是物化的技术。这类技术形态必须同操作主体之外的机器、工具等存在物发生联系，如工程师所从事的工程系统操作等。

实物形态是客观的技术存在物，包括工具、机器、生产线、原料的总和。它是一项技术活动得以实现的物质手段及客观条件。它与人类劳动力共同组成生产力的实在要素。技术的实物形态是技术发展水平最直观、最生动的体现。

知识形态是现代技术的基本组成要素，是现代科学技术区别于早期经验技术的一个重要标志。尤其是在当今高技术时代，最先进的技术总是在深厚的科学理论突破的基础上形成的。富含理论的技术与科学一体化的技术，是现代技术的一个主要存在形态。

总之，任何一项技术都是技术的操作形态、实物形态和知识形态相互联结的统一体，三者缺一不可。以现代医学先进检测技术 CT 技术为例，它就是由经过专门训练的、具有 CT 技术知识、具备有关操作技能的医技人员在操作 CT 机的过程中形成的。

由于从本质上看，科学体现的是人对自然的理论关系，在价值上是中立的；技术体现的是人对自然的实践关系，在价值上并不是完全中立的，因此，与科学相比，技术既有自然属性，又具有社会属性的特点。技术的自然属性是指任何技术都必须符合自然规律。任何时代的技术，都是对自然规律自觉或不自觉的应用。技术的社会属性是指任何技术都是人为了社会需要，按人的目的而创造发明的。

（二）科学与技术的辩证关系

科学与技术虽然是两个不同的概念，各有各的范畴，但科学与技术却是一个辩证统一的整体。如果将二者分离，它们都将成为无源之水，成为不能验证的科学和没有理论基础的技术经验。科学的成就常表现为对技术的指导，技术的成就常表现为对科学的应用。科学是"知"，技术是"行"。理论和实践应当结合，"知"与"行"必须统一。技术有时走在科学前面，推动科学，例如，在热力学定律还没有提出来的时候，蒸汽机却已经发明，投入了应用，在应用中推动热力学的诞生；科学常常走在技术前面，由此产生新技术。例如，当 19 世纪后期麦克斯韦通过一组漂亮的偏微分方程组预言电磁波的存在，后来被赫兹在实验上证实，可是经过较长时间人们才利用电磁波来试验发送电报。理论来自实践又指导实践，实践证明理论并发展理论。科学与技术就是这样既相互依赖又相互促进。尽管科学与技术是一个辩证统一的整体，但它们之间在有联系的基础上又有显著的区别。

一是构成要素和表现形态不同。科学的要素是概念、范畴、定律、原理、公设、假设，表现为纯知识形态。技术则包括上述的操作形态、实物形态和知识形态。实际上也就是主体要素和客体要素两类。主体要素即经验、理论、技能，客体要素即工具、机器等装置。

二是目的任务不同。科学的根本任务是认识客观世界，是研究回答自然现象"是什么"和"为什么"的问题，要求有所发现，从而提高人类的认识水平；任务相对单纯，受外界环境因素影响较少，受社会监督相对较弱。技术的根本任务是改造客观世界，是研究解决人们应当"做什么"和"怎样做"的问题，要求有所发明或有所创新；它的成功与否往往要受到多种因素制约，如资源、环境、地域、社会、经济、法律乃至人们的价值取向和生活习惯等，受社会监督相对较强。

三是与生产的关系和对经济的作用不同。除个别科学发现直接导致可物化为物质产品之外，如 X 射线的重大科学发现直接导致 X 光照相机新产品的产生，科学一般离现实生产较远，为潜在生产力；对经济的作用虽不能完全确定，但对经济发展却产生长远的影响。技术与生产的关系则要直接得多，对经济的作用明确且直接，达到直接生产力。

四是研究特征和评价标准不同。科学研究主要依靠科学家自由探索进行，主要靠其观察、实验、计算、推理和思考，着重采取归纳分析、逻辑推理、理想实验、直觉思维等方法，数学工具较为重要，以求从中发现新的现象和规律，并作出理论上的论证和阐述；要求具有学术意义，进行真理性评价，而不能要求在经济和社会生活中立见成效，不能说有用的东西就是正确的；完成课题期限较长或很长，有的需要几十年或终生才能完成，甚至会失败或无法严格规定完成期限。而技术研究则主要依靠技术专家，围绕科学研究、生产建设和生活中的实际问题进行试验发展研究，创新改造或总结提高，以求提出新的技术构想、新的技术设计、新的技术方案，或新的技术措施等，要求能付诸实施并产生一定的实际效益；主要对其进行价值性评价，可以说更有效的方法或设计就是好的技术知识。

五是对人才素质的要求不同。科学需要科学家有深厚的基础理论知识和专业知识，活跃的理论思维，要善于观察和发现问题，并勤于思考，善于推理，甘于寂寞，专心致志，默默无闻地去做学问、做实验，才能有所发现，有所建树。而技术需要技术专家除要有精深的专业知识外，还要有较强的动手能力和综合能力，灵通的信息来源，丰富的实践经验，顽强的攻关精神，以及一定的组织才能和处理各种复杂关系的能力，才能有所发明，有所创新。

两者主要区别如表 2.1 所示。

表 2.1　　　　　　　　　　科学与技术的区别

项目		科学	技术
目的任务		认识客观世界	改造客观世界
形态		纯知识形态	物质形态，直接物化的知识形态
与生产的关系		间接，属于潜在生产力	直接，达到直接生产力
对经济的作用		不能完全确定，较长远	确定且直接
研究特征	选题	自由探索	目标明确
	方法	归纳分析、逻辑推理、想象力、数学工具较为重要	实验、演绎推理与综合较为重要
	完成课题期限	较长或很长，无法严格规定	可明确规定
	社会监督	弱	强

资料来源：作者整理。

三　科学研究

（一）科学研究的本质

科学研究，也称研究与发展（R&D 活动）。因而研究与发展、研究与开发（简称研究开发）、科学研究（简称科研）一般地可以视为同一含义。

研究是针对某个主题的科学知识进行大量的、系统的、反复的探索，通过对事物现象的周密调查与反复思索而揭示出事物的本质。它是一个重要的科学调查、实验与分析过程。

发展，或称开发，有多种含义。这里是指运用科学知识对基本思想、基本原理作进一步的发展，以产生一种新的物质形态。因而，研究是探索未知，开发（发展）则从潜在的或基本的要素中创造出来一种具体的物质形态，如新产品、新工艺、新材料等。

研究与发展主要包括基础研究、应用研究、试验发展、原样制作与试验鉴定。批量试制一般不列入研究与发展的范围。[①]

总之，科学研究的本质和灵魂是创造新知识以及开拓知识新用途的探索过程。无创新的科学研究是没有多大意义的。高校主要从事基础研究，但现代高校还从事应用研究和试验发展。

（二）科学研究的结构

科学研究作为一种社会活动，它同物质生产活动相似，也是由人和物等要素组成，有类似的结构。但是，科学研究活动又有自己的特殊性，它由科研劳动者、科研劳动资料、科研劳动对象、科研管理等要素组成，以创造、整理知识和应用知识为目的，是一种特殊的社会活动。

科研劳动者，是指掌握较系统的科学知识、具有使用科学仪器和技术技能、能运用一定的科学方法从事科学研究和创造发明的劳动者。其中，主要包括科学家、工程师、实验员、各种专业人员等。

科研劳动资料，是指科学研究所需要的各种用具，包括仪器、设备、技术装置，以及各种实验材料等，同时还包括各种实验资料、科技情报、图书期刊，等等。尤其对现代自然科学的应用研究和试验发展而言，所需的实验仪器装备要求更高。

科研劳动对象，应该是指整个客观世界，包括其中的种种事物和现象。自然科学的科学研究对象是整个自然界，既有天然的自然，也包括在天然自然基础上创造的人工自然。但是，更直接的劳动对象是人类在认识世界和改造过程中的那部分客观世界。

科研管理，包括正确选择和安排科研课题，加强科学管理，组织各门学科力量共同攻关，调配人才，配置仪器、设备、技术、实验材料，协调人、财、物等因素相互间的关系等。这些问题的解决，有利于充分

---

① 许庆瑞：《研究发展与技术创新管理》，高等教育出版社2000年版，第2页。

发挥科学研究活动中各种要素的作用，使科研活动处于最佳状态，取得较高质量研究成果。高校科研管理是整个社会科研管理的一部分，也是高校整体管理工作的重要组成部分。

（三）科学学研究的特征

在科学研究中，既包括获取事实材料、验证研究成果的实验活动，又包括概括实验材料、揭示事物规律性的理论研究。但目前往往按科学研究的目的、任务和不同特点，将科学研究划分为基础研究、应用研究和开发研究三种类型。一般地，基础研究风险最大，成功率仅为5%—10%；应用研究次之，成功率为50%—60%；开发研究成功率最高，为80%—90%。三者所需经费也不同，一般为1：10：100，越到后期所需经费越高。

科学研究作为社会活动的重要组成部分，除具备一般生产劳动的特征和遵循一般生产劳动规律外，还有自己的特征和规律。

第一，科学研究具有探索性，是不断摸索、深化的过程。科学研究工作的共同点是探索未知，解决迄今尚未解决的问题。即使是在发展工作方面，对不完善产品的研制与改进，也仍是一种探索未知的过程。任何科学研究无不处于探索之中，从这一点讲，探索与研究是同义的。

探索意味着开拓、变动、失败与偶然机遇。开拓是研究的目标与希望。变动是探索中不可避免的结果，当然，通过不断探索，会逐步接近研究的目的。从管理的角度来说，要尽量避免大的变动。也就是说，科研研究一般是具有方向、计划的，尤其是对开发研究而言，应给予其坚持已有方向、目标充分的信任和权力，不要轻易作出改变。偶然机遇，即指越出预定的目标，呈现出新的科学苗头或方向，这是正常现象，应该及时抓住。偶然性可以说是探索性的必然产物，科学史实充分证明了这一点。在预见性越是差的场合，偶然出现的机会就越大。从这一点来说，应该支持科研人员捕捉新的苗头。与体力劳动成果的获得具有直观性、渐进性、累积性和必然性的特点不同，科研成果的取得则是间断的、偶然的，甚至是爆发性的。一个科学家进行某项研究，可能是一年、十年，或一辈子都未成功，但却可能在某个上午达到目的，或在哪一天的早晨也未想到成功的降临。

如笛卡尔形成和提出解析几何思想的伟大发现，并不是靠逻辑推理一步步导出的，而是在他长期艰苦思考、多次尝试失败的基础上，在一个偶然的场合一瞬间凭直觉灵感突然获得的。笛卡尔早在荷兰服兵役时，就开始思考如何把分道扬镳的代数和几何结合起来，使其相互取长补短。但究竟采取什么方法才能使二者有机结合呢？他为此苦苦思索了整整两年，尝试了多种可能的方案，仍不得其解。直到有一天，他随军驻扎在多瑙河畔的诺伊堡，这段日子，他几乎整日沉迷在苦闷的思考之中，极力追寻问题的答案。就在这月的一天早晨他刚刚睡醒，看见一只苍蝇在屋角的天花板上爬行，他突然想，如果知道苍蝇与这两个相邻墙壁的距离之间的关系，不就能描绘苍蝇在天花板上爬过的路线了吗？苍蝇起飞了，他的眼睛还在跟随其在空中翻飞的行迹，他进一步想到苍蝇每一时刻的位置完全可以由它到天花板屋角的 3 个两两垂直的棱角距离来确定，由此，他便形成了坐标几何（解析几何）的初步思想。

科学研究既然是探索"未知"，因此失败率很高。在科学研究上与其说失败是例外，还不如说是一般规律。伟大的科学家法拉第说：就是最成功的科学家，在他每十个希望和初步结论中，能实现的也不到一个。因此，应把失败看作是探索过程中必不可少的组成部分，是正常现象，是探索的必由之路。正是经过无数次的失败，最后才获得成功。为了保证进行有效的探索，必须具备如下四个方面的条件：一是必要的物质技术手段；二是运用已有的知识与信息；三是运用逻辑工具；四是具有丰富的想象力与创造性。同时要求科研人员要有坚强的毅力，始终保持一种永不言败、永不气馁的精神。

在这里，严密的逻辑推理与丰富的想象力和创造性是在已有物质与知识条件之外更为本质的条件。许多重大的科学发现就是依靠纯粹逻辑推理和想象力获得的。如俄国数学家罗巴切夫斯基创立罗氏非欧几何，就在于他有很强的逻辑推理能力和非常强的空间想象能力。

再比如，创立现代数学基础之一集合论的康托尔，当他起初获得"一条直线上的点竟然能够和整个 R^n（几维空间中）的点构成一一对应关系"等奇特结果并超越时代提出集合论时，虽一而再、再而三地遭到同时代一些著名数学家以及他的老师明确反对、刁难、攻击，一度失去教授职位甚至工作、致他患了严重的抑郁症的情况下，但仍未放弃自己的理想和工作，只要病情稍有好转，甚至在精神病发作的间歇阶段，康托尔仍顽强地坚持工作，而最终创立起现代数学大厦的基石之一——集合论。

第二，科学研究具有创造性。探索和创造是科学研究的连续过程，探索是创造的前提，创造是探索的发展，是探索中的发现，是探索的结果。探索是向"未知"的逼近，创造是"已知"的到达，是从"尚无"变为"已有"的过程。创造是一种脑力劳动和体力劳动相结合的劳动，主要是一种脑力劳动，是一种思维性很强的劳动。因此，创造性是搞好科研的基本要求，是科研的灵魂。探索未知，解决迄今未解决的问题，都是创造。科研本身就是创造新的知识、新的方法、新的产品等。没有创造性的科研，不能算作真正的科研。

科研活动中的创造性包括科学发现与技术发明这两个概念。创造性的作用主要表现在以下三个方面：一是创造新的知识，包括各种新概念、新原理、新规范；二是创造新的设计、新产品、新工艺原理，促进社会经济的发展；三是对生产的作用，主要表现为提供新产品与新技术。

第三，科学研究具有继承性。任何科学研究都要利用前人的成果、前人积累下来的知识和信息。一方面，在与同代人进行学术交流的同时，要系统学习前人积累的科学技术知识，利用前人建立起来的科学技术体系和规范，作为继续进行研究的工具、手段和依据之一；另一方面，又要探索前人尚未完成的事业。

我们可以把继承前人的知识成果，看成是一种纵接力（如坐标轴上的 X 轴）；把学习同代人在本学科的成就，看成是一种横接力（如坐标轴上的 Y 轴）；把吸收当今从事其他学科研究的成就看成是一种旁接力（如坐标轴上的 Z 轴），这样可作出一幅多维空间图景。接力搞得越好，XYZ 坐标值就越大，它们所形成的立方体就越大，也就意味着科研人员从事科研活动的成功概率越大。因此，科学发展的过程，就是继承（或积累）同发展（或创新）这两个密切相关的方面辩证发展的过程。以至于像牛顿这样人类有史以来最伟大的科学家、思想家，他也曾实事求是地讲道：我之所以看得远一些，是因为我站在巨人的肩膀上。

第四，科学研究还具有个体性特征。虽然当今一切科研成果都是继承了前人的科学成就，吸收了同代人有价值的知识、集体研究的结晶，但这绝不是说不要科研人员个人的独立思考。相反，在继承、协作基础上的个人独立思考是非常必要的，甚至具有决定性作用。

与单纯的体力劳动不同，当劳动者离开劳动工具、劳动对象、劳动场所等要素时，其劳动过程即随之中断。而科研人员的脑力劳动则基本上不受时空的影响，也无所谓上下班概念，人可以暂时离开实验室、图书馆或书桌，但人的思想却不可能完全离开其研究课题，他在走路、吃饭或做别的简单事情时，也可以苦思冥想，甚至在做梦时也会突然来灵感，而有新的发现、新的概念等。

往往存在这种情况，某项研究工作，在同一个时代有许多科研工作者都在进行研究，但有的人获得了成功，有的人则未成功。这虽然有客观原因，诸如仪器、设备、实验条件等，但也与科研人员个人主观原因关系很大。科学研究是一种思考性、探索性很强的、高度集中的脑力劳动，因此需要科学家个人的独立思考和探索，这对于像数学、哲学等基础科学的基础研究而言，尤为重要。

总之，没有科学家个人的独立思考，没有个体性，就得不到杰出的科研成果。因而，在一定程度上，科学研究有别于现代化的物质生产。对于科研人员而言，不在于他是否按时来上班，而在于他是否随时在思考问题，发挥创造性的思维能力。犹如演员演戏时，他是否进入了角色，他本来是在演戏，但他却忘记了自己在演戏。如果没有进入状态，没有一种忘我的精神，就是坐在办公桌前也难有创新成果；如果总是为名利所惑、金钱所诱，难以静下心来，则难以成为一个真正的科研人员，成为真正的科学家，反倒是只为追求真理、不求名利、不畏权势的科研人员才可能成为伟大的科学家。

第五，科研人员的高素质和献身精神。科研人员需要有很高的素质，科研活动是高智慧的创造性活动，对研究人员的素质要求很高。研究人员需要系统的现代科学知识和掌握科学研究方法。有学者对中国科学院、中国社会科学院、中国医学科学院、中国农业科学院等单位的调研发现，新进入的研究人员几乎全部是博士学位。在中国科学院现有研究人员中，具有博士学位的人员占38.2%、硕士学位的人员占31.7%、本科学历人员占20%；中央部门所属的研究机构中，具有博士学位的人员占19.8%、硕士学位的人员占37.8%、本科学历人员占29.3%；地方部门所属的研究机构中，具有博士学位的人员占13.6%、硕士学位的人员占

34%、本科学历人员占 38.4%，在事业单位中属于整体学历水平很高的单位。① 科研人员的高素质更重要地体现在研究人员对科学的热爱和崇尚科学精神上，很多科学家终身投入科学研究，并本不是因为科学研究收入高、地位高、待遇好，而是出于对科学的热爱。

同时，科研人员还应具有献身精神。从事科学研究，需要敢于探索、敢于创新、敢于挑战现有的理论。任何理论的突破都表明了与现有理论的不同，是对传统理论的某种否定。因此，科学研究需要大无畏的献身精神。我们知道哥白尼提出了日心说，布鲁诺为坚持日心说并发展宇宙无限说，被宗教裁判烧死在鲜花广场，为捍卫科学真理而献身的故事。现代社会已经远离中世纪的愚昧，科学研究已经有了宽松的环境。但是提出一个新的学说、新的理论，也不是完全没有风险。因此，真正的科学家是那些追求真理、献身真理、品德高尚的人员。更重要的是，科学研究不是贪图回报、获得物质利益的领域，科研工作不是能发大财的职业。无论社会发展到什么阶段，从事科学研究仍然需要献身精神。

科学研究和科研人员的上述特征决定了一个真正的科研人员除需具备美国科学社会学家默顿所讲的特有的精神气质，即普遍性、公有性、无私利性和有条理的怀疑主义外，还应具有中国科学院前院长路甬祥所讲的以下五种精神：求实精神、创新精神、协作精神、牺牲精神和自律精神②。

（四）科学研究的过程——"知识产品"生产的投入产出过程视角

科学研究过程的主要任务是产生（创造）知识，而产生新的知识必须投入人力、物力、财力，并要有信息的输入。因而，从经济学的角度来看，科学研究过程是一个以生产知识为主体的投入产出过程。广义地看，可以把科学研究的成果看作是一种"知识产品"。这种"知识产品"按其产生过程和它同最终产品的关系来看，又可以分为两种产品："中间产品"和"最终产品"。③

"中间产品"主要是知识形态的产品，如论文、报告、其他文献资料等种种信息。

---

① 何宪：《科研单位工资收入分配制度研究》，《中国科技论坛》2021 年第 4 期。

② 路甬祥：《科研人员应具有"五种精神"》，《中国科学报》2015 年 3 月 20 日第 1 版。

③ 许庆瑞：《研究发展与技术创新管理》，高等教育出版社 2000 年版，第 30—33 页。

　　"最终产品"可以表现为两种形态：知识形态或物质形态，如新产品、新工艺等。具体来说，按其目的来分，包括以下几个方面：新材料、新产品的产生；原材料的改进；产品性能的改进；新工艺的产生；工艺与操作技术的改进；资源分配的决策或改进；等等。

　　如果把知识看作是一个不断发展着的"流"，并跟踪剖析这个知识发展的过程，那么，我们可以看到知识发展过程中存在很多科学研究的"中间产品"。这一连串的"中间产品"处于总的发展过程的不同阶段上。前一阶段得出的"中间研究产品（成果）"又成为后一个研究阶段的输入。随着研究进程的深入，"中间研究产品"得到不断提高与深化，直至得出最终产品。我们用图2.1描述这一过程。

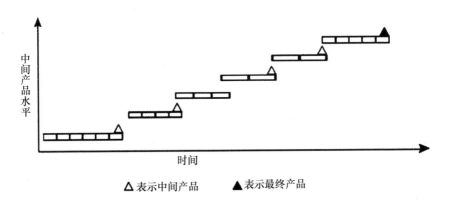

△表示中间产品　　▲表示最终产品

图2.1　科研流程与研究"产品"示意图

资料来源：作者绘制。

　　可以看出，任何一个中间产品的输出，将同以后某一个或几个更高水平的研究阶段相关。例如，一种最明显的中间研究产品是"假设试验法"的开发，得出的研究产品是一种统计技术和试验设计方法，它同获得最终产品（成果）密切相关。

　　任何一个中间产品都可能用来产生最终产品，也可以用来产生另一个中间产品。"应用研究"就属于后一种情况。而从一个中间产品转化为最终产品（商品化产品）的过程，往往称作为试验发展，简称为发展。

　　必须指出，对于科研劳动投入与产出，不能单纯地用投入产出比来作为评价其经济效益的唯一标准。这里有一个科技"无形"储备问题。这种储备虽没有物质与文字的表现形态，但是以信息、经验和无法以语言表达的知识（tacit knowledge）等形态储存在科技人员的头脑中。尤其是对于那些探索性强的研究失败的项目，这种储备占有更大的比重。这种储备是一种宝贵的科技潜力，它是人们的一种重要的科技能力的积累，它会在适当时机发挥重要的作用。

第二节　科研奖励相关理论

一　默顿范式下的科学奖励理论与科技奖励的本质

科学奖励系统是科学社会学的核心领域，或者更准确地说，是默顿科学社会学的核心。1957 年，默顿在他发表的《科学发现中的优先权》一文中，对科学奖励制度的表现形式和实质进行了深入的探讨，力图表明科学奖励系统是理解科学建制如何运行的基础。默顿提出了科学建制的目标和规范结构。其目标就是要求科学家们做出原创性的贡献，其规范结构由四种要素组成，即普遍主义、公有主义、无私利性和有条理的怀疑主义。[①] 普遍主义要求种族、国籍、宗教、阶级和个人品质等诸如此类的特征，都不应在对科学家的研究成果的评价之中予以考虑；对正在进入科学行列的假说的接受或排斥，并不取决于该学说倡导者的个人属性或社会属性。公有主义强调科学界承认科学发现都是社会协作的产物，并被分配给社会全体成员，是全社会的共同财产。科学发现者的权力受到严格限制，他无权独占他的科学发现，科学家的发现必须公之于众。否则，即使他并非别有用心，也要因其行为阻碍了科学发展而受到谴责。因此，科学无国界，但科研经费的来源是有国界的，技术的使用也是有国界的，知识产权的归属更是有国界的。科学家对其发现拥有的唯一权利，就是获得科学共同体内部对其发现的承认和尊重。无私利性是指科学活动的根本任务是追求真理，即使在科学劳动已职业化的时代，科学家从事科学活动的首要目标还是对真理的求索，仅仅在次要意义上才是谋生的手段。科学家们不应把从事科学研究视为带来荣誉、地位、

---

① ［美］R. K. 默顿：《科学社会学》（下），鲁旭东、林聚任译，商务印书馆 2011 年版，第 468—472 页。

声望和金钱的敲门砖，科学家应具有强烈的求知热情、广泛的好奇心和造福人类的追求，而不是从中谋取私利。有条理的怀疑主义是指科学共同体是具有创造性功能的研究群体，科学家不应盲目接受任何东西，科学家应向包括潜在性在内的涉及自然和社会的每一事实提出疑问。

随着顿学派对默顿科学规范研究的进一步丰富和发展，20世纪60年代末以来，默顿学派内外的一些学者如朱克曼等，遵循默顿对原创性的强调可能诱致科学中越轨行为的思路，提出科学规范的要素还包括诚实性。据此，她对科学中的越轨现象及其社会控制作了系统的分析和讨论。指出科学中的越轨行为分为两大类：违反认识规范的行为和违反社会规范（道德规范）的行为。强调这两者只是在观念上可区分的，实际上它们是交织在一起的。① 在朱克曼看来，违反社会规范的行为包括三类：第一类是欺骗，它的表现形式是伪造、篡改和隐瞒资料。第二类是各种形式的剽窃。第三类是"教条主义"和学术垄断。在这三类行为中，欺骗的危害性最严重。

据此，我们可把默顿学派的科学建制目标和行为规范结构体系基本内涵用图2.2表示。

科学的这种建制目标和规范结构要求建立一套奖励制度作为保证。默顿认为，"像其他建制一样，科学建制也发展了一种给那些实现了其规范要求的人给予奖励的精心设计的制度，而这种奖励制度实质就是'承认'，'承认是科学王国中的通货'"。② 在默顿的理论中，承认就是对科学家的至高无上的奖励，也是科学家从事科学创造的原动力。

默顿还特别强调，科学奖励主要是荣誉性的。强调金钱不是科学共同体评价与报偿科学家工作的方式。奖金的意义主要在于它的象征性，加深奖励的庄重性和社会影响。按照这一思路，默顿及其学生中许多人致力于澄清科学奖励制度和其他报酬体系的区分，将二者界定为不同的体系范畴。

在科学奖励制度的运行机制上，它是按照科学家所取得的成就大小

---

① ［美］哈里特·朱克曼：《科学界的精英》，周叶谦、冯世则译，商务印书馆1979年版，第285页。

② ［美］R. K. 默顿：《科学社会学》（下），鲁旭东、林聚任译，商务印书馆2011年版，第423页。

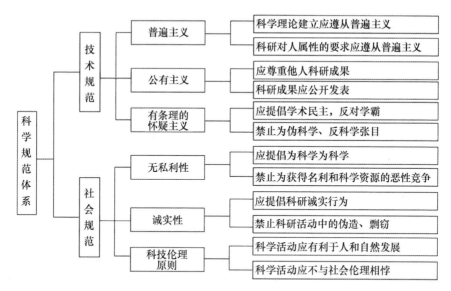

图 2.2　默顿科学建制目标和行为规范结构体系基本内涵

资料来源：作者绘制。

赋予奖励的，而成就的大小需要由科学共同体予以评价。"科学家的个人形象也将极大地取决于他作出了重大贡献那个领域的科学界同仁的赞赏。科学只要经常持久地从机能方面强调独创性并按独创性来分配奖励，就可以使对优先权的承认成为至高无上的东西。"[①] 另外，默顿还分析了科学奖励系统中的"马太效应"，指出对获奖者来说，"马太效应"从荣誉、人力和资源分配等方面揭示了存在于奖励系统中的优势累积效应，并指出这种效应在科学奖励资源分配过程经常存在的不公正现象，认为这一现象与科学的社会分层密切联系。[②]

由此可以看出，默顿范式下的科学奖励体系以科学的建制目标和规范结构为基础，以荣誉性奖励为手段，注重对研究者独创性成果的承认与肯定，"把奖励授予有独创性的成果，就足可以使对优先权的承认变

---

① ［美］R. K. 默顿：《科学社会学》（下），鲁旭东、林聚任译，商务印书馆 2011 年版，第 431 页。

② ［美］R. K. 默顿：《科学社会学》（下），鲁旭东、林聚任译，商务印书馆 2011 年版，第 636—638 页。

得至高无上，这样，承认和名气就成了一个人工作出色的象征"①。但是，默顿对于科学的建制目标和行为规范二者都给出了过于理想化的规定，这种规定的准确性和实际的社会约束力都是十分值得怀疑的，把对真理的不谋私利的探求规定为科学建制的唯一目标，导致了对历史和现实中科学与经济、政治、文化诸多方面复杂联系的漠视。

为克服默顿范式下的局限，贝尔纳把"科学"拓展到整个"科学技术"领域，并强调应从科学技术（简称科技）的社会功能研究"科技奖励"，从而形成了上文所述的"贝尔纳路线"的科技奖励理论。② 但是，他把社会功能置于科学技术发展的唯一方向，会使科技奖励过分偏重社会经济效益，从而对科学技术的全面发展产生一定的负面影响。因而，综合以上两种理论观点，我们认为，科技奖励的本质是全社会对科学研究者价值创造的积极肯定，是对科技人员创造性地取得优异科研成果并为社会创造多方效益的承认。这一本质主要体现在以下三个方面。

第一，科技奖励是科学共同体对科技人员创造性及其水平的专业性承认。

第二，科技奖励是科技界对科技成果创造性的专业性评价。

第三，科技奖励是全社会对科技成果价值性及其经济性的普遍认同。

科技奖励的本质决定了科技奖励的内容包括物质奖励和精神奖励两个方面③，但以精神奖励为主。因为精神奖励是一种社会认可、褒扬和社会价值导向，并维护了科学活动的核心——创新。因此，任何科技奖励都少不了精神奖励。

二 科研奖励的心理学理论

（一）马斯洛需求层次理论

马斯洛需求层次理论是人本主义科学的理论之一，由美国心理学家亚伯拉罕·马斯洛于 1943 年在《人类激励理论》一书中所提出。书中

---

① ［美］R. K. 默顿：《科学社会学》（下），鲁旭东、林聚任译，商务印书馆 2011 年版，第 423 页。

② ［英］J. D. 贝尔纳：《科学的社会功能》，陈体芳译，商务印书馆 1982 年版，第 72—74 页。

③ 王炎坤、艾一梅、曾湖萍：《科技奖励的精神奖励与物质奖励影响之比较》，《科研管理》1997 年第 2 期。

将人类需求像阶梯一样从低到高按层次分为五种，分别是生理需求、安全需求、归属需求、尊重需求和自我实现需求。[①]

马斯洛认为，由于各人动机发展的情况不同，这五种需求在个体内所形成的优势位置亦不同。但需求有互通之处，一般由低到高共分为五个层次，如图2.3所示，其中第一层次的生理需求和第二层次的安全需求是人的最基本需求。

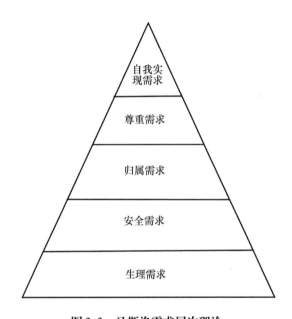

图2.3　马斯洛需求层次理论

资料来源：彭聃龄《普通心理学》，北京师范大学出版社2003年版，第29—33页。

只有这些最基本的需求满足到维持生存所必需的程度后，其他的需求才能成为新的激励因素，而到了此时，这些已相对满足的需求也就不再成为激励因素了。

马斯洛的需求层次理论认为人在不同阶段的不同层次的需求是激发其动机的主要因素。

高校是知识分子云集之地。高校教师不同于一般物质生产者，从事的是生产知识的智力劳动。从马斯洛需求层次理论视角看，一般地

---

① 彭聃龄：《普通心理学》，北京师范大学出版社2003年版，第29—33页。

讲，在高校，科研成果越多的教授，高层次的需求就越占主导地位，他们在关心自己物质需求的同时，会把更多的注意力集中在精神方面，如自己事业的发展和成就，自己在科学社会分层的学术地位和学术荣誉，即所谓的"名气"等。而对助教和讲师来说，除了满足其基本的物质需求外，给予学习和成长机会、更多的名誉上的赞许，也会起到很大的激励作用。正像迈克斯基所讲的，大学教授对学术职业内在的满意和赞赏要比外在的物质上的获得更能对他们形成激励，"同行的支持、对自己研究工作的自主管理与掌控、管理上的宽松，这些都在很大程度上激励了学术人员"①。因此，公立高校对教师科研创新激励，就应根据教师学术职业和不同教师群体的需求特点，在保障其物质需求的基础上，更加重视更高层次的包括尊重需求和自我实现需求等精神需求，加大精神奖励力度，并充分考虑不同群体不同阶段的需求特点，符合心理规律。

（二）强化激励理论

强化激励理论是由美国心理学家斯金纳正式提出的，他是在巴甫洛夫的经典条件作用理论的基础上对其的新发展，并对其赋予新的内涵，是促进强化理论发展的第一人。他认为人的行为是对其所获刺激的函数。如果这种刺激对他有利，则这种行为就会重复出现；若对他不利，则这种行为就会减弱直至消失。因此管理者要采取各种恰当的强化方式，以使人们的行为符合组织的目标。根据强化的性质和目的，可分为正强化和负强化两大类型。②

正强化就是奖励那些组织上需要的行为，从而加强这种行为；负强化是积极行为预期增加或者已经增加，为了巩固那些已经增加的积极行为，撤销原来的那些惩罚与组织不相容的行为带来的痛苦。正强化的方法包括奖金、提升、对成绩的认可、表扬、安排担任挑战性的工作、给予学习和成长的机会等。负强化的方法包括撤销批评、处分、降级等，有时恢复减少的奖金也是一种负强化，其内涵见表2.2。

---

① 转引自张红峰《大学学术人员激励的反思与路径探析》，《黑龙江教育》（高教研究与评估）2009年第Z1期。

② ［美］B. F. 斯金纳：《科学与人类行为》，谭力海等译，华夏出版社1999年版，第78—80页。

表2.2　　　　　　　　　　**斯金纳强化激励理论的内涵概述**

理论	强化激励理论	
分类	正强化	负强化
含义	给予一个愉快刺激，从而增加行为出现的概率	摆脱一个厌恶刺激，从而增加其积极行为出现的概率
	1. 奖金、提升	1. 批评
	2. 对成绩的认可、表扬	1. 处分、降级
	3. 安排挑战性的工作	3. 不给予奖励
	4. 给予学习和成长的机会	

资料来源：作者整理。

很多研究者认为奖励这种手段可以加强被奖励者的某种行为，是一种非常有效的行为塑造方法。但斯金纳认为，并不是所有奖励都可以使行为得到强化，过多、过度的奖励并不会有积极的作用，反而会适得其反，让人产生依赖感。并且这样的强化方式并不稳固，一旦停止对这一行为的奖励可能会造成行为的停止或消退；强化得到的结果也是短暂的。所以奖励要适当。

事实上，20世纪70年代，心理学家所做的实验已证实，外部奖励会将人们喜欢从事的某活动的内在动机转移到追逐奖励本身，但对并不在意奖励的人无多大影响，并且是失效的。外在动机有时会"排挤"内在动机。内在动机是非常珍贵的，它需要长期培育和呵护，但很容易被外部奖励所掐灭。并且，这种过度奖励会进一步强化"无利不起早"理论所指出的，人们做事情只是为金钱奖励，以最少的工作，获取最大的利益。

我国公立高校科研奖励政策仅是正强化的一部分，这种正强化怎样才能达到增强效用和整体效用，是一个复杂的问题。公立高校管理者都期望通过大量的优秀科研成果产出获得社会名望，便以"奖励"为强化物，对教师的优秀产出做出反应，意图达到"双赢"的目的。但是，这种预期目标能否达到，还是需要考证的。对此，我们将在后续有关章节作进一步讨论。

三　科研奖励的经济学理论

(一) 理性经济人假设与学术人

奈斯比说："今天，随便抓住一个大学教师，你几乎总能发现他是一个商人。"① 布鲁诺·拉图尔也说道："一个年轻的科研人员判断某一领域和为他提供的前途和摆在他面前的机遇时，所用的几乎是经济学的计算方法。"② 而英国文学评论家西里利·康诺利也说："使年轻作者们走向毁灭的是粗制滥造，而导致粗制滥造的是对金钱的贪婪。"③ 值得我们警觉。

生活中处处有经济学，科研激励领域也不例外。因此，有必要从经济学视角讨论科研奖励理论。

1. 理性经济人假设

基于道斯·麦格里格的 X－Y 理论，每个管理决策和管理措施的背后，都有一种人性假设，这些假设影响乃至决定着管理决策和措施的制定以及效果。在西方经济学中，就有所谓理性经济人的假说。西方经济学家指出，所谓"理性经济人"假设，也称"合乎理性人"假设，是对在经济社会中从事经济活动的所有人的基本特征的一个一般性抽象。这个被抽象出来的基本特征就是：每一个从事经济活动的人都是利己的，都是力图以自己最小经济代价去获得最大的经济利益。其行为有以下特点：一是自私，即人们的行为动机是趋利避害，是利己的；二是完全理性，即每个人都能够通过成本—收益或趋利避害原则来对其所面临的一切机会和目标及实现目标的手段进行优化选择。具体而言，在信息充分的前提条件下：所谓"理性经济人"就是会计算、有创造性、能寻求自身利益最大化的人。

西方经济学将理性经济人理解为人们能够知道自己的利益所在，并有能力采取正确的决策达到利益最大化。但问题是，一旦人们的行为只追求自身利益的最大化，对钱财的贪欲将使其行为迷失方向，成为积累钱财的工具，从而彻底颠倒了人与金钱的关系，人的理性荡然无存。而且，对钱财的追求必然演变为对财富的无比贪婪，这种贪婪又将逐渐养成一种习性和习惯，其言行举止在不知不觉中受其控制。这将会把人和社会引向歧途。

---

① ［美］拉塞尔·雅可比：《最后的知识分子》，洪洁译，江苏人民出版社 2002 年版，第172 页。

② ［美］埃尔菲·艾恩：《奖励的惩罚》，程寅、艾斐译，上海三联书店 2006 年版，第 46 页。

③ ［法］布鲁诺·拉图尔、［英］史蒂夫·伍尔加：《实验室生活：科学事实的构建过程》，张伯霖、刁小英译，东方出版社 2004 年版，第 178 页。

　　事实上，人并非经济动物，且人在任何一个社会中都不是孤立存在的，都必须在为社会作出贡献并与他人合作中获得生存与发展。为此，人们的经济活动必须符合"人道"，要有做人的基本道德行为规范。并在人与社会的相互交往中形成基本的伦理道德规范，况且，一个国家基本的社会伦理道德规范的形成都有其自身存在的运行规律，它不受市场经济规律的支配，其理论基础也不是建立在西方经济学理性经济人假设之上。人们在其社会活动中，须遵循社会活动中相应的规则。唯此，社会活动才能正常运行。例如，从事科研活动的科研人员，其活动方式和行为准则与市场原则并不相同，除必须坚守社会伦理道德规范之外，还应遵循其特有的规律，如果强行将理性经济人理性的活动方式和行为规则贯彻到这一特殊领域，不仅会搞乱社会，也会搞乱科学技术及其科研活动的发展。同样，把市场经济的"经济人"毫不掩饰地引向以育人为第一要务的崇高教育事业，把理性经济人假设嫁接到高等教育管理领域，认为高校教师都是会算计、利己的，以此为前提制定政策，这不仅不符合事实，而且会把教师引入歧途，从而偏离我国高等教育立德树人的根本任务和目标。因为对人性的假设和认识不同，导致对教育与教育任务的认识不同，对教育原则与教育方式的选择不同。

　　2. 学术人

　　"学术人"是一个象征性的典型概念，和"理性经济人""社会人""知识人"等一样，在于强调其最具典型性、代表性的特征。学术人是指以传播、应用和创新知识为己任，以发展学术、追求真理为目的的一类群体。他不仅是社会的一个成员，同时又是一个特殊社会阶层的成员。他是一个集合概念，是学者、知识分子、教授、理念人、思想者、研究者等特殊群体的共同抽象。①

　　1990 年，博耶发表《学术水平反思——教授工作的重点领域》报告，在传统意义的基础上提出一种新的学术范式，将学术分为发现的学术、综合的学术、运用的学术、教学的学术。② 在这一范式下，大学教师从事教学、研究和应用的职业行为均被纳入学术范畴。

---

　　① 董立平、周水庭：《学术人：高等教育管理的人性基础》，《江苏高教》2001 年第 2 期。
　　② ［美］欧内斯特·博耶：《学术水平反思——教授工作的重点领域》，吕达、周满生主编《当代外国教育改革名著文献（美国卷三）》，人民教育出版社 2004 年版，第 18—24 页。

学术人表现出真理性、超功利性、自律性、创新性、自由性、学团性等特征。

真理性。"科学是求真的事业",探索真理是学术人的最基本特征。所谓真理性,主要是要研究真的问题,对真理的不断追求。这是因为真正的学术工作是一种创造性工作,是对真理的不断探求过程,这就要求其必然以独立的思考和判断为前提。为了保证知识的准确和正确,学者的学术活动必须只服从真理的标准而不受任何外界压力,如教会或经济利益的影响。

超功利性。就是超越个人之功利,超越少数集团之私利,超越眼前急功近利;追求理论研究的人类整体利益,追求学术研究的"纯学术之美",是"为学术而学术""为理论而理论",追求"无用知识的大用性"等等。

当然,学术人也有自身的不足,也会存在如深居象牙塔中,远离时代和生活,躲在书斋里自说自话,用高高在上的艰涩文字阐发深玄妙理等问题。科研人员如高校教师也并非都是学术人,这对实施科学的科研创新管理提出了严峻的挑战。

(二)学术资本化

学术资本化的概念来源于美国学者希拉·斯劳特和拉里·莱斯利的阐述,是指大学及其教师为确保外部资金而进行的各种市场或具有市场特点的活动的现象①,具有市场特点的行为指的是高校的教学科研工作者为了获得外部资金而展开的竞争,这些外部资金的来源主要包括学生的学杂费、高校的专利申请和使用、大学和企业界之间的技术转让与研究合作、专著出版的收入以及创建独立公司收入等。学术资本化在我国还是一个比较新的概念,但学术资本化现象确实在我国已经存在并且正在快速地发展和扩张。院系出租学校场地、高校教师在校外兼职、申请专利和技术转让活动等日益频繁,近年来高校横向科研经费的大幅度增加等现象都是学术资本化现象的例证。

在学术资本化背景下,高等教育具有了双重经济作用。教师科研活动的应用性和市场化也被加强。一方面,它促进了教师知识创造的应用

---

① [美]希拉·斯劳特、拉里·莱斯利:《学术资本主义》,黎丽译,北京大学出版社2014年版,第121—124页。

和转化，提高其收入；另一方面，促进了一些教师科研开发和产业化活动，推动了产学研合作创新深入发展，从而在一定程度上提高企业和国家的科技创新能力，特别有利于那些接近市场和具有商业潜力的学科，而哲学、人文科学和许多艺术类学科等往往处于不利的地位。并模糊了基础研究与应用研究的界限，知识商品化和盈利等商业价值渗透到基础研究领域，不利于其健康发展。同时学术资本化，把知识当成获利的工具，改变了知识生产方式。教师必须根据市场经济买方的需求，调整自己的学术研究，使其学术成果能快速产生符合市场的经济价值。

同时，学术资本化改变了学术评价的标准和性质。受市场致利性思维模式影响，以至于连荣誉、名誉、称号等对学术成就的精神鼓励和社会评价也更多地趋向经济筹码。知识与资本之间形成了一种循环转化，即知识、荣誉带来了学者自身经济价值的提高，这种经济价值的提高又会带来更大的名气或荣誉。

我国公立高校科研奖励遵循学术资本化的逻辑，以教学及科研奖励等正式制度促进学术资本化，而相对于教学奖励制度，科研奖励制度更为全面，且各项奖励力度更大，也更为真切和有效。这样重奖科研的制度文化，其效果如何，同样是需要考证的。

（三）激励经济学

经济学研究社会中的个人、厂商和政府及其他组织如何进行选择以及这些选择如何决定社会资源的使用方式。在信息经济学中，拥有私人信息的一方被称为"代理人"，处于信息劣势的一方被称为"委托人"。在信息不对称的情况下，委托人如何有效地激励代理人以达到双方利益最大化，是激励经济学中经常讨论的问题。①

从可行的激励指标来看，对代理人的激励指标可分为两类，一类是基于代理人生产投入的指标，另一类是基于代理人产出的指标。前者包括主观努力、实际技能、劳动时间等。后者指物理指标（产品的数量或质量、生产上的技术革新或产品的性能改进等）和经济指标（实现的销售额或利润、投资回报率等）。激励指标的选择要根据不同组织及其成员的实际情况来确定。有别于营利性组织的企业通过产品的市场销售来

---

① 陈钊：《信息与激励经济学》，格致出版社 2010 年版，第 35—38 页。

测量所获的利润，进而对员工进行奖励、晋升，非营利性的组织如高校目标是学术声望最大化，通过培养人才、科学研究、服务社会等来获得社会声誉。流水线上工人的产量容易被测量，教师的学术产出却不容易被测量。如果纯粹基于代理人生产投入—产出的激励经济指标，会把作为代理人的高校教师引入歧途。我国公立高校科研奖励政策，是否也存在这一问题，值得我们深思。

从激励方案来看，有绝对绩效和相对绩效两种。绝对绩效指激励只与员工的个人的绝对产出绩效挂钩，如对企业中的工人通过计件来进行激励；相对绩效指激励只与员工同其他人相比的相对产出绩效挂钩，如体育比赛中按参赛人员的名次来决定胜负。在激励指标一致的情况下，不同的激励方案可能起到完全不同的效果。例如，现在高校里的科研领域越来越像一场田径运动会，且不分"田赛"（基础研究）和"径赛"（应用研究、试验发展研究）统一用一个竞赛标准，常常使许多人激烈争夺第一名，因为如果拿不到第一，其后果只能名落孙山。

因此，要想获得成功，一个研究人员必须使自己的文章尽可能多地得到发表，以在科研竞争中获得"相对位次"，以避免别人的超越，这类似于锦标赛理论。锦标赛理论最早是由 Lazear 和 Rosen 共同提出的，并且主要运用于企业管理中。其主要理论观点是，与既定晋升相联系的工资增长幅度，会显著影响位于该工作等级以下员工的工作积极性；只要晋升的结果尚未明晰，员工就有为获得晋升而努力工作的动力，而最终由参赛人的相对位次决定胜负。锦标赛模式是一种重要的激励机制，指在一些候选人中通过竞争选拔出相对优秀者，在参赛人的风险倾向是中性竞赛指标可计量等特定条件下，锦标赛可以实现最好的激励效果。[①] 但是，高校及其教师的科研本身能否被量化和可测量，这本身仍是一个值得讨论的难题；同样，各参赛主体，即各高校或教师的"竞赛成绩"、所获得的"相对位次"，也是难以可分离的和可比较的。因此，简单地把适用于体育比赛和企业管理中的"锦标赛理论"应用于高校科研创新激励实践中，是值得深思的，是必须慎重的。

从激励经济学视角来看我国公立高校科研奖励政策，可得到如下启

---

① Lazear, Edward & Sherwin Rosen, "Rank-Ordered Tournaments as Optimal Labor Contracts", *Journal of Political Economy*, Vol. 89, No. 5, 1981.

示。一是对高校教师评价考核的指标应该多元化，学术产出只是代表他们科研信息的一部分，在高校科研创新质量评价问题未解决，简单地用可测量的科研产出数量、层级评价教师的科研创新情况，是舍本求末；同样，基于上述讨论，现实中运用相对激励即"锦标赛"模式的"相对位次"激励教师的科研行为也是不恰当的，要克服其负面效应。二是激励方案应该具有多重性、相融性，因为并不存在最优激励方案。三是充分发挥激励的积极作用，以达到教师自身利益与高校学术声望的双重最大化。

第三章 公立高校科研奖励政策的
演变与生成机制

第一节 公立高校科研奖励政策管窥
——发一篇论文能收到多少奖金？

2017 年 7 月 4 日，武汉大学信息管理学院博士生全薇、南京理工大学经济学院讲师陈必坤和加拿大麦吉尔大学信息研究学院博士生舒非共同完成的调查报告：《发文赚钱还是忍受穷困：中国科研界论文奖金制度调查报告（1999—2016）》在论文预印本平台 arxiv 发表。[①] 他们通过百度和高校官网，从中国 1200 多所高校中选取 100 所样本高校，统计了这些高校对发表在 8 份高影响因子期刊上的论文所给出的金钱奖励情况，得出了首份中国高校"有奖科研"的系统化调查报告。报告研究分析的对象为对自然科学论文的现金奖励政策，不包含社会科学论文。调查主要结果如下：

一是中国科研经费增长幅度快于科研论文增长幅度。报告指出，中国的科研活动正随着经济发展而经历一个快速增长时期，科研投入和产出在过去 20 年中呈现出持续增长的态势。从 1995 年到 2013 年，中国的研发支出由 52.3 亿美元增加到 1777 亿美元，增长近 33 倍。

WoS（Web of Science，引文索引数据库）是科睿唯安（原汤森路透知识产权与科技事业部）开发的信息服务平台，支持自然科学、社会科学、艺术与人文学科的文献检索。在 WoS 收录的期刊中，每年来自中国

---

① 《发一篇 Nature 奖励 6 万美金 首份中国有奖科研调研报告出炉》，2017 年 8 月 10 日，https：//www. antpedia. com/index. php？action-viewnews-itemid-1418938-php-1，2021 年 6 月 21 日。

新发表论文数量已经从 1995 年的 13134 篇增加到 2013 年的 232070 篇，增长约 17 倍。报告指出，2006 年之后，中国已成为 SCI 论文生产的第二大国。其中 2017 年高校发表 SCI 论文数量占全国的比例高达 84.39%，这与高校一直以来重奖 SCI 等论文的政策不无关系。如 2017 年，中国高校教师发表 SCI 论文 27.3 万篇，当年全国高校专任教师为 160.2 万人，人均发表 1 篇 SCI 论文约占教师总数的 17%，也即该年度大体平均获得 1 篇 SCI 论文奖金的教师约占教师总数的 17%。

二是第三层级高校论文奖励额度最高。不同层级高校之间，获得的资金支持差异较大，这也意味着对发表科学论文的奖金有一定差异。在中国处于第一层级的"985"高校共 39 所，第二层级非"985"的"211"高校有 73 所，第三层级既非"985"又非"211"的高校有 1124 所。报告统计显示，2002 年到 2015 年间，第一和第二层级的高校平均年度预算从 2386 万美元增加到 11305 万美元。与此同时，第三层级高校的平均年度预算从 189 万美元增加到 927 万美元。其间，第一和第二层级高校的平均年度预算约是第三层级高校的 12 倍。

一些学者认为，支配更多科研资源的第一和第二层级的高校，能为论文作者提供更多奖金，激励学者的科研精神。但是，出乎意料的是，他们发现，尽管第三层级高校的预算相对较少，但在对论文发表的现金奖励上，第三层级高校却比第一和第二层级的高校出手更为"大方"，奖金额度更高。

据统计，以 2016 年对发表在国际期刊 *Nature* 或 *Science* 上的论文给予的奖金为例，第三层级高校平均向每篇论文的第一作者给予 63187 美元的奖金，而第一和第二层级的高校分别平均给予 38846 美元和 53823 美元的奖金。如同样是一篇发表在美国学术期刊 *PLOS One* 的论文，在第三层级的高校平均给予每篇 1661 美元的奖金，但第一和第二层级高校分别仅给予每篇 401 美元和 783 美元的奖金，分别约只有第三层级的四分之一和二分之一。

三是国外高影响因子学术期刊论文奖金额度最高，如 *Nature* 或 *Science* 论文奖金额度最高每篇可获 16.5 万美元奖金。报告指出，中国高校科研人员在国际认可的学术期刊上每发表一篇论文，奖金从 1999 年的 30 美元上涨到 2016 年的最高 16.5 万美元。如在 *Nature* 或 *Science* 杂志上发表一篇论文，平均奖金从 2008 年的 26212 美元上涨到 2016 年的 43783 美元，涨幅达 67%，最值钱的论文甚至相当于一位教授年收入的 20 倍。

同样，一些高校对 *Cell* 杂志发表的论文，也给予重奖。如 2017 年 6 月四川农业大学对在 *Cell* 杂志发表的一篇论文给予研究团队奖励 1350 万元人民币，其中 50 万元是奖励给研究团队的奖金，其余 1300 万元中，50 万元是一次性资助的科研经费，1250 万元是分 5 年资助的科研经费。这一创纪录的相当于诺贝尔自然科学奖奖金 2 倍的论文奖金，开始引发如此重奖科研论文在伦理层面是否说得过去的讨论，也使中国重金奖励科研论文的政策备受外界关注。

四是论文奖励标准在变化，奖金总体在上升。总体而言，过去 10 年，中国高校对论文的平均奖金额度有所增加，但对发表于低影响因子如三区/四区期刊论文的奖励政策有所收紧，奖金有所减少。所谓三区、四区期刊，其实是参照了中国科学院对期刊的四个分区。在原先汤森路透的期刊分区基础上，中科院加以细致的改动，将各领域内期刊三年平均影响因子按照前 5%、前 6%—20%、前 21%—50%、后 51%—100%，划分为一区、二区、三区、四区期刊。在这些查询到的现金奖励政策中，几乎所有的政策都对 WoS 收录的期刊上发表的论文给予奖金。但又有部分高校对在 EI 索引（Engineening index，美国工程索引，独立于 WoS）所收录期刊上发表的论文也给予小额奖金。

报告把中国高校论文现金奖励的衡量标准归纳为四类：以论文数量算，每篇论文奖金一致；以影响因子高低决定奖金多少；以中科院的期刊分区决定奖金多少；以论文被引用频次决定奖金多少。报告发现，在 1999 年，"按数量算，每篇一个价"是唯一的标准；但近年来，中科院的期刊分区成为主要标准，其他三种并存。

高影响因子的一区期刊依然有着最高的奖励待遇。以 *Nature* 或 *Science* 杂志为例，个别高校对在 *Nature* 或 *Science* 杂志上发表的论文，每篇论文作者最高可获 16.5 万美元奖金；平均奖金额从 2008 年的每篇 26212 美元增加到 2016 年的每篇 43783 美元，增加 67%。而三区、四区的期刊论文近年来呈降低的趋势。*Library* 和 *Information Science* 期刊属于四区，2008 年，一篇 LIBRI 论文可获得 650 美元的平均奖励，但在 2016 年只能获得 484 美元奖金。另一个三区期刊 *Library Hi Tech* 的奖金额则在

9 年内没有变动。

值得注意的是，美国学术期刊 *PLOS One* 在原汤森路透的期刊分区中属于一区，但在中科院的划分中被归为三区。由于中国高校多采用中科院的分区，高校给予 *PLOS One* 发表一篇论文平均奖金额度在逐渐下降，从 2008 年的每篇 1096 美元下降到 2014 年的每篇 941 美元，在 2015 年和 2016 年虽有略微回升，但未恢复到 2008 年的奖励金额。

值得一提的是，9 本期刊中，奖励最高（*Nature* 或 *Science*）的期刊论文与最低的（LIBRI）相比，两者间的差距已经从 2008 年的约 40 倍扩大到 2016 年的约 90 倍。

对于发表科研论文的动机，报告指出，中国高校科研论文按篇计价，奖金上涨的奖励模式："推动一些中国科研人员发表论文的目的不是传播知识、获得认可，而是巨额奖金。"其中，黑龙江某大学一名教授的例证最能说明这种现象。这位教授在 2004—2009 年五年的时间里，在同一期刊上至少发表了 250 篇论文，赢得了同期该大学近半数的论文奖金。

对此"有奖科研"的做法，已引起国内外学术界和各界的广泛讨论。国外一些学者对此嗤之以鼻：如果科研是对真理的探求，应当和私欲撇清关系。2017 年 7 月，《麻省理工科技评论》也明确指出："中国高校重奖科研论文的政策令西方科学家难以置信，甚至有些愤怒，科学之所以让人敬仰就在于科学家在不受自身利益影响的情况下探索真理。"[①]

由此可见，这份揭示我国公立高校重奖科研论文一些真相的研究报告，尽管只是冰山一角，但也引起了国内外学界和政界对我国公立高校长期普遍实施的科研论文奖励政策的高度关注和广泛讨论，并有不少学者和媒体给予明确的否定。事实上，我国公立高校不仅对科研论文发放奖金，而且还对科研项目、科研获奖、论文引用、人才项目、科研团队、科研基地等给予奖金。由此形成了我国公立高校特有的科研奖励政策。以下对我国公立高校科研奖励政策产生的缘由和形成演变过程进行讨论。

---

① 转引自科研圈《发一篇 Nature 奖励 6 万美金　首份中国有奖科研调研报告出炉》，2017 年 8 月 10 日，https://www.antpedia.com/index.php?action-viewnews-itemid-1418938-php-1，2021 年 6 月 21 日。

第二节　公立高校科研奖励政策产生的基础

一　公立高校科研奖励政策产生的体制基础

改革开放后，随着我国经济体制改革的推进，我国逐步从社会主义计划经济过渡到社会主义市场经济，高校管理体制也进入了一个新的历史时期。公立高校科研奖励政策便是我国社会主义市场经济发展特定阶段，高等教育体制与科研评价和资源分配机制改革的产物。

具体地讲，20 世纪 90 年代末，是我国公立高校科研奖励政策产生的一个重要时间节点。个别研究型高校为刺激本校科研显性量化指标排名靠前，尤其是刺激 SCI 论文数量在短期内有一个突破性的增长，便根据教师发表学术论文的数量及层级，给予其相应的奖金。同时在改革开放的背景下，高校科学技术和社会科学研究国际化及对外学术交流的问题在改革开放之初就受到国家的高度重视。为此教育部、外交部于 1979年 6 月发出《关于开展校际交流的几点意见》，在《意见》的指导下，全国高校开始注意加强科学技术和社会科学的国际化，并重视科学技术国际学术交流活动；同时，各高校也逐步采取相关政策措施，引导教师在 SCI 期刊源发表论文。

20 世纪中期以后，随着科学计量学、文献计量学和情报计量学的相继形成与迅速发展，SCI 日益引起我国科学界和高等教育界的关注，尤其与我国科学基金评审有很大关系。1986 年，国务院发布《关于科学技术拨款管理的暂行规定》，基础研究单位的经费主要依靠申请基金解决，这就需要一个简单客观、与地域没有关系、可操作性强的评价体系，而 SCI 正好能够满足这个需求。在 SCI 来源期刊、一流学术期刊发表学术论文的数量及其被引用频次等，也就成为基层科研单位和个人申请科研基金的主要依据，也是衡量学者个人、研究机构、高等学校以及国家和地区的学术水平和科技创新能力的重要指标。SCI 在那个特定时期被引入，对提高我国的科研产出、提升我国科技成果影响力都发挥了积极的作用。但是，SCI 后来被长时期广泛滥用则是人们始料不及的。

美国科学情报研究所（ISI）编制的 SCI（Science Citation Index，科

学引文索引）是世界著名的期刊检索工具，主要收录刊载基础研究和应用基础研究论文的学术刊物。它源自英国文献学家 S. C. Bradford（1878—1948 年）在 1934 年发现的文献离散规律，该规律可通俗地表述为"二八定律"，即某学科领域中 80% 以上的文章通常集中出现在该学科的 20% 期刊内。这 20% 的期刊被称为"核心期刊"。[①] 其意义在于，图书馆只要采购了这些期刊就能基本满足读者的文献需求。人们后来发现，"二八定律"其实是人类社会活动的一个普遍性规律。

美国人 E. Garfield（1925—　）则在 20 世纪 60 年代早期，提出了利用影响因子来确定"核心期刊"的方法。在此基础上，他创建了 SCI 科学引文索引数据库：一种期刊在某一年的影响因子被定义为，当年 SCI 源期刊对于该期刊前两年发表的论文引用次数与论文篇数之比。[②] SCI 涵盖自然科学领域内最重要、最具影响力的期刊近 6000 种。它利用 SCI 提供的论文数量和影响力数据，有助于评估科学研究的工作成果、效率和科技人员水平，为科学地管理科学事业提供了重要条件和有效手段，所以，世界上许多国家在科研论文评估中，认为 SCI 具有重要地位，至少在现阶段如是。鉴此，自 1987 年起，我国科学界开始采取国际通用的科学计量指标评估高校和科研院所的研究实绩，尤其是中国科技信息研究所每年发布《中国科技论文统计与分析年度研究报告》，[③] 由于其中包括各高校和科研机构科技论文排序情况，所以格外引人注目，被人们称为中国"学术榜"。

在这一学术评价和学术排行榜的引导下，许多高校，尤其是南京大学最早接受并高度重视采用 SCI 等检索系统的数据来评价教师、院系的基础研究业绩，并对 SCI 论文等给予数额不等的奖金；评价理科博士研究生教育质量。这一政策对南京大学科研论文，尤其是 SCI 论文产出数量快速增长起到了重要作用。1992 年以后，南京大学在大学"学术榜"的评估中脱颖而出，1992—1999 年，南京大学连续 8 年在 SCI 论文评估

---

① 郭延坡：《期刊评价的理论基础：布拉德福文献离散定律》，《天水行政学院学报》2012 年第 13 期。
② 梁红妮、胡德华：《SCI 源期刊的分析研究》，《现代情报》2004 年第 5 期。
③ 中国科技信息研究所：《1998 年〈Ei〉收录〈推进技术〉论文数继续增加》，《推进技术》2000 年第 1 期。

中名列全国各高校之首①，实现"八连冠"，论文被引用数也自 1994 年起连续 7 年保持第一，因而受到海内外学术界、高教界的关注。被称为我国高教界杀出的一条"黑马"，这"一马当先"、奔腾前进的"黑马"，也带动了我国其他高校的积极效仿。

与此同时，改革开放后，随着社会主义市场经济体制的逐步建立，作为我国高等教育改革的先声：原复旦大学校长苏步青等在《人民日报》发表文章，呼吁"给高等学校一点自主权"。② 同年，上海交通大学率先实行了人员流动、岗位责任制和内部工资改革。1983 年 6 月，教育部同意上海交通大学扩大管理权限，增强学校办学活力。由此，以人事、分配制度改革为突破口的高校内部管理体制改革逐步铺开。

1993 年 2 月，中共中央、国务院颁布了《中国教育改革和发展纲要》，明确要改变政府包揽办学的格局，逐步建立以政府办学为主体、社会各界共同办学的体制；逐步建立以国家财政拨款为主，辅之以征收用于教育的税费、收取非义务教育阶段学生学杂费等多种渠道筹措教育经费的体制。③ 随着《纲要》的实施，到 20 世纪末，我国高等教育基本建立了以财政拨款为主、多渠道筹措教育经费的投入体制，学生交费上学，社会各界积极参与办学等办学体制已初步形成。这些重大改革举措，增强了高校办学自主权，同时也促进了各高校之间的竞争。

为落实科教兴国战略，1998 年经国务院批准，我国开始实施国家重点基础研究发展规划，在规划项目的管理中，科技部、财政部等部门积极探索推出了课题制。包括此后的"863"计划、"973"计划、自然科学基金课题等结题一般都有发表论文，尤其是国际论文发表数量的要求。同时，在高校新的办学体制下，国家减少高校财政拨款的同时，实施"211 工程"重大项目。项目建设实行项目法人责任制，按照师资队伍，教学科研水平、博士、硕士点和重点学科建设情况，高层次人才培养数量和质量，科研经费和国内外学术影响等指标进行公平竞争、择优遴先

---

① 孙德刚：《部分高校科技论文产出与科技发展趋势的比较分析》，《东北大学学报》（社会科学版）1999 年第 3 期。

② 转引自焦师文《坚持发展性评价方向　推进教师考核评价改革》，《中国高等教育》2014 年第 10 期。

③ 中共中央、国务院：《中国教育改革和发展纲要》，1993 年 2 月 13 日，http：//www. moe. gov. cn/jyb_ sjzl/moe_ 177/tnull_ 2484. html，2021 年 6 月 21 日。

的原则进行，采取国家部门、地方和高校共同筹集资金的方式，使100所左右的高校及一批重点建设学科在教育质量、科学研究、管理水平和办学效益等方面有较大的提高。① 在其他高校，国家和地方则进一步减少财政拨款，主要依靠学生学费收入尤其是1999年开始扩大招生规模带来的收入维持学校的正常运转和发展，从而加剧了各类型、各层次高校主要以依靠人才培养、科学研究数量和质量等为主要内容的高等教育市场中的激励竞争。正是在此条件下，各公立高校为了争夺更多、更好的生源和高层次人才以及科研经费等办学资源，便纷纷开始实施科研论文等科研成果奖励政策。这也是公立高校科研奖励政策的主要内容，并在此基础上逐步形成了公立高校科研奖励政策。

二　公立高校科研奖励政策产生的制度根源

公立高校科研奖励政策作为我国社会主义市场经济发展特定阶段的产物，既有其高等教育体制改革的体制基础，又有其制度根源。"五唯"及其锦标赛制无疑是公立高校科研奖励政策产生最根本的制度根源。

"五唯"和高校科研奖励政策等是我国高校科研评价、激励体系在运行中表征出来的突出问题，对此问题既要知其表，更要知其里。也就是说，要对其制度根源进行深入剖析："五唯"问题是如何产生并成为"顽瘴痼疾"的？公立高校科研奖励政策是何以产生并被各方质疑？其背后整套体系的特征是怎样的？在目前的探讨中，对这些关键问题都还缺乏足够的解释或语焉不详。这严重影响到对此问题的根本治理。所以，必须在历史回顾的基础上进行制度分析，剖析"五唯"问题到底是在哪个历史阶段产生，以及公立高校科研奖励政策是如何产生？这个阶段所建立的科研评价、激励体系的特征是什么？

改革开放后，我国从计划经济向市场经济转轨，在此背景下，高校科研评价、激励体系也开始发生变迁：从20世纪90年代到21世纪初，我国高校科研评价、激励体系发生了一个明显的制度变迁过程，从以往的平均主义走向绩效主义。关于这种科研评价、激励体系的特征，有人称为科研"GDP主义"或"量化主义"，但这基本都只停留于一种批判

---

① 汤洪高：《"211工程"的实施与我国高等教育的改革和发展》，《教育与现代化》1996年第1期。

性的说辞或表象描述，缺乏对这种评价、激励制度的根源性解释。实质上，这套科研评价、激励体系的形成，其根源在于锦标赛制在高校科研领域的应用和泛化。

锦标赛制理论的创始人拉齐尔（Edward Lazear）和罗森（Sherwin Rosen）认为，在绝对业绩不易确定的情境中，企业委托人为了保证受托的代理人能够满足自己的预期收益，通过建立绩效薪酬制度，将经理人的相对业绩排名与其报酬相联系，以达到激励经理人并提高企业效率的目的。[①]

锦标赛制理论最早是在企业管理研究中提出并在企业管理实践中得到广泛应用，其后被推广到其他社会科学研究领域。锦标赛制其实就是一种"委托—代理"机制，在企业管理领域中不但早已被广泛应用，而且具有较强的理论解释。如今，已有一些研究证明锦标赛制亦适用于对教科文领域的制度解释。对于判断某个领域的制度体系是否符合锦标赛制特征并有效实施，锦标赛制理论提出了五个技术前提：一是上级部门的权力必须是集中的，它可以决定晋升和提拔的标准，并根据下级部门及其成员的绩效决定升迁；二是存在一种从委托人和代理人的角度看都可衡量的竞赛指标；三是各参赛主体即下级部门及其成员的竞赛成绩是相对可分离和可比较的；四是参赛的下级部门及其成员能够在相当程度上控制和影响最终考核的绩效；五是参赛主体之间不容易形成攻守同盟。[②]

对照锦标赛制的五大技术前提，可以发现它是如何在我国高等教育领域有效实施并产生泛化的，也可以理解"五唯"和公立高校科研奖励政策在这个过程中是如何被重构起来的。

第一，在高等教育领域，无论对组织还是个体的影响，上级部门都拥有较为集中的权力。从组织层面来看，我国高校长期以来以公立学校为主，上级教育行政主管部门具有集中的资源分配权，可以通过评估决定诸如哪所学校有资格进入重点高校和"双一流"高校的行列，有权决定学位点分配和资源配置的数量多少；从个体层面来看，无论是对于学

① Lazear, Edward and Sherwin Rosen, "Rank-Ordered Tournaments as Optimal Labor Contracts", *Journal of Political Economy*, Vol. 89, No. 5, 1981.

② 陈先哲：《中国学术增长的动力机制与激励逻辑》，《高等教育研究》2017 年第 9 期。

校领导者和管理者的任命，还是对于教师的晋升，上级党委、政府和教育主管部门都具有集中的人事权和决策权。这两大条件都有利于锦标赛制的形成并在全国高等教育系统大范围推行。

第二，恰在这个阶段，我国高校建立起了一些从委托人和代理人的角度看都可衡量的竞赛指标，"五唯"就是这种指标的主要组成部分，公立高校科研奖励政策则是这种指标追求的产物。对于教师科研奖励而言，具有核心、非核心的区别和可用影响因子区分的"论文"，累积了论文、课题、奖项数量、层级等综合量化奖励指标，从而形成相对容易衡量、可比较的科研奖励指标体系。

第三，各参赛主体即各级各类公立高校及其教师的竞赛成绩是相对可分离和可比较的。对于组织层面而言，上级教育行政主管部门扮演的是委托人角色，各级各类公立高校扮演的是代理人角色；而对于个体层面而言，各级各类公立高校又扮演了委托人角色，而身在其中教师扮演了代理人的角色。这便形成了一种多重"委托—代理"机制，既可进行个体科研业绩之间的比较，又方便集体总绩效之间的比较；而相对科研，教育教学成效由于难以量化，因而难以进行这种分离和比较，故也难以进行教学绩效奖励。

第四，作为参赛主体的公立高校对整个组织的科研效率和绩效有着很强的控制力，常常通过内部包括科研奖励等激励制度安排对教师的科研业绩产出产生较大的影响。

第五，在这种情况下，作为组织层面的公立高校之间不太可能形成攻守同盟，反而高度竞争已成为常态，并形成公立高校科研奖励政策的同质化；作为个体层面的教师因为科研奖金多少等与个人利益高度挂钩也会非常看重科研相对业绩比较，也难以形成攻守同盟。

因此，我国这个历史阶段的高等教育评价、激励体系，具有明显的锦标赛制特征。而且在对公立高校和教师相对科研业绩评价和激励的综合需求下，"论文、项目、奖项、帽子"等各种量化指标便逐步被筛选出来并成为所谓"标准"，也就催生了公立高校科研奖励政策，以及公立高校科研奖励政策的主要奖项内容：科研论文等科研成果、论文引用、科研项目和科研获奖等。这既有利于较为快速地判断一个教师或一所高校组织的科研业绩累积水平，达到一种表面意义的公平，又起到了一种普遍意义上的激励效果。无论是学校还是教师，基本都会自觉或不自觉地接受锦标赛制的规则和被建构起来的标准。而在这个过程中，这些指标和标准又得到了不断的强化甚至固化，"五唯"也因此成为"顽瘴痼疾"。公立高校科研奖励政策也就得以产生并被各方广为质疑。

第三节　公立高校科研奖励政策的生成机制

一　公立高校科研奖励政策的形成过程

公立高校科研奖励政策，是在我国高校薪酬制度改革的基础上分化和形成的。改革开放前，我国广大知识分子的政治和社会地位一度较低。改革开放后，我国包括公立高校教师在内的科技创新人员待遇普遍偏低。随着国家科教兴国战略相关政策的逐步落实，高校教师的工资水平虽普遍有所提高，但工资收入仍较低，总体处中下水平。"211 工程"的实施，1999 年后我国高校的大规模扩招及收费制度的改革，教师工作量和学校办学经费的增加等为提高教师待遇提供了契机。清华大学和北京大学率先实施岗位津贴制度。[①] 其他高校纷纷效仿，开启了教师绩效薪酬改革新的探索。经过十多年的改革，形成了多样化的薪酬制度模式。

一是基于岗位分类的津贴分配模式。此类模式是职级高低、责任大小等因素将教师的岗位分为若干类，并设定每一类岗位的津贴等级标准。通常是以绩效考核的情况为基础，按照"以岗定薪，岗变薪变"的原则进行。

二是基于学术产出的绩效薪酬分配模式。此类模式是按照教学工作量的完成和科研成果产出数量、层级情况等实施绩效分配的薪酬模式。高校科研奖励政策实际是此模式分化的具体化。

三是岗位和学术产出相结合的薪酬分配模式。即采取综合形式，将津贴分为多个部分，兼顾岗位职责和绩效考核，并向关键岗位倾斜的分配模式。这种绩效主义的薪酬制度，不仅打破了我国高校教师职务工资制度下教师的薪酬水平高低主要取决于其所聘的职务、年资等，受聘于同一职务的教师之间的薪资没有显著差异的平均主义分配制度，而且教

---

① 焦师文：《坚持发展性评价方向　推进教师考核评价改革》，《中国高等教育》2014 年第 10 期。

师的薪酬收入普遍有了较大幅度的提高，建立了较为合理的激励分配机制，促使高校教师的收入水平、收入结构都发生了明显的改变。较为充分地调动了教师教学、科研积极性，尤其是收入可变部分有了较大弹性，也为探索新的激励分配机制预留了改革的空间。

但是，这一绩效薪酬制度仍存在绩效薪酬形式较为单一以及个体针对性不强等突出问题，难以有效激发在科研某些方面投入较大、成绩突出优秀教师的科研积极性，觉得自己的科研投入和产出还是没有得到应有的、更多的报酬，以及在政府学科评估和大学排行榜"唯科研"压力等各种因素作用下，我国不同类型、不同层次的高校便在原有绩效薪酬制度之外，于20世纪90年代末期，纷纷制定和出台更具个体针对性的研奖励政策，以调动教师的科研积极性，提高学校的办学声誉和学科、专业排名位次，赢得更多的办学资源。总体来看，各公立高校科研奖励政策以科研成果、论文引用、科研获奖和科研项目等奖励对象为经，以量级、类目、排序等为纬，以奖金多少编织出其网络；同时附之如科研项目、科研获奖等层级分类表，顶级和权威期刊目录等奖励资格认定清单，从而形成公立高校科研奖励政策的基本价值取向、结构框架和主要内容，如 A 大学科研奖励办法（详见附件）。

二　公立高校科研奖励政策主要奖项属性和生成机制

（一）公立高校科研政策主要奖项的属性

科学研究尽管存在风险，失败是科学研究的正常现象，但科学研究最终是要产生创新性的成果，没有理论创新成果或应用性成果，不是一个完整的科研过程。同样，在"大科学"条件下，许多科研活动需有一定的科研资金投入，即需要科研项目资金的支撑和强有力的物质保障才能进行。因此，一般地说，科研成果和科研项目是一个完整科研过程的必要条件，但科研项目并非科研的最终目标，更非科研成果本身，仅是科研活动的一个阶段。进一步地，论文引用（肯定性引用），作为一种学术表达方式，它是引用者为更准确、更权威地阐述学术观点而引用已经公开发表的论文、著作等文献的相关论述的行为，体现了"科学知识的积累性、连续性和继承性"；科研获奖实际是科研成果质量的一种表达方式，是对优秀科研成果的肯定和承认，对激励和引导科研创新发展具有重要作用。它们都是科研活动的构成要素。由之构成公立高校科研奖励政策的基本内容：科研成果、论文引用、科研项目和科研获奖等主要奖项。

关于高校科研奖励政策相关奖项的属性，一方面，整体而言，高校科研奖励政策与科技奖励制度有本质区别，并非真正意义上对优秀科研成果的奖励。科技奖励制度是对优秀科研成果的承认和肯定，承认是对科学家至高无上的奖赏。原创性是其根本要求。因此，为充分体现对优秀科研成果的承认，国内外科技奖励都是按照严格的标准和程序，对经过数年沉淀、学界公认的真正原创性成果，或经过较长时间大规模实施应用，产生了良好的社会效益和经济效益的重大成果给予奖励，即经过同行专家评审、公示、隆重的颁奖仪式及社会公众的积极参与过程而产生。如根据国家科技奖励条例规定①，无论是国家自然科学奖、技术发明奖，还是科技进步奖，都是对真正具有重大原创性或有重要应用价值科研成果的奖励。而高校科研奖励政策对相关科研论文等科研成果、论文引用、科研项目和科研获奖给予奖励，并非都是原创性成果的奖励，也并不进行科学的评价和严格的同行评审，只是为了解决技术操作性难题，仅经过简单认定，就按照 SCI 等 "国际三大检索" 系统和国内 "三大核心" 期刊，如采取 "以刊评文" "以刊代评" 而非 "以文评文" 的方式，对不同层次的科研论文及论文引用频次多少，不同级别的科研成果、科研项目和科研获奖等按照学校科研奖励政策对照奖单目录，给予相应奖励。另一方面，学术论文的发表，申请专利的获批，科研项目的获批和立项，并不能说就是有影响、有贡献的优秀科技成果。特别是科研项目，它仅是一个设计概念，是一种研究假设，属于科研活动过程，还没有经过项目的研究而获得科学发现、技术发明、应用等科学研究成果，更谈不上科研项目本身就是优秀科研成果；论文引用仅是科研的一种表达和评价，也属于科研活动过程。因此，高校科研奖励政策的主要奖项在学理上是缺少理论支撑的，与科技奖励制度属性完全不同。

从高校科研奖励政策内部各奖项看，如上所述，高校科研奖励政策对科研论文等科研成果奖励，并不是真正意义上的优秀科研成果奖励；

① 国务院：《国家科学技术奖励条例》，2020 年 10 月 27 日，http：//www. gov. cn/zhengce/content/2020-10/27/content_ 5555074. htm，2021 年 6 月 21 日。

科研项目、论文引用和科研获奖奖励，都属于科研重复奖。其中，科研项目、论文引用奖励，是对形成科研成果的科研活动过程的奖励，即既对科研活动结果又对科研活动过程都给予奖励，属于奖励内容的重复；同时，由于科技奖励只是科研人员实现其目标过程中获得的一个并不那么重要的副产品，并不会增加获奖成果的科学价值或经济价值。也即如屠呦呦先生发现青蒿素的科学价值，并不因为其获得诺贝尔自然科学奖而增加，也不会因为未获得 2016 年国家最高科技奖而有减少。因此，高校科研获奖奖项，即对教师获得校外相关各级、各类获奖同一成果，但并没有新的科研劳动投入，没有增加其科学价值或经济价值，学校若再对其给予奖励，同样属于奖励内容的重复，它仅是科技奖励的派生物质待遇。

（二）公立高校科研奖励政策相关奖项的生成机制

学术论文等科研成果、论文引用、科研项目、科研奖项等本是高校科研创新活动中最为常见且不可或缺的基本要素，但一旦"唯"，并与考核奖励挂钩，就必然让高校科研创新笼罩上功利化的阴霾，成为各界质疑、鞭挞、忧虑的对象。与以论文为首的"五唯"内在生成逻辑相似，我国公立高校科研奖励政策的内在生成机制也是以论文为基础，将科研成果、论文引用、科研项目、科研获奖等主要奖项的数量、层级和金额等相关量化指标，与教师相关科研产出和科研活动过程中能够量化的各项数据一一对应，给予其相应的科研奖金。

进一步讲，科学研究是在一定的物质资源保障基础上继承前人或同代人相关研究成果的持续过程，具有物质性与继承性、连续性的典型特征。因此，无论是科研成果，还是科研项目中的自选项目、指定项目，一般都需要物质资源保障，又需要前期相关科研的积累和科研成果的积淀，不会凭空产生。所以科研项目是在前期相关研究，且大多是在相关成果支撑的基础上形成并申报立项的。而科研项目一般须有科研论文、专著、专利等科研成果才算完成，才能结题；同时，如上所述，科研论文等科研成果的形成，一般又须有科研项目经费的支持和设备等物质资源保障，且在当下高级别学术期刊发表的学术论文中，基本都有高层级科研项目的要求，言下有高级别科研项目支撑，论文质量、水平就高。这样就形成了有科研项目就会产生科研成果，科研项目层次高，科研成果质量高。反过来，有了科研成果，就会形成、派生、孵化科研项目；科研成果质量高，所孵化的科研项目层次就高。此外，与资本天然是趋利的，自发地向着利润高的地方流动。向着周转率快的地方流动，向着热钱扎堆的地方流动一样，一些教师进行科研活动时所需的仪器设备、试剂耗材、智力资源等学术资本也具有增值性和趋利性，自发地向着影响力大的地方流动，向着科研热门话题甚至炒作起来的"热点"流动，向着如何结出成果的地方流动。如笔者访谈 A 大学一位正在高科研的副教授，问他每天都在做什么？他的回答是："写论文—申项目—买设备—写论文"，如此循环，学术资本的自我增值成了重中之重，发文章、申项目、买设备、收学生等构成一个学术资本增值的闭环，而真正的学术研究与学术价值追求及其应用转化等现实意义反而成为可有可无的东西了，从而形成了科研论文等科研成果与科研项目相互派生、放大的内在生成机理。同样，由于科研获奖是以高质量成果为前提，因此，科研成果尤其是高质量成果又会生成科研获奖，这又形成了科研成果派出科研获奖的生成机制。

在此基础上，有了科研论文、专著等科研成果，就会形成论文、专著引用和 ESI 高被引论文，并与科研成果一样，会产生科研项目、科研获奖；反过来，有了科研项目、论文引用和科研获奖，尤其是 ESI 高被引论文、高级别项目、获奖，就有了雄厚的文化资本，证明他的科研能力强、水平高，他撰写的学术论文、申报的科研项目和科研报奖，就容易发表、立项、获奖，即他的学术资本，以及学术影响、学术声望、职称等级、学术头衔等这些论文以外因素的文化资本都会影响论文投稿、评审直至最终录用等遴选的一系列环节。正如默顿通过比较不同类型作者的投稿率与发表率所指出的，知名学者的论文评审过程可能相对不那么严格，审稿人在证据不足时更容易选择直接信任其研究结论等因素，导致因作者身份差异对用稿概率的影响。

所以在这个意义上，同样形成了科研成果、论文引用与科研项目、科研获奖更大范围的相互派生、放大的内在生成机制。因此，一般来讲，它们之间的内部生成机制是科研论文等科研成果产生科研项目、论文引用和科研获奖；反过来，科研项目、论文引用和科研获奖又产生科研成果，从而形成它们之间相互派生、放大的"马太效应"的内在生成机制。这一逻辑生成机理，也形成了公立高校科研奖励政策主要奖项内容之间的内在生成机制。如图 3.1 所示。

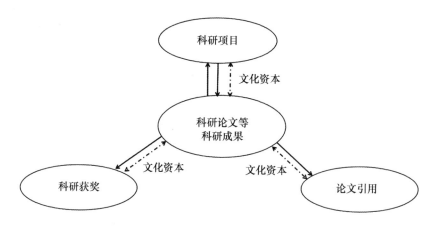

图3.1 公立高校科研奖励政策主要奖项内容内在生成机制
资料来源：作者绘制。

具体地讲，由于公立高校科研奖励政策本身是对 SCI 等科研论文、专著、专利、咨政报告等科研成果及论文引用、科研项目和科研获奖等相关奖项内容的奖励，是把奖励政策文本中的上述相关奖项的数量、层级与教师相关科研产出的数量、层级相对应，并不对其进行科学评价和筛选，就对照奖单目录，直接给予相应的科研奖金。如一篇 SCI 一区论文奖励多少万元，一项省级科研项目奖励多少万元，一项国家科技进步二等奖奖励多少万元，等等，一一对应、明码标价，按件付酬。因此，科研成果、科研项目、论文引用和科研获奖内部之间的生成、放大"马太效应"生成机理，也就决定和形成了公立高校科研奖励政策各主要奖项之间的相互生成、放大"马太效应"的内在机制。

三 公立高校科研奖励政策的结构特征和同质化

（一）公立高校科研奖励政策的结构特征

20 世纪 90 年代以后，国家有关人事制度改革实施人员聘用制度、单位实施绩效工资制度改革等，并相继出台了相关政策和措施，主要有《关于深化高等学校人事制度改革的实施意见》《事业单位工作人员收入分配制度改革方案》《国家中长期教育改革和发展规划纲要（2010—2020 年）》等。正是这些基本人事制度和重大改革，促进和形成了我国当下高校教师考核评价的基本框架。从而推动了政府主管部门强化对高校，以及高校对教师考评制度建设步伐的加快，也进一步强化了高校之间、教师之间越发激烈的竞争关系。

与此同时，20 世纪 90 年代以来，国家推出的一系列重大计划或项目，诸如"211 工程""985 工程""高校优势学科建设工程""高等学校科技创新能力提升计划""特色重点学科项目""建设世界一流大学和一流学科"等，都是以下述所讲的契约方式进行管理和实施的。即这一系列重大计划和项目的实施，经过政府颁布计划或项目、高校参与申报、政府审核批准、双方签订协议、高校实施协议、政府协议期满进行考核评估等环节，从而实现了政府对这些重大工程和项目的有效管理。政府与高校这种管理关系可以视为一种契约关系。

这样，被嵌入复杂的"机构化升迁链和问责链"的教育行政管理部门领导和公立高校管理者，出于科技创新发展及学校发展并获得更多的政绩；以及上述各项工程的考核机制和我国长期高校学科、专业评估、排名机制和指标体系过分依赖显性的、可量化的科研产出，考生及其家长对排名靠前高校优先选择的压力下，为实现科研产出量的激增和质量的提高，争取学校排名靠前，以求得在日益激烈的高校竞争市场中胜出。于是，公立高校实施科研奖励政策就逐渐成为一种集体行为。

进一步地，在全球化背景下，包括高等教育在内的国家之间科技创新竞争的加剧，在国家为追赶超越，以尽快建成世界科技强国的条件下，公立高校除完成教书育人、科学研究基本职责之外，又要服务国家、社会或市场的需要。由此，它要承担诸如卓越、效率、适切、责任、质量保障等众多责任。而又把这些责任以可测量的数字加以呈现，即强制性地将复杂的教学、科研和社会服务等活动减少到简单的数字分数或评级，又反过来用其对这些活动进行监测、评估和竞争性排名。同时，国家各部门与各层次人才工程，教育行政管理部门各名目与形式的教育质量评估项目、奖励项目等，则进一步强化了公立高校科研奖励政策的偏颇，我国公立高校科研奖励政策便逐步走向同质化，甚至有愈演愈烈的趋势。如 A 大学不同版本的科研奖励办法（详见附件）。

从以上分析可看出，这些基本人事制度和绩效薪酬制度形成了当下我国公立高校教师考核评价和奖励政策的基本框架，以及在演化过程中同质化不断强化和固化科研奖励政策的偏颇。

新制度主义认为，任何制度构建过程实际上是不同利益主体间进行博弈的结果。[①] 而任何政策制定必然涉及价值判断。因此，从学理上讲，高校科研奖励政策是一种涉及价值判断的政策行为，是高校根据政府、社会及自身特有的教育、科研价值观，对教师科研量化管理的外在激励重要手段和机制。其形成和发展是政府、社会与学校及教师等各主体利益相关者非零和博弈的结果。

总体来看，公立高校科研奖励政策将政策文本中各奖项的数量、层级和金额等相关数据，与教师科研论文、著作、专利等科研成果、各级科研获奖及论文引用等科研产出的相关数据相对应，从而使教师获得自己应得的科研奖金，形成我国公立高校特有的科研奖励政策"指标—量化—金额"结构要素与"指标—量化—奖励"模式，其具体结构如表3.1所示。

表3.1　　　　　　　　　公立高校科研奖励政策结构分解

指标名称	指标内容	量化结构	奖励特点
科研成果	论文、专著	成果数量、层级；金额多少	以量化为依据，属于科研活动结果的奖励
	专利、标准		
	咨政报告		
论文引用	论文他引频次	引用频次；金额多少	以量化为依据，属于科研活动结果的奖励
	ESI高被引论文		
科研项目	纵向、横向科研项目	项目数量、层级、到账经费多少；金额多少	以量化为依据，属于科研活动过程的奖励
科研获奖	政府科技奖社会科技奖	获奖数量、层级；金额多少	以量化为依据，属于科研活动结果的派生待遇
科研绩效	科研业绩点	科研业绩点总和；金额多少	以量化为依据，属于科研活动过程和结果的奖励

资料来源：作者整理。

---

① 何增科：《新制度主义：从经济学到政治学》，刘军宁等编《公共论丛（一）》，生活·读书·新知三联书店1996年版，第150页。

（二）公立高校科研奖励政策的同质化

从制度理论的观点来看，制度同质是指组织为增强自身的合法性，日益遵从其他同类组织采用的制度形式和内容。[①] 制度结构成为行动主体表现各种行为的具体场景，那些竞争能力强的组织往往试图把其自身的目标和程序作为一种制度规则，吸引其他行动主体进入该制度框架并进行相互模仿，以实现跟随性发展和获得自身利益的最大化。这样，尽管我国高校科研奖励政策从产生初期，一直为社会各界所诟病，但还是在理性选择和强制性（政府评价高校指标的科研化导向）、一致性（相互竞争的利益追逐）、模仿性（在效仿中获得学习性发展）三种机制的作用下，我国高校科研奖励开始出现同质化问题，形成与科技奖励制度具有本质区别的奖励方式、内容和依据日趋严重的同质化。

一是奖励形式的一致性。默顿学派认为，科技奖励制度是对优秀科研成果的承认和肯定，承认是对科学家至高无上的奖赏。科技奖励主要是荣誉性的，不要把其与金钱直接挂钩。[②] 因此，为充分体现对优秀科研成果的承认，国内外科技奖励制度为发挥其在科技界的社会分层、荣誉分配以及引导社会崇尚科学精神的"风向标"作用，采取纯精神奖励，或物质奖励与精神奖励相结合，但以精神奖励为主的形式进行。在国内外科技奖励制度发展史上，纯精神奖励（如英国女王奖，只奖励荣誉证书、奖旗，不发奖金）的奖项不占多数，但纯物质奖励的奖项是没有的。[③] 即是采取两种形式相结合，其物质奖励的"奖金"也只是象征性的；并且，国外科技奖励获奖后没有外加的物质待遇即派生待遇。因为获奖成果的科学价值是无价的，是无法用金钱来度量和激励的；况且没有精神奖励的"奖金"只能算"酬金"。没有精神奖励的科技奖励在称谓上是不准确的。反观我国高校独有的科研奖励政策，则是一种典型的纯物质奖励，其中科研获奖奖项实际是科技奖励的一种派生待遇。金钱奖励的特征相当明显，采取"订单式"奖励。这种方式是将各种各样的科研产出形式，以一定的数量、层级等量化指标为标准，奖励一定的

---

① 何增科：《新制度主义：从经济学到政治学》，刘军宁等编《公共论丛（一）》，生活·读书·新知三联书店 1996 年版，第 159—160 页。

② ［美］R. K. 默顿：《科学社会学》（下），鲁旭东、林聚任译，商务印书馆 2011 年版，第 423—429 页。

③ 姚昆仑：《现代科技奖励综论》，科学出版社 2000 年版，第 101 页。

现金数额。即只要符合"奖单"目录，就对发表的学术论文、获批的专利、获取的科研项目、获得的科技奖励等，列入奖励清单，在年终结算时将奖金如数打入个人账户，并不举行特别的颁奖仪式。由于该方式可明码标价，具有很强的奖金数字对比感和震撼性及冲击性，符合中国人的奖罚习惯，所以就成了时下流行的主流模式。但却造成一些教师用巨额公款购买（从项目经费中报销）的所谓"论文"、弄虚作假的所谓"成果"、自己花钱购买的所谓"横向科研项目"等，不仅没有得到应有的打击和制裁，反而获得"合规"奖励的外衣、奖金的奇怪现象。

二是奖励内容、依据的统一性和奖金额度提高的一致性。科技奖励制度作为促进国家科学技术发展和技术创新的重要机制及激励科技人才成长的重要手段，其评选依据是根据成果内在的科学价值或经济价值来确定是否奖励及等级，并不看重如成果数量多少、发表刊物层次等外显性指标。在奖励内容方面，起初，与科技奖励制度类似，一些高校也像率先奖励的个别研究型高校那样，仅对学术论文等科研成果给予奖励；后来，随着政府高校学科、专业评估、教学水平评估、社会大学排行榜等除将科研论文等科研成果作为重要考核指标外，还将科研项目数量、科技获奖数量及人才数量等纳入其中，各高校便将这些列入奖励内容；近年来，随着学术界和政府相关管理机构对论文被引频次、ESI 高被引论文及咨政报告的重视，高校间相互模仿，又先后将其作为新的奖励内容，取消对普通期刊等的奖励，表现出奖励内容的同一性和增减的同步性。

就奖励依据而言，各高校为解决科研奖励的技术操作难题，并迎合政府评价考核层层压力机制下指标体系的要求，把教师科研产出的数量、层级等外显性量化指标作为是否奖励及奖金多少的依据，而忽视教师学术职业知识传承和创新这一核心，且把教师的科研精神、工作投入等质的要求几乎没有实质性的体现。并按照同类高校的变化进行不断调整，如在科研论文等奖励指标设计中，近年来，各高校都依据 SCI 索引，将中科院 JCR 分区、国内"三大核心"期刊目录等及纵向科研项目、科技奖励级别等"客观标准"作为奖励量化指标依据。如对 SCI、SSCI 等论文奖励方面，近年来各高校普遍改变以前简单地按照 SCI、EI、SSCI、ISIP 等收录情况给予相应奖金，而是具体地以期刊收录学科类别、影响因子、JCR 分区、论文被引频次、ESI 高被引论文等设置论文奖励等级和奖金多少的依据。

在科研奖金额度方面，相关量化指标所对应的奖金多少，虽在各高校间并无统一标准，随意性很大，但由于各类型高校尤其是教学型高校把科研奖励政策作为吸引人才、稳定人才队伍的一项重要政策，便相互模仿，竞相抬高相关奖项奖金额度，普遍存在拔高趋势，具有一致性。也就是说，虽然各高校会充分考虑到自身的经济条件和科研水平状况，科研奖励政策的相关奖项奖励金额不同，但总体的发展方向和趋势却是一致的。在相关奖项奖金额度提高的同时，逐渐体现出"高层次"，改变以往大面积"撒胡椒面式"的奖励。这无论是从高校之间横向来看，还是从某一高校科研奖励政策修订的不同版本来看，其变化都体现了这一典型特征。据笔者调查，对科研项目奖励，除部分样本教学型高校和高职院校外，地厅级科研项目已经不在奖励之列，奖励对象主要集中在国家级和省部级项目上，奖励金额也大幅度提高，如教学型高校对国家自然科学基金层面项目奖金额度大都由过去的 3 万元/项增长到 10 万元/项；在科研获奖奖励方面，除部分教学型高校外，其他类型高校对地厅级获奖也不在奖励之列，大额奖励主要集中在国家最高科学技术奖和国家科技"三大奖"一、二等奖上；在高水平论文方面，各高校对发表在 *Science*、*Nature* 国际权威期刊上的论文普遍给予重奖，例如笔者调查的某样本高校对其奖励金额高达 110 万元每篇。

三是奖励客体的被动性。国家科技奖一般都是在严格的科学评价，同行专家反复评审，奖励主体与客体充分互动的基础上形成的。但在高校科研奖励政策的制定和实施过程中，并无科学的科研评价，作为奖励客体的教师也往往处于一种价值无涉的失语状态。先动者高校能够获得科研竞争市场的先动优势；后动者高校为了实现跟随性发展和后发优势，在奖励内容、依据模仿先动高校的同时，也会对其进行修订。但对具体奖励标准的确定和实施流程等则都是由学校人事、科研等职能部门所掌控，入选刊物及奖励层级等各项实质性内容也是由校、院相关领导及个别学术权威等少数利益既得者博弈的结果；规定的作为校内最高学术机构的校学术委员会往往流于形式。而作为奖励客体的教师，只是被动地接受，在与其自身职业发展攸关的奖励中陷入一种价值无涉的失语状态。

这种以行政力量为主导的奖励过程，使得各奖励环节缺乏互动，透明度不高，使教师失去了自我评价、自我反思，达到主体自觉的契机。

2014年，教育部教师工作司通过追踪组织实施的308个教师队伍建设改革试点示范项目，特别是其中的教师考核建设改革试点项目，以及与中国高教学会师资管理研究分会151个会员高校的交流研讨，发现有相当数量的高校在教师考核评价工作中存在如下问题：一是考核评价手段较为单一；二是考核评价标准体系不完善，存在重量轻质的问题；三是考核评价的发展性功能没有充分体现，与利益挂钩过于紧密，引发科研腐败现象。[①] 这充分表明我国公立高校科研奖励政策形成、发展过程中同质化问题严重，容易滋生科研浮躁、急功近利不良风气，引发学术腐败等严重问题。

第四节　公立高校科研奖励经费的
政策依据分析

公立高校用于科研奖励的经费从何而来，是否有政策依据？这是一个必须首先探讨清楚的问题，因为公立高校科研奖励政策是一种典型的物质奖励，若无经费支出，也就失去了存在的前提。从我国公立高校办学经费来源渠道来看，主要由政府财政拨款＋学生学费＋科研项目经费＋产学研合作等社会服务收入＋社会捐赠款等部分构成。其中科研项目经费按国家现行科研经费管理办法相关规定，科研课题实行项目主持人责任制，项目经费在学校监督下由项目主持人负责使用，只能用于科研项目完成的直接经费和间接经费支出，高校作为责任主体，并无直接支配和使用权；社会捐赠款项的使用由捐赠款人（机构）的意向决定（若指明可用于科研奖励则另当别论）；产学研合作等社会服务中科技成果转化的收入，按《中华人民共和国科技成果转化法》和各地方政府科技成果转化政策相关规定，由成果受益方给予完成人相应报酬。

由此看来，公立高校用于科研奖励的经费只能在政府财政拨款和学生学费中列支。据《中国教育经费统计年鉴2018》显示，我国公办高校

---

① 焦师文：《坚持发展性评价方向　推进教师考核评价改革》，《中国高等教育》2014年第10期。

的财政性拨款占到其总经费来源的 50% 以上，财政拨款和事业收入两项收入之和基本占到高校教育经费投入的 90% 左右。[1] 其中学生学费按照《高等学校收费暂行管理办法》相关规定，主要用于教育培养成本中的公务费、业务费、设置购置费、教职工人员经费等正常办学费用支出，不包括校办产业支出等非正常办学费用支出。因此，按此规定，公立高校科研奖励经费不能从学生学费中列支。[2]

"委托—代理"关系广泛存在于各类社会组织和各种合作行为之中，凡存在信息不对称的授权行为都会存在委托代理问题。[3] 因此，"委托—代理"理论也适用于高校这一特殊的社会组织。按照米尔斯文和斯利格利茨的观点，"委托—代理"关系就是人们交易过程中的契约关系，在这种契约关系下，为了使双方的利益关系得到协调，委托人希望设计一种合约机制授权给代理人从事某种活动，并要求代理人按委托人的利益行动。[4]

显然，政府是公立高校最大的投资者，按照"谁投资，谁拥有产权"的原则，政府理应是公立高校的实际拥有者，对公立高校拥有所有权，但政府又不能也不适宜直接进行高校建设和管理，于是政府通过受托代理机制将公立高校建设和管理权委托给高校，由其进行管理。这样，政府和高校就形成了委托代理关系。事实上，按照委托代理理论，政府和高校之间有关高校建设和发展的委托代理关系，是政府和高校发展关系的"集合"。我国公立高校又实行事业单位法人制，高校校长作为高校的法人代表和学校最高行政领导，在某种程度上可以说在政府和高校之间的委托代理关系中，实质意义的代理人就是高校校长。

通常来说，委托人和代理人建立契约是自主自愿的。尽管委托人和代理人建立契约的目的是自利的，但契约能够维护契约缔结各方的利益，引导契约缔结各方恪守承诺、承担职责，围绕共同目标实现各自的利益。

---

① 教育部财务司、国家统计局社会科技和文化产业统计司：《中国教育经费统计年鉴（2018）》，中国统计出版社 2019 年版，第 97—98 页。

② 国家教委、国家计委、财政部：《高等学校收费管理暂行管理办法》，教育部网站，1996 年 12 月 16 日，http：//www.moe.gov.cn/srcsite/A02/s5911/moe_621/199612/t19961216_81884.html，2021 年 6 月 21 日。

③ 杨浩：《现代企业理论与运行》，上海财经大学出版社 2000 年版，第 178 页。

④ 杨浩：《现代企业理论与运行》，上海财经大学出版社 2000 年版，第 182 页。

因此，高校与政府建立契约，首次将高校置于高等教育管理的中心位置，为高校与国家之间建立现代宏观管理的关系铺就了一条可行之路。这就需要作为代理人的高校校长及其领导机构，很好地贯彻落实作为委托人政府的意愿。但在实际落实过程中往往会出现"打折现象"。这其中作为代理人的高校校长的努力程度是一个关键且必须重视的因素。因为根据委托—代理理论，委托人和代理人的目标实际上并不完全一致。委托人追求所有权带来的利益最大化，代理人出于自利存在机会主义行为，追求收入和闲暇时间最大化；委托人和代理人信息不对称，代理人因其信息优势可能存在逆向选择和道德风险。道德风险发生在交易之后，是指委托代理双方签订合约后，代理人利用其拥有的信息优势，采取委托人所无法观测和监督的隐蔽性行动或不行动，从中牟取利益而给委托人造成损失。为了遏制代理人的道德风险，委托人就必须按照自己的设想和目标采取一定的方式对代理人进行激励和监督。诚如有研究者指出的：所有者和经营者之间的委托代理问题，建立监督机制和激励制度是解决这一问题的两个主要途径。而目前我国公立高校法人权力约束监督机制尚不够完善，其治理模式仍然沿袭旧的"领导体制"。由此导致其出现了包括使用政府财政拨款和事业收入进行本校科研奖励等一定范围权力泛化的现象。也即在信息不对称情况下，由于对作为代理人高校校长约束监督机制不够健全，导致其政府财政拨款和事业收入奖励教师科研的权力不当使用。

事实上，除上述教育部关于学生学费使用相关规定外，在国家财政部、教育部和各地方政府关于公立高校财务管理的"事业性经费支出"中有关"个人经费"和"公用部分"两部分支出科目中，并未明确规定可用于奖励教师科研的内容。相反，如上所述，公立高校科研奖励经费不仅不能从学校事业经费中列支，而且与国家的相关规范性制度和政策不相一致。1999 年，中共中央、国务院发布的《关于加强技术创新，发展高科技，实现产业化的决定》中明确提出，要反对科技奖励与住房、工资等派生待遇挂钩。[①] 2013 年教育部在《关于深化高等学校科技评价改革的意见》中明确指出，"要改变在教师评聘、收入分配中过分依赖

---

　　① 中共中央、国务院：《关于加强技术创新，发展高科技，实现产业化的决定》，1999 年 11 月 2 日，http：//www. gov. cn/gongbao/content/2000/content_ 60101. htm，2021 年 6 月 21 日。

和不合理使用论文、专利、项目和经费数量等科技指标的做法，减少科技评价结果与利益分配过度关联"; [1] 全国哲学社会科学工作领导小组和财政部在《关于进一步完善国家社会科学基金项目管理的有关规定》中也强调，"让项目回归学术研究本性，避免与物质待遇挂钩，为广大研究人员潜心研究创造良好氛围", [2] 等等。尤其是 2018 年以来，如第一章所述，科技部、教育部等国家有关部门更是明确要求各高校不能使用科研基金项目经费奖励论文发表和专利申请，并要求取消论文、专利奖励等科研成果奖励。规定"双一流"建设高校，特别是教育部直属高校必须遵照执行，其他高校和地方高校参照执行。

---

① 教育部:《关于深化高等学校科技评价改革的意见》，2013 年 11 月 29 日，http://www. gov. cn/gongbao/content/2014/content_ 2620284. htm，2021 年 6 月 21 日。

② 全国哲学社会科学工作办公室:《关于进一步完善国家社会科学基金项目管理的有关规定》，2019 年 4 月 30 日，http://www. nopss. gov. cn/n1/2019/0430/c219469-31060172. html，2021 年 6 月 21 日。

第四章 公立高校科研奖项内容、级别

在样本公立高校科研奖励办法（科研奖励条例等）文本的第一条中一般都有这样类似的表述："为进一步推动我校科研创新发展，激励教师的科研积极性和创造性，提高我校的办学声誉和影响力，赢得更多的科技创新资源，进一步提升我校的办学层次和核心竞争力，特制定本办法。"

那么，这样的政策目标是否能够达到，效果如何？它和国家进一步破"五唯"之间是什么样的关系？"破五唯"、取消高校 SCI 等科研论文奖励，与公立高校科研成果、科研项目、论文引用和科研获奖等奖项之间是什么样的逻辑关系及生成机制？它们在研究型高校、研究教学和教学研究型高校与教学型高校不同类型高校之间存在什么样的事实和逻辑关系？本章及第五、六、七章对此将进行计量实证、问卷调查研究和理论分析。

第一节 公立高校科研奖项内容

一 公立高校科研奖项内容总体情况

公立高校科研奖项内容是指公立高校对目前人们能考虑到的科研产出形式（含科研项目和科研获奖等）给予一定的物质奖励，主要包括相关学术论文、专著、专利、咨政报告等科研成果，纵向、横向科研项目，论文引用和科研获奖等。这与一般科技奖励制度的奖励内容仅对少数优秀科研成果给予奖励有本质区别。

（一）研究方法、文本选择与计量分析过程

1. 文本选择和获取

一般地讲，高校被分为研究型、研究教学型、教学研究型、教学型等不同类型。研究型高校是指提供全面的学士学位，把研究放在首位的高校，致力于高层次的人才培养与科技研发（即在校研究生数量与本科生数量相当，或研究生数量占有较大比重的高校）。

与研究型高校相比较，我国的教学型高校具有自己鲜明的个性特征，突出表现在：以本科教育为主体，主要承担高等教育大众化的任务，社会适应性强，重视复合型人才的培养，区域化优势明显，办学效益显著。

研究教学型和教学研究型高校是介于研究型高校与教学型高校之间的高校。

研究教学型高校主要任务是培养具有研究潜力、能够把握从事研究领域内前瞻性问题的创新型人才；在人才培养层次上，一般是研究生教育与本科教育并重，办学层次涵盖博士、硕士和学士完整的层次；它一般是科研与教学工作并重，强调科学研究的重要地位。教学研究型高校也是介于研究型高校与教学型高校之间的中间层次或过渡层次，它与研究教学型高校一样教学与科研并举，只是教学和科研所占的比例不同而已。将教学型高校建设成高水平教学研究型高校，是适应区域社会政治、经济、文化形势发展的需要，也是许多地方教学型高校提出的发展目标。为方便起见，本书把研究教学型高校和教学研究型高校归为一类，统称为研究教学和教学研究型高校。

本书以 2015 年 7 月 13 日至 2020 年 5 月 13 日为时间节点，在教育部 2019 年 6 月 17 日公布的 2688 所全国普通高等学校中，分别随机抽取发布科研奖励办法的研究型、研究教学和教学研究型及教学型公立高校各 18 所、27 所、25 所，共计 70 所。由于本书研究问题的特殊性，故隐去相关样本公立高校的名称。其样本公立高校科研奖励政策文本获取是将所选取的"某高校科研奖励办法"输入百度搜索引擎，进入该校的官方网站得到。为确保研究的准确性和全面性，本书只选取科研管理相关制度中明确给予科研奖励并作出具体规定的公立高校。样本公立高校涵盖了综合、理工、农林、财经、民族、师范和政法七种类型高校，具体如表 4.1 所示。

表 4.1　　　　　　　　　　样本公立高校类型及数量　　　　　　　　单位：所

类型	综合	理工	农林	财经	民族	师范	政法	合计
研究型高校	6	5	2	1	1	2	1	18
研究教学和教学研究型高校	10	8	1	3	1	3	1	27
教学型高校	10	7		2	1	4	1	25
总计	26	20	3	6	3	9	3	70

资料来源：作者整理。

本研究在收集、分析国家、部门、地方相关科研创新管理政策文本的基础上，对选取样本公立高校科研奖励政策文本与资料中的相关信息进行全面分析。分析方法和步骤如下：一是广泛收集这些公立高校科研奖励等相关政策文件或管理办法资料；二是将这些奖励办法中的关键信息内容整理到信息数据库，包括文件名称、奖励名称、设立时间、设奖主体、奖励内容、奖励周期、奖励数量、奖励金额、奖励范围等；三是对数据库中的相关内容进行编码，转化为定量数据进行统计分析，表4.2 为信息数据库的模板。

表 4.2　　　　样本公立高校科研奖励基本信息分析底层数据库

序号	文件名称	设立时间	设奖主体	奖励内容	奖励周期	奖励范围	奖励金额	发放部门
1								
2								
……								

资料来源：作者整理。

2. 研究方法与文本计量分析过程

为保证本研究的客观性、可比性与研究的可靠性，这里采用文本分析和计量统计相结合的方法。采用文本分析方法分析样本公立高校科研奖励办法，并析出相关数据进行数值计算。具体而言，依据其奖励办法析出其科研成果、科研项目、论文引用和科研获奖等主要奖项相关数据；采取统计计量方法，计算出各奖项层级总计数和样本总量。其中，科研成果奖项主要包括对 SCI、EI、SSCI 论文、ESI 高被引论文、*Science*，

Nature 论文、CSSCI 论文、核心期刊论文、普通期刊论文及学校自划定的权威、重要期刊等学术论文的奖励，以及对学术专著、专利、标准、咨政报告等的奖励；科研获奖奖项主要包括国家三大科技奖，教育部人文社科奖，省部级科技奖及社科奖，市、厅级科技奖及社科奖，各类社会力量设立的科技、社科奖等的奖励；论文引用奖项主要包括对论文引用频次、ESI 高被引论文等的奖励；科研项目奖项主要包括对纵向科研项目和横向科研项目的奖励以及按照到账科研经费多少，不区分纵向、横向科研项目的奖励等三种方式，其中对纵向科研项目的奖励主要根据其项目来源级别的高低与项目经费的多少；对横向科研项目和不区分纵向、横向科研项目的奖励则主要依据其到账科研经费数量的多少进行奖励。下一步，采取统计计量的方法，统计分析出 70 所样本公立高校科研奖励办法中 7 类 14 种奖励项目共计 661 频次，从中可看出，100% 的样本高校对科研论文给予奖励（直接发放奖金、税前，下同）。其他奖项层级占比详见表 4.3。

（二）计量结果分析

从 70 所公立高校科研奖励办法政策文本内容分析和表 4.3 所列统计数据发现：

一是科研成果尤其是学术论文为奖励内容的重点。100% 的样本高校对学术论文给予奖励；91.43% 的样本高校对 ESI 高被引论文给予奖励；81.43% 和 30% 的样本高校对咨政报告和人才项目给予奖励，咨政报告和人才项目等奖励内容是各类型高校科研奖励的新趋势；而 ESI 高被引论文则是高校，尤其是研究型高校科研奖励的主要内容之一。论文奖励中，SCI、EI 论文和 SSCI 论文等国外期刊主导的论文是各类型、各层次高校追捧的主要对象。

二是奖项层级的多少与样本高校的类型和层次正好呈反方向变化。即样本高校层次越高，奖项层级越少，奖励级别越高；反之，层次越低，奖项层级越多，奖励级别越低。如科研项目奖励，教学型高校和研究型高校的奖励比例分别为 100% 和 11.11%，前者约是后者的 9 倍。

三是奖项功能重叠。科研成果、科研项目、科研获奖、人才项目、人才团队、基地项目等奖项功能表面看似奖励成果数量、级别，以及项目、获奖级别和人才层次等，但实际是在奖励成果或作为科研项目、科

表 4.3

样本公立高校科研奖励主要奖项数量统计

奖项层级 / 学校数量	数量（所）	科研成果									科研项目	科研获奖	人才项目	重大宣传推广	奖出贡献	合计
		论文	SCI	Science & Nature	ESI论文	专利	标准	著作	咨政报告	论文引用						
研究型高校	18	18	12	18	12	10	8	9	11		2	15	4		1	138
研究教学型和教学研究型高校	27	27	25	27	27	23	20	18	23	12	15	27	9	1	1	282
教学型高校	25	25	25	25	25	24	22	25	23	25	25	25	8	1		303
总计	70	70	62	70	64	57	50	52	57	37	42	67	21	2	2	723
占样本高校总量比（%）		100	88.57	100	91.43	81.43	71.43	74.29	81.43	52.86	60	95.71	30	2.86	2.86	

资料来源：表 4.3 中的数据为 2015 年 7 月 13 日至 2020 年 5 月 13 日三类高校科研奖励政策文本中相关奖项层级中的面板数据。

研获奖、人才项目等基本要素、重要支撑和要价能力高低的科研成果，形成奖项功能重叠。

四是 SCI、EI 论文和 SSCI 论文等国外期刊主导的论文是各类型、各层次高校追捧的主要对象。研究型高校主要是对 *Science*、*Nature* 等，以及 SCI 一区、二区论文和 SSCI 论文给予奖励，尤其是少数高水平研究型高校仅对 *Science* 和 *Nature* 论文及 ESI 高被引论文等给予奖励；论文奖励按论文分区从低到高奖金额度渐次降低；但一些教学型高校则对 SCI、EI 和 SSCI 论文不分区给予奖励。

五是论文引用奖励是各类型高校科研奖励的新趋势。近年来，各类型样本高校在对相关论文奖励后，大多数样本高校除对论文引用频次奖励外，还特别对 ESI 高被引论文给予重奖，区别仅在于各校所规定的论文引用频次多少的标准不同，66.67% 的研究型高校仅对 ESI 高被引论文给予奖励；而 100% 的教学型高校对 ESI 高被引论文和论文引用都给予奖励，区别仅在于一些教学型高校规定论文引用频次达到一定数量就追加一定奖金，另一些教学型高校则规定只要他引一次就追加一定奖金。其中一些高校为提高本校所办学术期刊的影响因子，规定凡本校教职工引用本校所办期刊的论文，每篇再给予一定的奖金。

总之，在三种类型高校中，高校类型和层次高低与奖项层级数量多少正好呈反方向变化，即越是层次较高的研究型高校，奖项层级越少、越高；反之，越是层次较低的教学型高校奖项越多、层级越低，为什么会出现这种现象呢？这种奖励政策的差异是否与不同类型高校拥有不同的发展经费、占有不同的科研创新平台资源及师资队伍、科研水平状况等因素有关？隐含着什么样的价值追求？我们将在后续章节陆续讨论。

二 公立高校科研重复奖

（一）公立高校科研重复奖计量结果分析

为讨论公立高校相关奖项的重复奖情况，我们有必要在上述研究基础上，进一步依据 70 所样本公立高校科研奖励办法析出其科研项目、论文引用、科研获奖等奖项内容的数量、层级，采取统计计量的方法，分析计算出不同类型高校相关奖项层级数量，得到表 4.4。由表 4.4 相关数

表4.4　　样本公立高校科研奖项层级数量统计

学校类型	数量(所)	Science & Nature	SCI 一区	SCI 二区	SCI 三区	SCI 四区	SSCI	EI	核心	普刊	CSSCI	专著 国家级	专著 其他	论文引用 频次	论文引用 ESI	项目 国家级	项目 省部级	项目 市厅级	获奖 国家级	获奖 教育部	获奖 省部级	获奖 市厅级
A 研究型高校	18	18	12	7	0	0	7	7	0	0	12	9	0	0	12	7	0	0	15	4	0	0
B 研究教学和教学研究型高校	27	27	25	20	8	8	17	17	0	0	20	18	2	12	27	15	6	0	27	15	10	0
C 教学型高校	25	25	25	25	25	25	25	25	20	8	25	25	25	25	25	25	25	18	25	25	25	19
各奖项层级数量								12						2			3			4		

注：①表4.4中的数据为2015年7月13日至2020年5月13日三类公立高校四类奖项层级的面板数据。

②表4.4中从左到右，奖项类型共有四类，分别为论文和著作、论文引用、项目与获奖。每一列都代表1个奖项层级，共计21个层级。其中论文和著作奖项层级为12个层级；论文引用类奖项层级为2个层级；项目类奖项层级为3个层级；获奖类奖项层级为4个层级。

③为方便起见，用A表示研究型高校，用B表示研究教学和教学研究型高校，用C表示教学型高校。

据可计算出奖励高校各类奖项层级数量与各类型样本高校占比，得到表4.5，以揭示这种重复奖在三种不同类型高校之间的事实关系。为第七章的理论分析提供现实依据。

表4.5　　　　　　　　　　相关奖项层级的高校数量占比　　　　　　单位：%

学校类型 ＼ 奖项层级	论文、著作	论文引用	项目	获奖
A 研究型高校	37	33	13	26
B 研究教学和教学研究型高校	51	72	38	48
C 教学型高校	93	100	91	94

资料来源：作者整理。

从样本高校科研奖励办法政策文本分析和表4.4、表4.5所列统计数据分析，主要发现是：第一，总体看，与 A 类、B 类高校形成鲜明对照的是，C 类高校各类奖项层级数量最多，且对所有奖项层级都给予奖励；比较而言，C 类高校论文和著作、论文引用、科研项目及科研获奖等四类奖项层级所占比例最高。具体如下：一是在 A、B、C 三种不同类型高校科研奖励政策中，学校类型层次高低与奖项层级数量正好呈反方向变化，即如表4.4所示，A、B、C 三类高校在科研论文和著作、论文引用及科研项目与科研获奖四类奖项共21个层级中，分别为12、17、21，显然 C > B > A。

第二，从表4.5可看出，高校类型层次高低与奖励高校各类奖项层级数量多少占比也呈反方向变化，即按 A、B、C 三类高校顺序，论文和著作类奖项层级数量占比分别为37%、51%、93%；论文引用类奖项层级数量占比分别为33%、72%、100%；科研项目类奖项层级数量占比分别为13%、38%、91%；科研获奖类奖项层级数量占比分别为26%、48%、94%。由此可见，C 类高校在四类奖项层级数量所占比例最高。

第三，由上述结果可计算出，A、B、C 三类高校在四类奖项层级数量比例分别为 1∶1.38∶2.5、1∶2.18∶3、1∶2.7∶7、1∶1.71∶3.36，因此，比较而言，C 类高校对论文和著作、论文引用、科研项目及科研获奖奖项层级数量比例最高，即 C 类高校在这四类奖项层级数量比例最高。

（二）公立高校科研奖励实施的重复奖分析

除上述公立高校科研重复奖概念界定的科研奖项内容重复即重复奖外，在公立高校科研奖励政策的实施中，还存在重复奖励的突出问题。从各公立高校科研奖励政策具体实施情况可看出，公立高校对学校所需要的标志性科研产出更加重视是显而易见的。尤其是对那些能给学校带来极大声誉的产出，更是令管理者青睐。如此一来，一旦个人或集体获得一项具有标志性的科研成果，政府、学界科研大奖和重大科研项目后，那么高校内部种种奖励也随之而来，其中不乏一个科研产出成果在不同的奖励规定中获得多次奖励，即重复计算的现象。按照奖项的来源，教师的科研成果获得国家级重大奖项、项目后，学校会对其再次奖励，教师所处的学院层面也会有相应的奖励，此外在个人职称评定、福利待遇方面也会因此有所提升，也即获得一项具有权威性、标志性的奖项、项目后，校级奖励、院级奖励的再次奖励是必然现象。尤其是在教学型高校科研奖励政策实施中，往往存在教师用同一科研成果从最低的二级院系和校级获奖后，又可用其获得的市级、厅级、省部级、教育部再到国家级获奖（省部级以上科研奖励一般都规定同一成果只有在获得低一级科研奖励后才有资格申报）和社会力量设奖的科研奖励成果，在学校科研获奖奖项中多轮回、先后反复获得最高可达七八次这一奖项的奖金。而且，83%的教学型高校各层次人才在用上述各奖项等相关内容获得人才项目较高津贴后，仍可与其他教师一样，获得所有相应奖励。

同时，按照奖励的类型，虽然各校在不同的科研领域界定了相应的奖励类型，但是在科研项目获取之后，一些高校按照科研项目的进程，往往以立项奖、到账经费提成奖、结项奖、鉴定结果良好或优秀奖等方式持续奖励，也即一个科研项目从获批到结题，每个环节都有对应的奖励。而很多时候，科研项目的完成是以高水平的论文、专著、专利、软件著作权等成果形式展示出来的，那么，就会出现项目奖与论文奖、著作奖、专利奖等同时符合奖励政策要求，产生重复奖励的现象。虽然大部分高校在奖励政策中规定，相同成果，同时符合获得两个及以上奖励条件，按最高奖金奖励，不重复计算，但对不同形式的科研成果，在同一时段按照不同的形式重复奖励的现象仍普遍存在。

综上所述，相对研究型高校、研究教学和教学研究型高校、教学型高校科研奖项层级数量最多，且比较而言，教学型高校论文和著作、论文引用、科研项目及科研获奖等四类奖项层级所占比例也最高；且在奖励政策实施过程中，重复奖也最为严重。那么，这种奖励政策的理论依据是什么？其背后的价值取向又是什么？会产生什么样的效应？本书将在后续章节展开讨论。

三 公立高校科研奖项内容的"个别化"

除上述主要奖励内容和奖项外，一些样本公立高校还根据本校科研特色和实际需要，在本校已有基本的科研奖励内容和奖项基础上，设立了不同于其他高校的"个别化"科研奖项。笔者通过对资料的整理分析，有12所高校除对上述7类14种基本奖励项目进行奖励外，还设有本校特色的科研奖励内容。

主要包括对个人优秀科研成果和能力的奖励，含科技成果优胜奖、科技特殊贡献奖等基于个人科研能力奖励的类别；对先进科研集体的奖励，含科研业绩考核先进单位奖、科研管理先进单位奖等显示出对单位或集体科研贡献奖励的类别；对科研表现突出的单位或个人各种荣誉的奖励，含学术之星、科研标兵等荣誉性的类别，具体如表4.6所示。

表4.6　　　　　　　　　公立高校"个别化"奖项分类

序号	奖励名称	高校数量（所）	所占比例（%）
1	对个人优秀科研成果和科研能力的奖励	7	10
2	对先进科研集体的奖励	3	4.29
3	对科研表现突出的个人或单位的荣誉奖励	2	2.86

资料来源：本表所列数据为2015年7月13日至2020年5月13日三类公立高校"个别化"奖项相关数据。

从70所公立高校科研奖励办法政策文本内容分析和表4.6所列数据可以看出，公立高校"个别化"科研奖励名称虽然各异，但仍可归纳为三类，其中对个人优秀科研成果和科研能力的奖励为7所，在三种类型中占有的数量最多。也就是说，相关高校的"个别化"奖励以完成优秀科研成果的单个科研人员为主要奖励对象，有效地避免了那些报奖"免费搭车"的现象，使得奖励相对公平。另外，表中显示出 3 所高校对科研先进集体进行奖励，但一般是在本校各二级院（系）、部门当年获得的科研成果、科研项目、科研获奖、论文引用、人才项目等量化赋分、综合排名基础上，按得分多少顺序设立的。2 所高校对科研表现突出的个人或单位给予荣誉性奖励，呈现出我国公立高校"个别化"的奖励类型中，主要对个人科研投入和产出数量奖励，辅助性地对单位和个人荣誉性奖励的特点。

　　总之，这种差别化的奖励内容，使我国公立高校科研奖励政策在类型雷同的情况下，显示出一定的差异性，它是否有助于科研奖励政策积极作用的发挥，能否较好地调动教师和基层单位的科研积极性，尽管有待考证，但总体来讲，在我国公立高校科研奖励的"个别化"奖励类型中，虽然荣誉奖数量极少，却能很好地发挥科研奖励政策的积极作用。因为根据默顿的科学奖励理论，获得荣誉、被大家承认是科研人员工作出色的象征，"科学家的个人形象也将极大地取决于他做出了重大贡献的那个领域的科学界同仁的赞赏"。① 这种科研荣誉奖在一定程度上能够满足科研人员对获得承认的需求。在我国公立高校科研奖励政策的制定与实施过程中，这种荣誉性奖励作为科研奖励不可或缺的一种类型，它使高校教师更加努力追求高层次的精神满足，对那些刚步入科研领域的青年研究者来说是一种承认，是对其科研能力的肯定，能够为他们从事科研工作提供强大的精神动力。

四　公立高校社会科技奖奖项内容

（一）社会科技奖概念界定和公立高校社会科技奖奖项内容的范围

　　社会力量设立的科学技术奖，也称社会科技奖，或称非政府科技奖，是我国科学技术奖励工作的重要组成部分。它是国（境）内外企业、事业组织、社会团体及其他社会组织和个人利用非国家财政性经费或者自筹资金，面向社会设立经常性的科学技术奖，用来奖励在科学研究、技术创新与开发、科技成果推广应用和实现高新技术产业化等方面，取得优秀成果或者做出突出贡献的个人或组织等奖励对象而设立和开展的奖

---

　　① ［美］R. K. 默顿：《科学社会学》（下），鲁旭东、林聚任译，商务印书馆 2011 年版，第 610 页。

励活动。①

目前，我国比较有影响的社会科技奖奖项有何梁何利科学基金奖、孙冶方经济科学奖、鲁迅文学奖、霍英东教育基金奖等。从统计的70所公立高校科研奖励政策文本中，社会科技奖的奖励内容主要有何梁何利科学基金奖、茅盾文学奖、鲁迅文学奖、安子介国际贸易研究奖、全国性行业协会奖、全国性一级学会奖，等等。

（二）公立高校社会科技奖奖项计量结果分析

在分析70所公立高校科研奖励政策文本内容的基础上，析出其有关社会科技奖中自然科学类奖、人文社科类奖、视为省部级奖、全国知名基金奖和全国性行业协会奖及全国性一级学会奖等社会科技奖的主要奖励内容，得到表4.7。

表4.7　　　　　　样本公立高校社会科技奖奖项内容情况

学校类型	数量（所）	自然科学类奖	人文社科类奖	视为省部级奖	全国知名基金奖、全国性行业协会奖、全国性一级学会奖等
研究型高校	18	1	2	0	0
研究教学和教学研究型高校	27	3	6	9	3
教学型高校	25	4	6	13	5
合计	70	8	14	22	8

注：①本表所列数据为样本公立高校2015年7月13日至2020年5月13日社会科技奖相关奖励内容的面板数据。

②本表统计的对象为公立高校科研奖励政策中明确了给予社会科技奖进行奖励的范围与奖励金额的高校；若政策文本中只提及"对获得各类社会科技奖获奖者，学校将根据获奖种类、级别或影响给予奖励"，则不在本列表考察范围内；本表统计的社会科技奖不包括艺术类获奖。

从70所公立高校科研奖励政策文本分析和表4.7所列数据计量分析，主要发现如下：

---

①　科技部：《社会力量设立科学技术奖管理办法》，科技部网站，2006年2月5日，https：//kjt. hebei. gov. cn/www/ztzllb/152162/lntcgxj11/153033/index. html，2021年6月23日。

一是社会科技奖奖励内容中被视为政府省部级科技奖是各类型、各层次样本高校，尤其是教学型高校的重点，占其样本总数的31.43%。也有一些高校对获得社会科技奖的奖励是分等级奖励，如对获得社会科技奖一、二、三等奖后，高校奖励的金额也相应地由多到少递减；而在不分等级进行奖励的高校中，其科研奖励办法中明确指出把符合规定的社会科技奖视作省部级科技奖给予奖励。这样的逻辑显然是一种带有行政级别的奖励思维，暗示着获得政府各级科技奖更受公立高校的青睐。这可能是由于，"从文化角度而言，我国科技奖励的社会分层受传统的'官本位'价值观念的影响较深，科技奖励只有受到官方的认可，才容易被公立高校及其教师接受，而且级别越高认可度越高"①。事实上，我国社会科技奖作为国家科技奖励系统的一个重要组成部分，应与政府科技奖一样得到尊重和承认。著名的诺贝尔自然科学奖虽然属于社会力量奖，但它并不因不属于国家级行政级别而被世人所漠视。

二是奖励内容中与高校学科类型相似的社会科技奖是一些行业类高校奖励的侧重点，占行业类样本高校总数的71%。自1952年高校院系调整之后，我国高校逐渐形成了综合、理科、工科、农林、医药、师范、语言、财经、政法、艺术、体育、民族等12种类型。虽然经过20世纪90年代末全国高校合并更名后，学校大都成为综合类高校，但仍对与原有办学基础相关的社会科技奖给予重视，如一些财经类高校对获得与其相关的孙冶方经济科学奖、安子介国际贸易研究奖等获奖成果给予重视；其他如医药类高校中对获得中华医学会、中华中医药学会奖的获奖成果给予特别奖励；工科类如对获得中国电力科学技术奖的获奖成果给予奖励。这说明社会科技奖具有多样性、针对性，不同行业类型的高校所重视的社会科技奖不同。

三是奖励内容中对全国知名基金会奖、全国性行业协会奖、全国性一级学会奖等中的人文社科类的奖励项目比自然科学类奖励项目更多。这是因为在社会科技奖中，上述设奖机构更多涉及人文社会学科和人文社会领域。

四是奖励内容中虽然自然科学类奖励项目较人文社科类奖励项目少

---

① 郭亚品：《我国大学科研奖励现状研究——基于政策文本的分析》，硕士学位论文，南京师范大学，2014年。

得多，但奖金额度较高。这是因为，从奖金额度来看，社会科技奖中人文社科类奖金额度低于自然科学类奖。少数高校按一定比例的配套奖励，两者在直观上无法直接比较差异，但是从公立高校科研奖励的一般情况来讲，同样的奖项层级，人文社科类的奖金额度是低于自然科学类的。公立高校对社会科技奖的奖金额度情况也基本符合社会科技奖中自然科学类高于人文社科类奖金额度一般规律。

五　公立高校科研奖项内容历时性变化分析——以 A 大学为例

（一）案例高校选取

1. A 大学概况

以上我们从横向讨论了研究型、研究教学和教学研究型、教学型三种不同类型高校科研奖项内容及计量结果，从中发现，教学型高校科研奖励的奖项、层级最多，存在的问题也最为突出。因此，我们有必要对教学型高校科研奖励政策的制定、实施情况作纵向进一步深入细致的分析。而在我国众多的教学型高校中，又存在较大的地域、制度和文化差异。因此，最可靠、最切实易行的研究是以某个地区的某一个案为例，进行认真细致的调查、描述、解释和说明。可以认为，个案研究就是院校研究，从案例院校的实际情况出发，改变以往学术情结浓厚的院校研究常态，使之更贴近高等教育的实践，化解我国长期存在的高等教育理论研究与高等教育实践"两张皮"的脱节状态；能够从个性中发现共性中的突出问题。A 大学作为 N 省地方高校中的佼佼者，具有典型性特征，且由于全面获取相关数据及资料的真实可靠、方便稳妥，因此，选取 A 大学作为本研究的典型个案（以下资料是笔者从 A 大学官方网站获取整理）。

A 大学是 N 省省属公办全日制普通本科高等院校，作为一所有着 60 多年办学历史的本科院校，现有全日制在校生 20000 余名，其中本科生 19000 余名，硕士研究生近 600 名，教职工 1500 余人，专任教师 1100 余人，其中高级职称人员 330 余名，博士近 350 名，形成了较为合理的教师梯队。2015 年入选"N 省高校综合实力 20 强"，2012 年开始招收硕士研究生，成为国务院学位委员会批准的硕士学位授权单位，在办学层次上实现了重大跨越，学校发展由此进入了一个新的历史时期。

学校"十三五"事业发展抓住国家"双一流"和全省"四个一流"建设的重大机遇，围绕"一带一路"和创新驱动发展战略，深化综合改革，加快内涵发展，奋力追赶超越，实现获批博士授权单位的新突破，逐步推动学校由教学型向着教学研究型高校发展转型，跻身 N 省高水平大学行列，努力建成教学研究型的高水平大学。为确保不同时期学校发展目标的实现，学校制定并实施了包括科研奖励政策在内的各项管理制度和措施。

2. 重点学科和科研基地平台建设情况

为提高学校发展实力，迎接教学部教学水平第二轮评估，和争取国务院学位委员会硕士学位授权单位，该校大力推进"科研兴校"工程，产生了一批标志性科研成果，有效促进了省级重点学科和科研基地平台建设。目前已拥有 4 个省级重点学科、8 个一级学术型硕士学位授权学科，6 个硕士学位授权点，7 个专业硕士学位授权点；有 2 个省级一流学位、7 个省级重点学科，4 个省级实验室、3 个省级人文社会科学研究基地或中心等。硕士授权单位的获批和省级重点学科、省级科研基地平台的获批，不仅标志着该校办学层次、学科建设迈上了新的台阶，而且大大增强了学校科学研究能力，凝聚了科研人才队伍，逐渐成为省级相关学科科学研究高地、文化传承高地和服务地方经济社会发展的重要智库。

3. 科研支持和奖励政策变化过程

与国内其他公立高校大体相同，A 大学从 2000 年开始，制定并实施了《A 大学科研成果酬金发放办法》（2000 年版）；随着时间的推移和本校科研发展实际的变化，几经修订，又形成了 2006 年版、2013 年版和 2015 年版等四个不同的版本。为进一步推动学校科研发展，调动教师的科研积极性，又先后制定实施了《A 大学科研项目管理办法》（2001 年）、《A 大学科研经费管理办法（试行）》（2002 年），主要是对国家级科研项目配套经费由原来的 1∶1 提高为 1∶2，增加省部级科研项目配套经费，并确定为 1∶1。2014 年又降低国家级科研项目配套经费为 1∶1，取消省部级科研项目经费配套。为配合该校做好国务院学位委员会申请硕士学位授权单位工作，于 2002 年，制定并实施了《A 大学重点学科和省级科研基地平台建设管理办法（试行）》；在修订原《A 大学科研成果酬金发放办法》的基础上，先后制定实施了《A 大学科研津贴发放实施办法（修订）》（2006 年版）、《A 大学科研奖励办法》（2013 年版）、《A 大学科研奖励实施办法》（2015 年版）等（以上政策文本是笔者从 A 大学官方网站或相关管理部门获取）。根据研究需要，这里仅以科研奖励办法变化为例，作以较为详细的说明。在该校 2000 年版的科研成果酬金发放办法中，对公开期刊发表的学术论文统一按 200 元/篇奖励。2006 年版大幅度提高学术论文奖奖金额度，增设和加大对科研项目、科研获奖奖金额度，并对学术论文按不同层次发放奖金：如对 *Nature*、*Science* 学术论文按 20 万元/篇奖励，SCI 学术论文按 1.3 万元/篇奖励；对学校指定的《自然科学及工程技术类权威期刊目录》及《人文社会科学类权威期刊目录》所列期刊中发表的学术论文按 0.3 万元/篇奖励；对发表在核心期刊和其他专业学术期刊的学术论文分别按 0.09 万元/篇、0.03 万元/篇奖励。2013 年版根据学校科研发展实际需要，参照其他高校的做法，对各层次的学术论文奖金额度普遍进行了上调，奖励范围不变：如对 SCI 学术论文分区进行奖励，并大幅度提高奖金额度，其中一、二、三、四区论文分别按每篇 3 万元、2 万元、1.5 万元、1.2 万元奖励；并在继续对市厅级以上纵向科研项目奖励的同时，进一步加大国家级科研项目的奖励额度，如对国家级科研项目由 2006 年版的 3 万元/项，提高到 10 万元/项；增设软科学成果奖项，即凡被市级以上政府部门采纳的成果，每项给予 0.15 万元奖励；对艺术及体育类作品的奖励标准进行了详细分类。

再次修订的 2015 年版，在基本保持上一个版本奖励内容、奖励项目不变的同时，再次提高部分奖项奖金额度，如对 *Nature*、*Science*、*Cell* 三种学术期刊按 30 万元/篇奖励；SCI 论文按中国科学院文献情报中心 JCR 分区给予奖励，一、二、三、四区学术论文分别按 6 万元、3 万元、1.6 万元、0.8 万元/篇奖励，EI、SSCI 学术论文每篇分别按 1 万元、5 万元奖励；增加 SCI 他引、ESI（基本科学指标数据库）高被引论文等奖项，凡被 SCI 他引数量达到 50 次、100 次的学术论文，分别按 1 万元/篇、2 万元/篇追加奖励，ESI 高被引论文一次性奖励 5 万元/篇；同时，进一步提高各层次科研获奖奖金额度，其中对省部级一、二、三等奖奖金额度由原来的每项 1 万、0.8 万和 0.5 万元分别提高到每项 20 万元、15 万元和 10 万元，国家级一、二等奖由原来的每项 80 万和 30 万元分别提高到每项 200 万和 100 万元。

（二）研究方法与文本分析及相关奖项计量结果分析

1. 文本选择和获取

为保证研究的连续性，本研究选择 A 大学 2000 年版、2006 年版、2013 年版和 2015 年版所实施的四个版本持续 19 年的科研奖励办法。由于本书研究问题的特殊性和敏感性，故隐去 A 大学的名称。

文本获取是将"A 大学科研奖励办法"输入百度搜索引擎，进入该校官方网站获得 2006 年版、2013 年版和 2015 年版；2000 年版从该校相关部门索取。

2. 研究方法与文本分析及相关奖项、层级历时性变化计量结果

这里采用文本分析和计量统计相结合的方法。采用文本分析方法分析 A 大学四个版本科研奖励办法中的各项内容，并析出其相关数据进行数值计算，即析出其科研成果、科研项目、论文引用、科研获奖等奖励内容中有关主要奖项层级相关数据；采取统计计算的方法，计算出各版本奖励项目总数。具体奖励项目及各项奖金（直接发放奖金、税前，下同）详见表 4.8。

3. 相关奖项、层级历时性变化计量结果分析

从 A 大学四个版本的科研奖励办法政策文本内容分析和表 4.8 所列统计数据分析，主要发现如下：

一是随着时间的推移，各版本相关奖项层级呈渐次增多趋势。如对科研成果中的科研论文奖励，由第一个版本对所有论文不区分给予奖励，到第二尤其是第三、第四个版本把 SCI 论文分为一、二、三、四区，SSCI、EI、CSSCI、核心期刊、普通期刊和 ESI 高被引论文等分别给予奖励；与之相类似，专利、软科学成果由第一个版本不予奖励到后三个版本，不仅对专利成果给予奖励，而且按发明、实用新型、外观设计三种不同类型分别给予奖励，第四个版本则把软科学成果区分为咨政报告和成果要报分别给予奖励；同样，科研项目、科研获奖等奖励内容也是由第一个版本不予奖励到后三个版本不仅给予奖励，而且按其级别、等级分别给予奖励。

二是四个版本的奖励内容各奖项奖金额度总体呈渐次增多趋势。如 SCI 论文由第二个版本不分区奖励 1.3 万元/篇，增加到最后一个版本

表 4.8　A 大学 2000 年版—2015 年版科研奖励相关奖项层级及其奖金额度统计

单位：万元

奖励政策版本	论文 SCI Science & Nature	论文 SCI 不分区	论文 SCI 一区	论文 SCI 二区	论文 SCI 三区	论文 SCI 四区	论文 SSCI	论文 权威(顶级)	论文 重要	论文 核心普刊	论文 CSSCI	论文 论文他引,ESI	专著 国家级	专著 其它	专利 发明	专利 实用	专利 外观	软科学成果 咨政报告	软科学成果 成果要报	项目 国家级 重大	项目 国家级 重点	项目 国家级 一般	项目 省级	项目 市厅级	获奖 国家级 一等	获奖 国家级 二等	获奖 教育部 一等	获奖 教育部 二等	获奖 省部级 一等	获奖 省部级 二等	获奖 省部级 三等	获奖 市厅级 一等	获奖 市厅级 二等	获奖 市厅级 三等	小计
2000 年版										0.02			0.08 0.03																						3
2006 年版	20	1.3					1.3	1.3	0.3	0.09 0.03			0.5	0.3	0.5	0.1	0.05				15	3	0.2	0.2	80	30			1	0.8	0.5	0.6	0.4	0.2	24
2013 年版	20		3	2	1.5	0.7	1.2	1.3	0.5	0.15 0.05	0.3		0.8	0.3	0.5	0.2	0.1				15	7	0.4	0.3	80	30	8	3	3	2	1	0.8	0.4	0.2	31
2015 年版	30		6	3	1.6	0.8	5	2	1	0.1	0.7	1;2;5	3	1.5	2	0.2	0.1	1	2	20	15	10	1	0.5	200	100	30	20	20	15	10	3	2	1	35

资料来源：作者根据 A 大学 2000 年版—2015 年版科研奖励办法整理。

SCI 一区、二区论文分别奖励 6 元/篇、3 万元/篇；同样，学术专著分别按国家级出版社、省级出版社由 0.5 万元/本、0.3 万元/本，增加到 3 万元/本、1.5 万元/本；获奖奖励国家级一、二等奖分别由 80 万元/项、30 万元/项，增加到 200 万元/项、100 万元/项，省部级一、二、三等奖奖金分别由 1 万元/项、0.8 万元/项和 0.5 万元/项，增加到分别为 20 万元/项、15 万元/项和 10 万元/项。

三是科研成果尤其是学术论文始终为奖励内容的重点。最后一个版本增加咨政报告、人才项目和 ESI 高被引论文等奖项；在学术论文奖励中，SCI、EI 论文和 SSCI 论文等三个国外期刊主导的论文是其追捧的主要对象；后两个版本不仅对 SCI 论文分区给予奖励，而且最后一个版本又对 ESI 高被引论文等、SCI 一、二区和 SSCI 论文与 *Science* 和 *Nature* 论文等给予重奖；对 SCI 等论文分区从低到高奖金额度渐次降低。

四是奖励内容中后三个版本，尤其是最后一个版本对科研项目奖励都存在奖金额度太高的现象，往往存在奖金额度大于或等于项目经费本身极不合理的现象。如该校 2015 年版对获批省级科研项目的项目主持人给予 1 万元/项的奖金，而省级社科类科研项目一般资助经费仅为每项 1 万元或 1 万元以下。

五是奖励内容中后三个版本对科研获奖、科研项目、论文引用等存在重复奖。且高级别科研项目和科研获奖及 ESI 高被引论文奖金额度不断增加，如最后一个版本增加 SCI 论文等他引数量、ESI 高被引论文奖项，且奖金额度较高，具体金额为 SCI 论文等他引次数达到 50 次、100 次分别按 1 万元/篇、2 万元/篇追加奖金，ESI 高被引论文一次性奖励 5 万元/篇。同时，各层次人才在用相关高层次科研成果、国家和省部级项目及国家、省部级科技奖励等获得人才项目高额年薪制薪酬后，仍可与其他教师一样，获得学校科研奖励政策中所有相应奖励。

总之，无论是从 A 大学科研奖励内容奖项层级，还是从各奖项层级奖金额度变化情况看，随着时间的推移，都是呈渐次增长趋势，表现出一致性。这是 A 大学自觉而为之，还是由外部条件和环境决定不得已而为之？或是其他原因？对此，我们也将在后续章节进一步讨论。

第二节　公立高校科研奖励级别

公立高校科研奖励政策并不是以奖励为最终目的，而是以此作为提高其科研影响力，赢得更多科研创新资源的一种重要管理机制和手段，从而在一定程度上激发本校教师从事科研创新的积极性和创造性，促进学校的发展，提高社会声誉和影响力。激励理论认为，要激发被管理者的工作积极性，必须使他们的各层次需要得到满足。对处于社会较高分层及其不同职位的高校教师来说，他们都需要得到同行和社会的承认。不同声望、级别的奖励对科学分层体系中不同层次的研究者都具有激励作用。不是所有的科学家都能戴上诺贝尔自然科学奖的桂冠，但是每类科学家中都有其相对的精英，他们都需要获得相应的承认。因此，分层次、分等级对科研人员进行奖励也符合科技奖励的一般规律。基于此，我国公立高校对教师的相关科研产出形式按层级、分等级进行奖励便成为普遍现象。

一　科研成果奖励级别

（一）科研论文奖励级别分析

科研论文是科研劳动成果的结晶，也是学术思想表达的形式。学术期刊则是学术交流的载体。但它并不是唯一形式，更不是科学研究的本质，它仅是以文字等形式对最新科研成果的一种记录。从第四章和本章第一节对不同类型样本公立高校科研奖励内容计量结果分析可知，科研论文奖励是我国公立高校科研奖励政策中产生最早和最主要的奖项。那么具体怎样奖励，奖励的标准等级又如何划分，是值得进一步探讨的问题。

通过对公立高校科研奖励政策文本的总体分析可知，在科研论文尤其是SCI论文奖项中，奖励方式有5种，即直接奖励、分区奖励、按影响因子奖励、分科奖励和分域奖励。近几年由于学术界逐渐将期刊文章的频次、期刊收录类别、影响因子、JCR分区等作为论文的考评指标，所以高校在制定期刊论文奖励政策时，改变以往简单按照论文的SCI、EI、ISIP等收录类别设置奖励级别的方式。例如一些高校对SCI收录论文按影响因子确定奖励级别，另一些高校对SCI收录论文按JCR分区奖励，而且只对SCI一区论文进行奖励，奖励的门槛大幅度提高。其他奖励指标设计也都随着科研政策内容的变化进行了相应调整。具体地讲，在对 SCI、EI、SSCI、CSSCI、CSCD 来源期刊论文、核心期刊论文等论文奖励中，一般分为三个级别：一是把 *Science*、*Nature* 等影响因子较高的期刊上发表的学术论文视为国际顶级期刊论文，单列出来进行奖励；二是把 SCI、SSCI 收录的论文视为高质量论文，根据影响因子或分区情况分等级进行奖励；三是各高校对 CSSCI、CSCD 来源期刊论文、核心期刊论文、普通期刊论文，以及自己设定的顶级、权威、重要等期刊上发表的论文分别给予一定额度的奖励。

1. 国际顶级学术期刊（"CNS"）奖励计量结果分析

Nature、*Science* 杂志为国际上著名的自然科学综合类学术期刊，再加上另一个影响力较大的 *Cell* 杂志，在我国简称"CNS"，是学术界公认的三大国际顶级期刊，在世界学术界享有盛誉。"CNS"在我国更是拥有至高无上的地位，国内许多公立高校为鼓励教师在其发表论文，都制定了一系列优厚的激励措施，并在其科研奖励办法中予以体现。

依据样本公立高校科研奖励办法，析出其对"CNS"论文是否奖励、奖金多少等内容，并以奖金多少为维度，统计计算出各奖金区间范围内高校数量和占样本高校总数的百分比，得到表 4.9。

表 4.9　　　　　公立高校"CNS"学术期刊分级奖励
情况（以奖金多少为划分维度）

序号	奖励金额范围（万元）	高校数量（所）	%
1	D < 10	11	15.71
2	10 ≤ D < 20	15	21.43
3	20 ≤ D < 50	23	32.85
4	50 ≤ D < 100	8	11.43
5	D ≥ 100	4	5.71
6	其他	9	12.86

注：①本表所列数据为样本公立高校 2015 年 7 月 13 日至 2020 年 5 月 13 日"CNS"学术期刊分级奖励面板数据（以下各表所列数据也为样本公立高校同期相关数据）；

②"D"代表奖励金额；

③"其他"指奖励的方式不以奖金形式直接给予奖励，而是由公式计算、影响因子高低或校方再决议等形式给予奖励。

④百分比 = 该范围高校数量/样本高校总数。

从 70 所公立高校科研奖励办法政策文本分析和表 4.9 所列数据分析，主要发现如下：

一是 100% 的样本高校对发表在国际顶级期刊（"CNS"）上的论文给予奖励，即各类型、各层次样本高校，都高度重视本校教师在国际顶级学术期刊（"CNS"）上发表的论文，都对其在科研论文奖中给予最高奖金。

二是从奖金额度来看，奖金额度差别较大，最高奖励每篇在 100 万元以上，占总样本数的 5.71%，如某样本高校对 *Nature* 及 *Science* 奖金 110 万元/篇，最低奖励 2 万元/篇，奖金额度小于 10 万元/篇的高校占总样本数的 15.71%。

三是从奖金额度范围来看，公立高校对发表在国际顶级期刊（"CNS"）的论文奖金额度在 20 万—50 万元/篇，为 23 所，占样本高校总数的 32.85%；奖金额度在 10 万—20 万元/篇之间，为 15 所，占样本高校总数的 21.43%，也即奖金额度在 10 万—50 万元/篇的高校为 38 所，占总样本总数的 54.28%。可见我国公立高校对发表在国际顶级期刊论文的奖金额度主要分布在 10 万元/篇到 50 万元/篇之间，奖金额度普遍偏高，反映了公立高校管理者对发表在国际顶级期刊论文的青睐。

这种现状与我国公立高校更注重通过高质量成果提高学校科研声誉有关，往往能在"CNS"发表一篇学术论文，就被认为是学校科研创新发展的重大标志性成果，甚至是学校科研创新发展的里程碑，引起校内外的轰动，这一教师或团队也会因此成为被校内外各方争抢的"香饽饽"，尤其在教学型高校更是如此。

事实上，公立高校不仅在科研奖励政策上激励、引导本校教师多发表这种高级别论文，而且发表后的声望和其后的派生待遇也吸引着他们对高级别期刊论文的向往，如对其个人学术能力的承认、科研经费的获取、实验室的建立，以及职称的评定、人才称号获取、住房的改善、配偶调动、子女入托和上学等都会因在国际顶尖期刊发表论文而被优先考虑，进而逐渐在本学科领域树立个人学术威望，获得一定的学术地位以及更多的物质待遇。因此，在我国高校当下的学术生态环境下，这种高级别期刊论文所带来的"光环效应"和物质奖励的派生待遇所形成的"马太效应"是十分明显的。公立高校科研奖励政策的引导和论文发表后的派生待遇双重强化了教师对发表国际顶级期刊论文的迫切期望，高校期望以此提高学校声誉与教师获誉、获利达到"双赢"的目的。对此，我们将在第七、第八章还要作进一步的讨论和理论分析。

2. SCI、SSCI 论文奖励计量结果分析

SCI 论文奖励是我国公立高校科研奖励政策中产生最早，也是一直坚持且争议最多的一种奖项；SSCI 论文奖励则是反映国际人文社会科学的一种奖项，因此，有必要对 SCI、SSCI 论文奖励单独列出来讨论。

（1）SCI 论文奖励计量结果分析

依据样本公立高校科研奖励办法，析出其对 SCI 论文是否奖励以及奖励的方式，并根据各样本高校对 SCI 论文奖励方式的不同，统计计算出各样本公立高校对其奖励的方式和占样本总量的百分比，得到表 4.10。

表 4.10　　　　　**公立高校 SCI 论文奖励情况（依奖励方式划分）**

序号	名称		高校数量（所）	%
1	不予奖励		8	11.43
2	给予奖励	直接奖励	9	12.86
3		分区奖励	39	55.71
4		IF 奖励	9	12.86
5		分科奖励	2	2.86
6		分域奖励	3	4.29

资料来源：作者整理。

从 70 所样本公立高校科研奖励办法政策文本分析和表 4.10 所列数据分析，主要发现如下：

一是在我国公立高校科研奖励政策中，SCI 论文奖励是一种最为复杂的奖项，仅奖励方式就有五种情况，即直接奖励，也即凡被 SCI 收录的论文，都给其相同金额的奖励；分区奖励，即根据中科院文献情报中心等公布的最新 JCR 大类分区表，对一区、二区、三区、四区收录的期刊论文给予不同额度的奖励；按照 IF 奖励，即根据期刊影响因子的大小，直接或间接给予奖励；分科奖励，即根据学科、门类的不同，按照

该学科的期刊排名、影响因子等因素给予不同的奖励；分域奖励，即根据论文被收录的期刊是国外、国内，网络、英文、中文等情况分别给予奖励，这种方式不独立存在，往往与第二、三、四种方式综合使用。

二是奖励方式除直接奖励外，以分区奖励为主，占总样本数的55.71%。这是由于我国公立高校在21世纪以来，在重视SCI期刊论文数量的同时，更注重科研论文质量。为此，相当一部分高校，尤其是研究型、研究教学和教学研究型高校在科研奖励办法中，在给予SCI期刊论文较高奖金的同时，采取分区奖励的方式，往往给SCI一区、二区期刊论文给予更高的奖励。直接奖励高校占样本总数的12.86%，主要是高职院校和教学型高校。其余三种类型则或根据SCI收录区域或期刊影响因子高低等的不同分等级给予奖励。这虽有助于对高质量论文的激励与肯定，但也可能会因为依据分区、分域等奖励带来不必要的人为歧视。在SCI收录期刊的论文中，这种局部的"级别"划分有何利弊，还需要作进一步的研究探讨。

另外，以SCI论文为奖励标准，这可能对非SCI论文以及不一定以论文作为表现形式的工程应用学科并不适用，由于尚未考虑不同学科的体容量特征以及门槛高度与临界点质量的辩证关系，也可能会造成基础科学和基础研究不同领域、不同学科的不平衡，人为制造SCI"偏科"现象；即采取分科奖励，也仅是按大的学科门类奖励，仍可能会加剧同一学科门类内部的不平衡，等等，对此，我们将在第七章与SCI论文奖励一起讨论。

（2）SSCI论文奖励计量结果分析

SSCI是SCI的姊妹篇，是20世纪60年代美国科学情报研究所建立的综合性科技引文检索刊物与综合性社科文献数据库，它涉及经济、法律、管理、心理学、区域研究、社会学、信息科学等研究领域，2005年收录期刊1800种。20世纪90年代以来，由于我国利用SCI论文相关指标对高校、科研院所等进行科研绩效评价，高校不断加大对SCI论文奖励力度，在刺激了我国国际科技论文数量增长的同时，也带来了自然科学与人文社会科学的不平衡发展、不平等待遇等严重问题。鉴此，高校也试图改变人文社会科学过去那种无论科研工作者业绩多少，一律按职称、职务和工龄获取同样报酬的科研成果分配模式，SSCI论文便逐步成为我国公立高校科研论文奖励的一个重要组成部分。

以下依据样本公立高校科研奖励办法，析出其对 SSCI 论文是否奖励，以及奖励方式等，统计计算出各样本公立高校对 SSCI 论文不同奖励方式的数量及占样本总量的百分比，得到表 4.11。

表 4.11　　　　公立高校 SSCI 论文奖励情况（依奖励方式划分）

序号	奖励方式		高校数量（所）	%
1	不予奖励		21	30
2	给予奖励	直接奖励	23	32.86
3		分区奖励	2	2.86
4		IF 奖励	2	2.86
5		分域奖励	1	1.43

资料来源：作者整理。

从相关样本公立高校科研奖励办法政策文本分析和表 4.11 所列数据分析，主要发现如下：

一是对 SSCI 论文奖励高校的数量明显少于 SCI 论文奖励数量。在样本高校中，有 49 所高校对发表在 SSCI 收录期刊的论文进行奖励，占样本高校总数的 70%，明显低于 SCI 论文奖励高校的 88.57%。

二是由于对 SSCI 论文奖励高校数量明显少于 SCI 论文的奖励数量，一方面，可能会将加剧自然科学与人文社会科学发展的不平衡；另一方面，即 SSCI 论文奖励与 SCI 论文奖励数量相当，但给予 SSCI 论文较高额度的奖金，仍可能会造成由国外期刊主导的 SSCI 论文奖金额度明显高于中文期刊论文奖金额度。人为制造分域歧视和中文期刊与英文期刊的不平衡发展。并可能造成用 SSCI 来衡量中外人文社会科学具有不同研究对象和价值体系的统一标尺，促使一些人把外国人研究的方法和问题等移植到具有中国特色的社会科学问题，等等，对此，我们也将在第八章与 SCI 论文一起展开讨论。

三是与 SCI 论文的奖励类似，我国公立高校也对 SSCI 论文的奖励采取以下四种方式进行。其一是直接奖励，即凡被 SSCI 收录的论文，都给予其相同金额的奖励；其二是分区奖励；其三是按照 IF 奖励，即根据期刊影响因子的大小，直接或间接给予奖励；其四是分域奖励，即根据论文被收录的期刊是国外、国内、网络、英文、中文等不同情况分别给予奖励，这种方式并不独立存在，往往与分区奖励、按 IF 奖励方式综合使用。在上述四种奖励方式中，样本高校主要采取"直接奖励"方式，占样本高校总数的 55.71%，即只要被收录，高校就给予奖励，不涉及级别层次；与 SCI 分区奖励大不相同。同样，与 SCI 论文奖励相类似，也可能会造成人文社会科学的基础学科、基础研究与应用学科、应用研究及其不同学科门类、学科内部之间的不平衡。

总之，SCI 与 SSCI 论文，已成为我国公立高校评价考核与奖励教师及学生科研情况的重要手段和机制。自从 SCI、SSCI 等移植、渗透到我国科研评价体系以来，国内几乎所有高校都出台了相应奖励政策，明文规定每发表一篇 SCI、SSCI 论文都给予较高额度的奖金，并且成为硕士生、博士生准予毕业、参加答辩的前提条件之一。一些导师利用研究生毕业条件的这一规定，促使学生尽快发表这方面的论文，但自己并未做出实质性贡献而挂名，以获取学校科研论文奖金。

我国公立高校对 SCI、SSCI 收录期刊论文的重视，把其作为科研奖励内容的主体部分，确实促进了高校 SCI、SSCI 论文数量的快速增长，也使其作为一项重要指标能够显示和提高国家科技竞争力，但在一定程度上，它可能是高校希望通过向外求得中心学术体系认证，从而获得国内外学术资源与声誉的生存方式。而这种认证，正如阿尔特巴赫所指出的，"没人强迫外国学术机构接受美国的认证。相反，他们自觉自愿，不存在任何认证警觉"。[①] 作为一种客观的可量化的国际性标准，对 SCI、SSCI 等收录论文的肯定无可厚非，但不能"唯 SCI、SSCI"。应该注意的是，当把此与学术研究和学术评价中简单的量化刺激或奖励相结合。学术研究的超功利性可能存在被简单的功利目标和急功近利的思想所代替的危险，这必须引起我们的高度警惕。

3. 高校划定期刊论文奖励计量结果分析

除上述以国际著名索引作为奖励教师论文的依据外，我国公立高校还以国内一些高校或机构的学术期刊综合评价为依据，如依托于北京大学出版社出版的《中文核心期刊要目总览》、中国科学引文数据库 CSCD

---

① 转引自郭亚品《我国大学科研奖励现状研究——基于政策文本的分析》，硕士学位论文，南京师范大学，2014 年。

来源期刊目录、南京大学《中文社会科学引文索引》（CSSCI 来源期刊）等提供的相关信息，依据学校的实际情况，划定学校层面的顶级、权威或重要期刊论文目录并进行分级奖励。

依据样本公立高校科研奖励办法，析出其对划定期刊级别的标准方法、级别称谓等，统计计算出各样本公立高校对划定期刊论文奖励的标准、数量和占样本总量的百分比，得到表 4.12。

表 4.12　　　　　　　　　公立高校划定期刊论文奖励情况

序号	分类名称		高校数量（所）	%
1	不予奖励		13	18.57
2	给予奖励	客观标准	36	51.43
3		学校划定	21	30
4	学校划定（人文社科）		7	10

注：①学校划定期刊是指该校奖励办法中凡出现单列期刊字样的高校；客观标准是指国内外通行认可的机构颁布的期刊目录为奖励标准的高校；

②在学校划定的科研论文奖励中，一些高校奖励办法显示出对自然科学期刊论文与人文社会科学期刊论文奖金额度不同，这里仅列出人文社科类论文的高校数量及百分比。

从 70 所公立高校科研奖励办法政策文本分析和表 4.12 所列数据分析，主要发现如下：

一是在学校划定期刊论文奖励中，各高校对学术期刊的划分方法迥异，如分为 A、B 类核心期刊、权威一、二级期刊、重要期刊等。由于各高校依据或认定的标准不一，笔者只能在总体范围上做出解释：在高校科研奖励政策中，除依据国内外通行认可的机构颁布的期刊目录奖励论文外，且出现类似于顶级、权威、重要等期刊论文奖励办法的高校，便视为学校划定期刊奖励高校；在这类高校中，笔者把它分为两种情况，一为客观标准，即以国内外通行认可的机构颁布的期刊目录为依据给予奖励；二为学校划定，即以高校自己单独列出的期刊奖励目录为依据进行奖励。在这两种情况中，又有一些高校对人文社科类的论文划分为核心、权威、重要等期刊论文进行奖励。

二是在高校论文奖励中，以客观标准划分期刊论文奖励为主，为 36 所，占样本总量的 51.43%；以学校划定期刊论文奖励相对较少，单设人文社科论文奖励的高校也仅有 7 所，占样本高校的 10%。事实上，在总体层面上，所有样本公立高校都设定依论文级别的奖励政策，但具体到每所高校奖励的期刊标准又有所不同，也即同样的期刊，其级别取决于学校的认定，不同的高校划分的级别不同，给予奖励的金额也有差别。这与上述对 SCI、SSCI 收录论文奖励相类似。另外，由于人文社会科学客观标准相对较少，因此，相当一部分公立高校对人文社会科学类的论文单设不同级别的奖励。

三是对划定期刊标准的确定，大多数高校会根据本校学科、科研特色和优势分布情况，来划定不同学科、不同级别的学术期刊；一些高校如 A 大学把扩大和提高申博学科的高级别期刊奖励范围与奖励强度作为吸引和稳定高层次人才及培育优势重点学科的一项具体政策。一般地，学校某一学科、专业优势突出，则其被划定的高级别期刊数量就越多，获取高额奖金的人数也会越多。但它是否破坏了高校本来的学科生态系统？是否违背了高校多学科协同发展的规律？是否会造成科研产出分配不公等问题，我们将在后续章节作进一步讨论。

综上所述，公立高校从对国际顶级期刊论文的奖励，到 SCI、SSCI 收录期刊论文及学校划定期刊论文等不同级别、不同额度奖金的奖励政策，可能使得公立高校科研论文奖励数量、级别与我国学术论文发表数量、级别一样，都呈“金字塔式”的构架：少量的顶端论文，较多的中间论文，庞大的底部论文；我国近年来论文数量的激增，所形成的高校科研外延式发展，也可能与长期以来的科研评价制度和公立高校科研奖励政策导向密切相关。这种规模扩展，以及标准化、量化考核奖励所引发的各种问题值得深思。在现行的科研评价制度和奖励政策机制下，过度地量化考评、奖励，可能使得一些教师把主要精力用在如何更快、更多地发表，而不是真正研究问题。如果这样，这将与科学研究的本质大异其趣，也与科研工作的“容错”机制不相吻合。一些高校在考核“指挥棒”的影响下，担心研究失败对学校和个人考核结果产生不利影响，不愿承担高难度研究，影响了科研创新。事实上，真正的科学研究绝不是考核奖励出来的。假如陈景润被量化考核，他很可能无法在解析数论方面获得具有世界领先水平的科研成果，摘取这一对人类智力最有挑战领域的“皇冠”；按照目前的评价考核标准，陈景润既当不上教授，甚至连工作可能都会成问题。因此高校科研管理在对教师科研水平和能力的评价与激励过程中，要认清科学研究的真谛，如果仅单纯地依靠外在的量化指标来评定、奖励教师的科研成果，"重数量轻质量；重刊物档次级别轻论文质量；重表面现象轻深度思考；重立竿见影轻长远价值"，这一切最终将可能会导致在形成学术"高产"的同时，致使学术论文缺乏研究、创新、反思、批判等科学研究的本质内涵。

（二）专利成果奖励级别分析

专利（patent）属于知识产权保护的一种形式，它源于对技术发明成果的肯定与保护。在现代，专利一般是由政府机关或者代表若干国家的区域性组织根据申请而颁发的一种文件，这种文件记载了发明创造的内容，并且在一定时期内产生这样一种法律状态，即获得专利的发明创造在一般情况下他人只有经专利权人许可才能予以实施。在我国，专利分为发明、实用新型和外观设计三种类型。[①]

个人或机构要想拥有专利权，必须符合国家专利申请条件，并经国家或地方知识产权局的批准授权。被批准的专利持有者可以通过专利的实施或转让获得效益，刺激专利持有者不断去努力，产生新的技术成果。高校在主要从事基础研究的同时，也进行应用研究和开发研究，能够产生大量的专利成果。专利作为政府对创造性科研成果支持和保护的重要形式，与科研论文等科研成果一样，也是国家科技创新的战略性资源，同时也是衡量、评价高校核心竞争力和科技创新水平的重要指标。因此，公立高校管理者为使其拥有的专利数量、质量及其转化率等"显性指标"在高校科研创新竞争中处于优势，便采用各种方式加以引导和激励。科研奖励政策中有关专利奖项便是其中最直接有效的一种。在教师申请专利并获得国家或地方专利局等专利证书后，公立高校就会对其专利成果予以奖励。从样本公立高校科研奖励政策看，我国公立高校在科研成果的专利奖项中，一般将专利的奖励分为两种类型：一是分级别奖励，也即把获得授权的专利是国内还是国外分开进行奖励，给予不同的奖金，一般获得国外专利的奖金高于国内；二是不分级别奖励，即对授权专利给予一定额度的奖金，并无国外、国内之分。由于在发明、实用

---

①　中华人民共和国：《中华人民共和国专利法》，2000 年 12 月 6 日，http：//www. npc. gov. cn/wxzl/gongbao/2000-12/06/content_ 5004443. htm，2021 年 6 月 21 日。

新型和外观设计三种类型的专利成果中,发明专利创造性最高,公立高校只要对专利这类科研成果奖励,就必然对发明专利进行奖励,故这里仅以发明专利奖励为例,说明公立高校专利成果奖励级别情况。

依据样本公立高校科研奖励办法,析出其专利成果奖励中的发明专利成果,并按照不予奖励、给予奖励中的不分级别等划分标准,及其相应数量等,得到表4.13。

表4.13 公立高校发明专利分级奖励情况

序号	划分标准	高校数量（所）	%
1	不予奖励	16	22.80
2	不分级别	42	60
3	分国内、国外	8	11.43
4	分国际发达、国际一般、国内	4	5.71

资料来源:作者整理。

从70所公立高校科研奖励办法政策文本分析和表4.13所列数据,主要发现如下:

一是公立高校对发明专利成果奖励比例为77.14%,而对CNS论文、SCI论文的奖励比例分别为100%、88.57%,说明发明专利奖励比例低于对CNS论文、SCI论文的奖励比例。

二是在对发明专利成果进行奖励的高校中,不分级别即不分国内、国外,也不分国际发达、国际一般等的高校为42所,占样本高校总数的60%,又有12所高校对发明专利这类知识产权成果进行分级奖励,占样本总量的17.14%,这显示出我国公立高校在专利领域的级别化奖励方式并不突出,也说明我国高校对专利成果的奖励"级别"维度不是其主要因素。这可能与专利这类知识产权成果自身的特点相关。因为我国在专利的认定方面只区分发明专利、实用新型和外观设计这三种类型,并没有对每一个类型划分具体的等级。因此,公立高校管理者对专利的奖励也偏向于统一认定,无等级奖励。

三是在对发明专利成果分级别奖励的高校中,分国内、国际,国际又分国际发达、国际一般等，其高校总数之和为 12 所。进一步，从高校类型和层次看，研究型高校往往更注重对国外授权发明专利成果，尤其是发达国家如欧、美、日三国授权的发明专利成果进行奖励；研究教学和教学研究型高校一般不分区国内和国际给予奖励，或只对发达国家授权专利成果给予奖励；而教学型高校一般不区分级别，对国内、国外发明专利成果给予同样标准的奖励。由于国际化程度和科研水平等因素影响着专利知识产权成果的申请地域，因此，不同类型高校，尤其是研究型高校，比其他类型高校更注重专利的国际化趋势。所以，研究型和研究教学型高校，尤其是研究型高校更注重国外专利成果奖励，特别是国外发达国家授权专利成果的奖励。当然，公立高校把授权专利的国家或地区作为划分对专利奖励的级别是否合理还有待论证，但是它在一定侧面反映，在对专利这类知识产权成果的奖励方面，公立高校管理者有意识把教师的研究成果推向世界，在国际相关领域占有一席之地，这在推动高校科技创新国际化、提高高校国际声望方面有一定积极作用。但与此同时，却可能会刺激我国高校把教师辛辛苦苦研发的发明成果申请国外发达国家专利，致使高校一些先进技术和专利等知识产权成果等国家科技创新的战略性资源流入国外，造成不必要的损失。对此，我们将在第七章第一节与 SCI 论文一起讨论。

二 论文引用奖励级别

公立高校除对学术论文奖励外，近年来还对论文引用也给予奖励。论文引用（肯定性引用）是被引论文的声誉价值。一般来说，论文被引用频次越高，说明该论文质量越高；但又不能说一篇论文未被引用或引用频次低就没有价值或质量不高，这其中原因非常复杂。由于它毕竟是衡量一篇论文质量情况相对准确的量化指标，也被政府科技管理部门和学术界广泛采用。因此，近年来，公立高校便普遍把论文引用情况作为奖励政策的一个重要奖项。

以下依据样本公立高校科研奖励办法，析出其对论文引用是否奖励，以及奖励方式等，统计计算出样本公立高校对论文引用不同奖励方式的数量及占样本总量的百分比，得到表 4.14。

表4.14 公立高校论文引用奖励情况（依奖励方式划分）

序号	奖励方式		高校数量（所）	%
1	不予奖励		8	11.43
2	予以奖励	被引频次	37	52.86
3		ESI 论文	62	88.57
4		被引频次 + ESI 论文	47	67.14
5		论文引用者	4	5.71

资料来源：作者整理。

从相关样本高校科研奖励政策文本分析和表4.14所列数据分析，主要发现如下：

一是相对被引论文本身而言，对论文引用给予奖励的高校要少一些，在样本高校中，有8所高校对论文引用不予奖励，占样本高校的11.43%。但随着时间的推移，越来越多的样本高校增设论文引用奖项，力图迎合政府科研评价、高校学科、专业评估和社会机构大学排行的需求，以及引导高质量论文的产出，但它是否确实促进了论文质量的提高，我们将作进一步讨论。

二是根据论文引用国际标准和实际情况，我国公立高校对论文引用奖励主要采取以下四种方式：其一是按被引频次进行奖励，即按被引频次多少，累计进行奖励，为37所，占52.86%；其二是对ESI被引论文进行奖励，为62所，占88.57%；其三是按被引频次和ESI论文两种方式混合使用，为47所，占67.14%；其四是对论文引用者给予奖励，占5.71%。在上述四种方式中，仅有少数高校对论文引用者（主要限于对本校所办学术期刊论文的引用）给予奖励；而研究教学和教学研究型高校，尤其是教学型高校往往是按两种方式混合使用，都给予奖励；研究教学型尤其是研究型高校则只对ESI高被引论文给予奖励。

三是对论文引用给予奖励，甚至重奖，这不仅可能会加剧"人为引用""伪引用"等各种不当引用，而且会使引用率准确性这一复杂问题更加复杂，同时又会形成由于英文期刊占比过高，造成影响引子偏向性过强的问题。因为，显然的事实是，截至2019年6月，SCI期刊库收录了全世界1.1万多种期刊，其中主要是英文期刊。这就使得英文语种期刊之间和论文之间有很高的引证率，影响因子随之水涨船高，而其他语种期刊的影响因子则相对较低。由于 SCI 期刊较少收录中文期刊，这就造成不仅中文期刊在 SCI 期刊库中处于不利地位，而且使中文学术论文很难被引用，引用率很低。

以 SCI 与 CNKI（CNKI 收录了 8000 余种国内学术期刊）高频次引用论文比较为例，《中国科技论文统计与分析：2007 年度研究报告》给出了 SCI 中 1998—2007 年累计被引 200 次的中国科技论文列表。若取出其中排名前 15 位的论文，然后根据其篇名，检索其在中国期刊全文数据库 CNKI 中被引用的情况，从得到结果可见，那些在 SCI 中有很高引用频次的中国论文，在 CNKI 中并没有表现出相当高的引用频次，而是呈现一种与原来的顺序几乎无关的频次分布；反之，如一篇在 CNKI 引文数据库中被引用频次高达 884 次的王爱国、罗广华的论文（《植物的超氧物自由基与羟胺反应的定量关系》，《植物生理学通讯》1990 年 6 月）。经检索确认，它在 SCI 中只被引用 91 次；并且除了 2 次以外，全部是中国学者的引用。

这反映了 SCI 中的高引用频次的论文是以美英为主的科学家所关注的研究课题，它们与其他国家如我国科学家所关注的课题往往没有必然的联系。这再次说明了 SCI 的地域性。因此片面地认定与美国科学家所关注的课题有关的论文有很高的学术价值，并以此贬低其他国家的热点课题论文是没有道理的，反之亦然。因此，这种在重奖 SCI 论文的同时，又重复重奖论文引用频次及 ESI 高被引论文，实际是在帮助以英文为主导的国外期刊进一步提高影响因子，使得国内学术期刊处于不利地位，也使我国需要的热点问题处于弱势地位，甚至进入恶性循环。

三　科研项目奖励级别

科研项目是支持科研创新的重要政策工具，是多个主体协同创新的有效载体，它作为资助科研活动的方式，是研究者按照资助方的需要和研究方案开展科学研究的一系列独特的、复杂的并相互关联的活动，这些活动有着一个明确的目标或目的，一般须在特定的时间、预算、资源限定内，依据规定完成。项目参数包括项目范围、质量、成本、时间、资源等。它属于科研过程而非科研结果（成果），因为科研项目申请书提出的设想，仅是一种研究预设和方案，并非能够实际运用的工作方案和成果。

科研项目作为我国公立高校科研活动的重要组成部分，其拥有数量的多寡、层次的高低、经费的多少等，是评价高校科研能力和水平的重要指标。我国高校科研项目除校内自设项目、经费来自校内外，还包括获取校外的各级科研项目。获取校外的科研项目主要有纵向科研项目和横向科研项目两类。

高校纵向科研项目是指由各级政府及其职能部门、各基金委、各类学术团体公开发布项目通知，并由学校科研主管部门统一组织教学科研人员申报（含投标）得以立项的，有一定资金资助的科学研究项目。

纵向科研项目的种类包括：国家重大科技专项项目、国家科技攻关计划项目、"863"计划项目、"973"计划项目、国家火炬计划项目、国家软科学研究计划项目、国家自然科学基金项目、国家社会科学基金项目、国家艺术基金项目等、教育部人文社会科学研究项目、博士点专项科研基金、全国教育科学规划项目及省、市、区级大体与之相对应的科研项目等。

按级别划分，纵向科研项目一般分为国家级科研项目、省部级科研项目、市厅级（不含县级市）科研项目等三类。

国家级科研项目是指国家哲学社会科学基金项目、国家自然科学基金项目、国家艺术基金项目、国家科技部项目等；省部级科研项目是指国务院各部委办局项目、省社科规划办、省科协、社科联、科技厅项目等；市厅级科研项目包括省教育厅项目，市级（不含县级市）科研项目及市科协、社科联、科技局和教育局等项目。其中，各级政府科研项目一般又分重大、重点、一般等不同等级。

横向科研项目是指由政府部门（含国家部委、省市部门）、企事业单位、公司、团体或个人委托高校、科研院所等单位或个人进行研究或进行协作研究的各类项目，包括国际合作项目。主要包括如高校通过开展科技开发与协作项目；技术成果转让项目；科技咨询等技术性服务项目；由企事业单位资助的项目等。横向项目是需求单位与承担单位或个人合作共赢的关系，项目不存在行政级别的高低。

值得一提的是，国家科技计划〔包括2015年形成的国家自然科学基金、国家重点研发计划、国家科技重大专项、技术创新引导专项（基金）、其他和人才专项等构成的国家科技计划体系］，是具有中国特色的"大科学"项目，是我国规模最大、投入最多、水平最高的科技发展计划，体现了国家科技领域"集中资源办大事"的制度安排。在新时期，国家科技计划是科技创新的"路线图"，引领着我国科技发展的方向、路径和速度。国家科技计划在我国科技创新中的特殊地位和战略性资源的重要作用，决定了它也是公立高校，尤其是研究型高校和研究教学型高校争夺、竞争的战略性科技创新资源，其获取项目经费多少、层次高低，决定了其在国家科技创新中的地位和高校科研创新竞争市场中的优势情况。因此，这类高校对国家科技计划给予特别关注。

科研项目经费的申请、分配和使用机制不同于一般的财政拨款，它采取择优资助的方式，是激励科技人才进行科学研究，推动科学技术和社会经济、政治、文化发展的科学研究资助计划；是面向未来进行的一种"预期性投资"。决定科研项目资助的条件不可能是已产出的科研成果，而是科研创新人员未来的研究计划和他们实现该计划的潜力。

同时，科研项目采用选择优先资助领域的方式，确定国家、地区未来科技发展的主攻方向与重点领域，予以重点支持，对科学研究产生直接而有效的引导作用。在管理方式上，它一般是在政府相关管理部门组织和监督下，由科学共同体自主管理，有很大的自主权；而且，科研项目的经费只能用于科学研究，解决科研人员的工作和发展问题，不能用于个人生活。

需要说明的是，科研项目与科技奖励有一定的内在联系，都是对科研人员科研能力和水平的一种肯定与资助。但科研项目奖作为我国公立高校科研奖励政策中的一种重要奖项，它不同于一般的科技奖励制度，它与科技奖励制度和科研项目在内容、申请、分配和使用等运行机制及程序上有本质区别。总体而言，科技奖励是对少数优秀科研成果的承认和肯定，而科研项目仅是申请者提出的一种研究预设和方案，尚未真正产出科研成果；科技奖励制度的实施要经过严格的专业同行评议和评审，而公立高校科研项目奖励政策，对教师承担的相关纵向科研项目、横向科研项目按级别、经费多少直接给予项目主持人一定奖金的一种奖励方式，并不需要特别的申请和认定。

对公立高校科研奖励政策文本分析后可知，公立高校对科研项目的奖励分两种情况：一是区分纵向、横向科研项目给予奖励；二是不区分纵向、横向科研项目，完全依据科研项目到账经费多少给予奖励。其中对纵向科研项目的奖励又分两种情况，即按照行政级别和科研项目到账经费多少给予奖励。所谓行政级别即取决于科研项目经费的来源不同，含国家级、省部级、市厅级等三个级别；科研经费指科研项目所获取的科研经费到账金额。

公立高校对横向科研项目的奖励主要依据其到账科研经费的多少给予不同额度的奖金，也即额度不同的到账科研经费，所获得的奖金多少是不同的。

依据样本公立高校科研奖励办法，析出其有关科研项目奖项中的相关内容，并以奖励区分级别、纵向、横向给予奖励，不区分级别分纵向、横向奖励，以及完全依据科研经费的多少给予奖励等相关信息，据此统计计算出按纵向、横向奖励高校的数量和占样本高校总数的百分比，得到表4.15。

表4.15　　　　　公立高校科研纵向、横向项目奖励级别情况

序号	奖励方式		高校数量（所）	%
1	项目不予奖励		28	40.00
2	纵向项目奖励	行政级别	37	52.86
		行政级别和经费多少相结合	4	5.71
		经费多少	1	1.43
3	横向项目奖励	经费多少	15	21.43

资料来源：作者整理。由于在横向奖励中，并无高校将横向项目折算成不同行政级别的项目，故这里只列出横向项目到账经费多少进行奖励。

从70所样本公立高校科研办法政策文本分析和表4.15所列数据，主要发现如下：

一是在纵向科研项目奖励中，对科研项目依行政级别高低进行奖励的高校达37所，占样本高校总数的52.86%；奖励项目级别随着市厅级、省部级再到国家级的逐渐提高，高校数量也渐次增多，表明我国公

立高校对科研项目奖励主要还是以纵向科研项目奖励为主。尤其是各类型高校鉴于国家科技计划在国家和学校科技创新发展中的特殊战略地位，都对其给予重奖，区别在于教学型高校除对国家科技计划给予重奖外，还对其他各级各类纵向科研项目给予奖励；而研究型高校则一般主要对国家科技计划给予奖励。

二是除少数依到账经费多少进行奖励外，行政级别和经费相结合进行奖励的高校为 4 所，占样本高校总数的 5.71%，说明外在行政级别的高低是纵向科研项目奖励的依据，也是我国公立高校科研奖励政策的主导方向，但还有少数高校在奖励具有行政级别的科研项目外，还依据纵向项目到账经费的多少给予奖励，而且这种依据经费多少进行科研项目奖励主要还是以省部级以上科研项目为主。由此可见，在纵向科研项目奖励中，无论是直接按照行政级别高低奖励，还是按照到账经费多少奖励，我国公立高校科研项目的奖励主要还是以其所获项目的行政级别高低为主，以到账科研经费的多少为辅来进行奖励。

三是尽管横向项目与纵向项目是高校科研项目的主要来源，但在科研奖励政策中，公立高校更倾斜于纵向科研项目。对横向科研项目奖励的高校为 15 所，占样本高校总数的 21.43%，说明横向科研项目虽在科研经费上对高校的科研活动有一定贡献，但其影响度远远低于获得纵向国家级等高级别科研项目；再从纵向、横向科研项目对比可知，纵向项目奖励高校为 42 所，占样本高校的 60%，说明公立高校更热衷于奖励具有行政级别的纵向科研项目。在横向科研项目奖励中，奖励横向科研项目高校数量为 15 所，远低于奖励纵向科研项目的高校数量。这可能是由于横向科研项目通常不能像纵向科研项目那样，能给所在高校争得荣誉和领导赢得"显绩"，仅为项目负责人带来相关物质利益有关。

总的来说，虽然科研项目奖项的"级别化"外在形式上主要取决于纵向科研项目的来源，但除了"行政级别"这个显性的级别化评判标准外，科研项目经费"多少"中的隐性"级别"也值得警惕。在样本高校科研奖励政策文本中，大都有这样的规定：科研项目到账经费数额达到一定的"量级"，则给予相应"等级"的奖励金额。

一方面，这会造成许多教师热衷于科研项目申报工作，想方设法去争取项目，"跑项目""找熟人""拉关系"的现象较为普遍；一些教师获得更多科研经费，争取到科研项目、成为项目"大户"后，又不去履行合同，而往往"转包"给他人完成，成为科研项目特别是横向科研项目"皮包"公司的老板，往往与社会上的"皮包"公司毫无二致，而自己（主持人）却还获得学校相应的科研项目奖金。

另一方面，虽然获得更高级别、更多经费的科研项目的"显性"量化指标确实可以提高学校的声誉，改善科研条件，科研项目和科研经费也的确是政府、社会考核评价高校的硬性指标，但科研项目级别与经费数量的多少仅是高校发展的必要条件之一，高校的兴盛与长久发展归根结底是由内涵式发展决定的，也取决于生活在其中的人。科研奖励是对人的激励，若过分强调级别、量化奖励则可能会适得其反。况且，科研项目必须是有科研的项目，把没有任何"科研"成分，不经过一定的评审程序、没有多少学术价值和应用、推广价值，稍有文字功底的人都能完成纯粹具体事务性工作，由需求单位委托给承担单位或个人的所谓横向项目称作"科研项目"，并给予奖励，是对科研项目的误解和滥用。其做法可能会把一些教师引向不去从事真正有科学价值和有实际意义的科学研究，而成为纯粹地挣钱手段和工具，并带来以权谋私等种种腐败问题。

四　科研获奖奖励级别

与科技奖励制度的本质不同，在公立高校科研奖励政策中，科研获奖奖项是指公立高校对本校教师的优秀科研成果获得国家级、省部级、市厅级等科技奖或其他社会科技奖的奖励成果，学校根据所获得的奖励类型、级别的不同，再给予其一定奖金或一定比例的配套奖励，从而体现出我国公立高校对获得高水平、高层次科研成果的研究者的重视，以及对国家级、省部级高级别科技奖的期待；并以此手段为本校迎得更多的社会声誉，获取更多的科技创新资源。公立高校对获得各级各类科技奖的获奖成果进行奖励既有自然科学类奖，又有人文社会科学类奖，但在给予奖励成果级别的来源上，二者是基本一致的。它们在本质上都是政府科技奖的派生待遇。

分析70所样本公立高校科研奖励政策中有关科研获奖奖项相关信息可以看出：一是我国公立高校对获得科技奖的奖励分三个级别，即以获得国家三大科技奖为代表的国家级奖项；获得教育部或其他部级、省级科技奖的奖项；获得市厅级的奖项。我国公立高校对获得每一个级别的科技奖又根据获奖等级的高低给予不同的奖励。二是在对获得各级政府科技奖的奖励中，其奖励形式主要包括直接给予不同数额的奖金或奖金加配套科研经费两种。以下以自然科学类科技奖为对象，对国家层面单级和国家级、省部级、市厅级多级两种情况进行分析讨论。

依据70所样本公立高校科研奖励办法，析出其有关自然科学类科技奖奖项中的相关内容，并以是否只对国家层面的科技奖进行奖励单级或对国家级、省部级和国家级、省部级及市厅级多级科技奖进行奖励三种情况的相关信息，统计计算出相关样本高校科研获奖励的数量和占样本总量的百分比，得到表4.16。

表4.16　　　　　　　　公立高校科研获奖奖励级别情况

序号	奖励方式			高校数量（所）	%
1	不予奖励			3	4.29
2	予以奖励	单级	国家级	15	21.43
		多级	国家级、省部级	10	14.29
			国家级、省部级、市厅级	19	27.14

资料来源：作者整理。

从70所样本公立高校科研获奖奖项和表4.16所列数据，主要发现如下：

一是在70所样本公立高校科研获奖奖项中，并不是所有高校对科技奖进行奖励，不予奖励的高校为3所，占样本高校的4.29%。不予奖励的主要是研究型高校，说明这些高校更加重视对真正具有创新性的高质量成果进行奖励。

二是在对科研获奖予以奖励的高校中，仅对国家级科技奖进行奖励的高校为15所，均为其中的"985"高校和"211"高校等，占样本高校的21.43%，而其他类型高校均对国家科技奖进行奖励，说明对获得国家级科技奖进行奖励是我国高校科研奖励政策侧重奖励的内容，一方面，由于单层次、单级别的奖励局限性突出，奖励人员的数量有限；另一方面，我国高校科研奖励政策的作用是为了最大限度地发挥其激励作用，提高更多教师的研究积极性，而在我国高校教师中，仅有极少数研究者有机会获得高级别的科技奖奖项，其余大部分人获得高级别奖项的实际能力和心理期待难以满足。这样，仅依靠高强度的奖金奖励获得国家级科技奖的政策取向，其最终目标是否能够得以实现有待进一步考证。

三是对国家级和省部级科技奖进行奖励的高校为 10 所，占样本高校的 14.29%，主要集中在研究教学型和教学研究型高校，说明这些高校也以高级别科技奖励成果为主。

四是对国家级、省部级和市厅级科技奖多级进行奖励的高校为 19 所，占样本高校的 27.14%，主要集中在教学型高校，说明这些高校的科研奖励政策不仅沿袭行政思维的价值取向，而且考虑本校的科研实际情况，试图运用科研奖金的手段，通过市厅级科技奖培育省部级科技奖，省部级科技奖培育国家级科技奖（因为在我国目前政府科技奖中，只有获得低一级别的同一科技奖，才有资格申报高一级别的科技奖），并通过市厅级、省部级再到国家级科技获奖等级从低到高科研获奖奖金逐级加码的做法，以刺激教师的科研热情，获得更多各层次的科技创新资源。并且在多级奖励的省部级层面上，大多数高校将获得教育部奖项与其他省部级奖项加以区分，暗示出获得教育部级别的奖励荣誉或学术性高于其他部级设立的奖项。但是，这些高校的教师很少获得国家级科技奖和教育部科技奖奖项，以及少部分省级科技奖。这样，这些高校对各级科技奖励进行奖励，采取层层加码的做法，在短期内仍是难以满足教师的心理需求，人为加剧科研压力，并难以达到科研奖励政策目标，尤其在教学型高校更是如此；在难以获得高质量科研成果时，反而可能把一些教师引向低水平重复的科研活动。

总之，在 70 所公立高校科研奖励政策文本中，在对科研获奖进行奖励的高校中，所有高校都对科技奖按行政级别高低进行奖励，单级别和多级别奖励的高校分别为 15 所、29 所，占样本高校分别为 21.43%、41.43%，一定程度上显示出我国公立高校对获得国家级、省部级科研成果奖的重视。在奖励方式上，对政府科技奖按照其行政级别分类型分等级进行奖励；在奖励金额上，也是以其级别、等级高低给予不同的奖金，以体现出由于获奖级别高低不同，所给予奖金的多少也不同。以某高校为例，国家级一等奖和省部级一等奖的奖励金额度相差40倍之多，这深深印证了我国高校以外部具有高行政级别的政府科研创新资源为依托，对获得高层次、高级别政府科技奖奖项的科研成果的青睐。也即学术成果的优异性取决于其所获得政府科技奖励的级别高低。

科技奖励的实质是科学共同体对学术荣誉的承认和分配，对学术质量有层次的分组，但公立高校科研奖励政策以"行政级别"高低来确定"质量好坏"的方法是否科学，值得商榷。有学者就指出"奖励级别不能简单划分，奖励不宜硬性划分级别，级别与层次、声誉不完全一致，一切奖励都套上行政级别是不确切、不合理的"。① 但我国目前公立高校科研奖励政策有明显的行政主导逻辑，普遍现状还是以"级别"为基本原则，进而对不同的级别给予相应的奖励。这种现象的产生有可能是高校为了与所获政府科技奖奖项相应一致，方便实施；也有可能是受政府主导影响过深，认为只要获得政府奖，都是高水平的学术成果，值得学校再次奖励，不容置疑。但是我们应该注意的是，如果公立高校要对科研进行奖励，就应该是对科研质量的奖励，而不是对科研"级别"的奖励。

---

① 郭亚品：《我国大学科研奖励现状研究——基于政策文本的分析》，硕士学位论文，南京师范大学，2014年。

第五章　公立高校科研奖励额度

从对 70 所样本公立高校科研奖励政策文本分析可以看出，我国公立高校科研奖励都是直接以奖金的形式进行奖励，因此，奖金额度变化情况也是反映不同类型、不同地区公立高校科研奖励政策的一项重要指标。上一章我们从横向对 70 所不同类型样本公立高校进行了分析，并从纵向对 A 大学这一典型教学型高校科研奖项内容、级别的总体情况和相关奖项的级别进行了讨论分析，为进一步揭示公立高校科研奖励相关奖项内容、层级与学校类型、层次及地区的分布变化规律，本章在对我国不同类型公立高校和 A 大学科研奖励额度总体计量分析讨论的基础上，主要对其科研论文、专利和科研项目、科研获奖等奖项及东、中、西部不同地区相关奖项奖励额度及实施效果进行分析。

第一节　公立高校科研奖励额度总体情况

一　公立高校科研主要奖项奖励额度计量结果

在上一章对 70 所样本公立高校科研奖励政策文本分析和科研奖励相关奖项内容、级别讨论的基础上，采用统计计算方法，计算出 70 所各类型样本公立高校科研奖励内容中的科研成果、科研获奖和科研项目等相关奖项内容、层级的奖金额度平均值，得到表 5.1 和表 5.2。

二　公立高校科研主要奖项奖励额度计量结果分析

从各相关奖项奖金额度大小和表 5.1、表 5.2 可发现：

一是科研项目奖金额度大小与高校类型和层次高低呈反方向变化。

表 5.1　公立高校科研成果奖励额度

奖励类型 学校类型	Science & Nature（万元）	SCI					论文							著作		专利		咨政报告	
		一区	二区	三区	四区	不分区	EI	SSCI	CSCD	CSSCI	ESI	核心	普刊	国家	其他	发明	实用新型	国家	省部
研究型高校（18 所）	10.900	0.230	0.100				0.130	0.400		0.070	6			0.794		0.940		0.500	0.200
研究教学和教学研究型高校（27 所）	16.500	0.440	0.600	0.272	0.139		0.342	0.716	1.760	0.175	0.720			1.050		0.504	0.039	0.330	0.220
教学型高校（25 所）	20.250	3.550	1.575	0.895	0.285	0.600	0.320	1.290	0.057	0.480	0.700	0.017	0.112	0.460	0.755	1.330	0.4375	0.150	0.075

资料来源：作者整理。

表5.2　　公立高校科研项目、获奖和人才项目奖励额度

科研奖金额度（万元）学校类型	科研项目					科研获奖							
	国家级		省部级		市厅级	国家级		省部级			市厅级		
	重点	一般	重点	一般		一等	二等	一等	二等	三等	一等	二等	三等
研究型高校（18所）	2.350					32.3	12.950	3.250	2.070	0.680			
研究教学、教学研究型高校（27所）	7.889	4	1.050	0.200		36.390	17.930	4.460	3.100	0.850	0.110		
教学型高校（25所）	9.150	39	2.100	1.310	0.310	89.100	39.625	6.950	4.275	1.875	1.467	0.812	0.182

资料来源：作者整理。

即越是层次高的研究型高校对科研项目的奖励额度越小；而越是层次较低的教学型高校则对科研项目给予奖励和奖金额度越高，同时从市厅级直到国家级重大项目给予数额从低到高逐级加大的奖金；且一些教学型高校对各级科研项目奖金额度太高，往往会出现奖金额度大于或等于项目经费本身极不合理的过度奖励现象。

二是国际学术论文奖金额度远高于中文期刊学术论文奖金额度。在对科研成果奖项的学术论文奖励中，国际期刊学术论文奖金额度远高于国内中文期刊学术论文。国际刊物第一作者和通信作者可利益共享；国际期刊论文奖金额度虽无规律可言，尤其是对国际三种顶级学术期刊 *Nature*、*Science* 和 *Cell*（简称 CNS）论文及 SCI 论文分区的奖励，其奖金额度大小差异很大；但在三个类型样本高校中，学校类型和层次由高到低 CNS 论文奖金额度却由小到大逐级增加；与此不同，在 SCI 一区论文奖励中，研究型高校最低，而研究教学和教学研究型高校最高，教学型高校居中；同样，SCI 二区、三区和四区论文也与之类似。

三是科研获奖奖金额度在三个类型的样本高校中也无规律可言。总体而言，不同层级科研获奖奖金额度虽在三个类型的样本高校中无规律而言，但高校类型层次由低到高，国家级科研获奖奖金额度却从大到小逐级减少，具有一致性，且奖励额度太高。如三个类型高校对国家科技三大奖一等奖平均奖金额度分别达到每项 81.11 万元、78.43 万元和 72.54 万元，高于 2017 年国家科学技术奖中，特等奖、一等奖和二等奖奖金数额分别仅为 100 万元、20 万元和 10 万元，其中 10% 归个人、90% 作为研究经费。

总之，无论是科研论文等科研成果，还是科研项目和科研获奖奖金额度，虽在具体层级上研究型高校、研究教学和教学研究型高校及教学型高校中无规律而言，但总体来看，上述主要奖项奖金额度与高校类型和层次正好呈反方向变化，即越是类型和层次低的教学型高校相关奖项奖金额度越高，而越是类型和层次高的研究型高校相关奖项或不奖或奖金额度越低。这与上一章科研奖项层级在各类型高校的变化规律类似。按理研究型高校能够支配更多的科研资源，拥有雄厚的发展资金，可以提供更多的科研奖金，各项科研奖金额度应更高，但实际奖励额度却最低，应如何解释这种奇怪的现象呢？对此，我们在后续章节将作进一步讨论。

第二节　公立高校科研主要奖项分项奖励额度

一　科研成果奖励额度

（一）科研论文奖励额度分析

1. 国际科技论文奖励额度

Nature 和 *Science* 是国际著名的高影响因子科技期刊，在其上发表的学术论文往往代表着当时科学发展的最高水平和最新前沿。*Nature* 创建于 1869 年，是国际领先的科学周刊和自然科学研究的品牌核心期刊；*Science* 也是全球最引人注目的主要科技期刊之一。因此，我国公立高校对这两个国际顶尖学术期刊发表的学术论文都给予科研论文奖金额度最高的奖励。

在上一章讨论分析的基础上，为进一步分析我国公立高校重奖国际学术论文极不正常的做法，采用统计计算的方法，计算出 70 所样本公立高校对 *Nature*、*Science*、SCI 等国际科技学术论文奖金额度及其变化区间对应高校数量，得到表 5.3。

表 5.3　　　　　　　　国际科技论文奖金额度统计

序号	奖金额度（万元）	对应高校数量（所）					不分区奖励（所）
		Nature & Science	SCI				
			一区	二区	三区	四区	
1	0.1—0.5			2	11	11	1
2	0.5—1		1	9	19	19	2
3	1.5—2		10	23	3	3	1
4	3—5	2	28	18			
5	5—10	5	19				
6	10—15	6	4				
7	15—20	12					
8	20—25	18					
9	25—30	12					

续表

序号	奖金额度（万元）	对应高校数量（所）					不分区奖励（所）
		Nature & Science	SCI				
			一区	二区	三区	四区	
10	30—35	6					
11	35—40	5					
12	40—50	3					
13	110	1					
合计		70	62	52	33	33	4

资料来源：作者整理。

将表5.3统计计量结果与表5.1比较可发现：

一是各样本公立高校对 *Nature* 和 *Science* 等国际高影响因子期刊和论文一直是顶礼膜拜，奖金奇高，如有1所高校对该校教师发表在 *Cell* 杂志的一篇学术论文竟奖励1350万元（其中50万元奖励作者，1300万元作为科研经费资助）;[①] 国际顶级学术期刊学术论文的奖金数额分布在3万元—110万元/篇之间，奖金额度范围跨度很大，以每篇论文奖励10万、20万、30万元/篇三个奖金额度对应的高校数量最多。

二是对SCI论文的直接奖金额度分布在每篇0.1万—1.5万元之间，高校数量的分布较为均匀，超过1万元/篇奖金的高校数量较少；SCI一区论文的奖金分布在每篇1万—10万元之间，奖金额度分布总体较为集中，以个别数值点突出为代表。可见，国际顶级期刊论文的奖金额度远远高于SCI论文的奖金额度；SCI期刊论文中，又以SCI一区论文的奖金额度为最高；SCI四区论文奖金额度最低，奖金额度分布在0.1万—2万元/篇之间。

值得一提的是，根据2017年知名智能信息服务提供商科睿唯安《期刊引证报告》显示，《光：科学与应用》《真菌多样性》《石油勘探与开发》《中国物理C》等国内主办的著名学术期刊排名已进入或接近所在学科前5%，是为数不多的具有国际较高影响力的中国科技期刊先锋。

---

① 盛利：《揭秘"1350万元科研奖励"》，《科技日报》2017年7月21日第7版。

但"中科院 JCR 期刊分区"在对 SCI 期刊进行四区的划分中，曾经将所有国内期刊全部归为四区;[①] 而根据中科院 JCR 分区对 SCI 期刊进行评价和分区奖励的模式与做法已被国内大部分高校采纳。这种奇怪的做法，不仅对中国学者将优秀论文积极向国外刊物投稿起到推波助澜的作用，而且加剧了科技创新投入及科技论文等战略性科技创新资源的严重外流。对这一严重问题，本书在第八章将辟专节分析、讨论。

2. 社会科学论文奖励额度分析

上文中我们分析了国际自然科学领域期刊论文的奖金额度，那么，国际社会科学领域期刊论文的奖金额度如何？笔者主要通过两方面来阐述，一是以国际 SSCI 收录期刊学术论文的奖金额度为统计对象;二是以国内 CSSCI（南京大学《中文社会科学引文索引》）收录的期刊学术论文的奖金额度为统计对象，以进一步比较分析公立高校科研论文奖金额度的中外差距。同样，采用统计计算的方法，计算出 70 所样本公立高校 SSCI 和 CSSCI 学术论文奖金额度及其变化区间对应高校数量，得到表 5.4。

表 5.4 　　　　　　　　　　SSCI、CSSCI 论文奖励额度

序号	奖金额度（万元）	对应高校数量（所）	
		SSCI	CSS CI
1	0.10		5
2	0.15		9
3	0.20		4
4	0.30		2
5	0.40		5
6	0.50		19
7	0.60		4
8	0.80		2
9	1	8	6
10	1.2	1	

① 中国科学院文献情报中心:《中科院 JCR 期刊分区表》，2017 年 11 月 5 日，http://www.fenqubiao.com/，2021 年 6 月 21 日。

续表

序号	奖金额度 （万元）	对应高校数量（所）	
		SSCI	CSS CI
11	1.5	6	
12	2	16	
13	3	17	
14	5	13	
合计		61	56

资料来源：作者整理。

从表5.4中可发现：

一是SSCI论文在社会科学类论文奖金额度最高，但与SCI论文相比要低得多。从奖金额度范围来看，在1万—5万元/篇之间，额度值较为集中，共有61所高校，占样本高校总数的87%；奖金额度较为集中的三个值分别是2万元/篇、3万元/篇和5万元/篇，共有46所高校，占样本高校总数的75%，说明SSCI论文奖金额度主要集中在2万—5万元/篇，与SCI论文奖金额度主要集中在3万—10万元/篇相比要低得多。

二是CSSCI论文在中文学术期刊中奖金额度最高，但相比SSCI论文奖金额度要低得多。从奖金额度范围看，每篇奖金额度在0.1万元至1万元之间，额度值较为集中，但分布不均匀，奖金额度较为集中的三个值分别是0.15万元/篇、0.5万元/篇和1万元/篇，共有高校34所，占样本高校总数的48.51%，其他分布值高校数量为22所，占样本高校总数的31.43%，说明CSSCI论文奖金额度主要集中在0.15万—1万元/篇，与SSCI论文奖金额度主要集中在2万—5万元/篇要低得多。这充分说明，我国公立高校把国外社会科学期刊论文与国内社会科学期刊论文区别开来，给予不同的奖金，运用差异化的科研论文奖励政策，不仅人为地推动自然科学与社会科学之间的不平衡发展，而且更为严重的是，会把国内广大社会科学领域教师的优秀科研论文成果推向国外相应的学术期刊，促进国外社会科学期刊和相关学科发展。这种现象实在是匪夷所思！

（二）专利奖励额度分析

由上一章第一节表4.3可知，在样本公立高校科研奖励中，有57所高校设置专利奖奖项，占样本高校总数的81.43%，那么，专利奖的奖金额度状况如何？笔者将通过对专利分级别奖励和不分级别奖励两个方面来分析专利奖奖金额度分布特征。

从上一章专利奖级别分析中可知，在分级别奖励层面，公立高校把专利分为国外和国内授权专利两种情况进行奖励。因此，以下按国外授权专利和国内授权专利两种情况分别进行讨论。

1. 国外授权专利奖金额度分析

分析70所样本公立高校科研奖励政策，析出其专利奖相关数据，统计专利奖金额度及其变化区间对应高校数量，得到表5.5。

表5.5　　　　　　　　　　国外授权专利奖金额度统计

序号	奖金额度（万元）	对应高校数量（所）	占该范围内高校数量的百分比（%）
1	0.5	3	25
2	0.5—1（含）	4	33.33
3	1—1.5（含）	3	25
4	1.5—2（含）	1	8.33
5	2—3（含）	1	8.33
6	合计	12	100

注：①在国内、国外层级上，其中有一所高校是基于科研积分的奖励，与其他高校的奖金额度无法比较，故本次统计实际为56所高校。

②占该范围内高校数量的比例（%）＝高校数量（所）/该范围内高校总数（12）。

③专利奖项的统计以第一完成人、所在学校为第一单位的奖励来统计，有个别高校专利奖奖项中区别唯一专利人和第一专利人分别奖励，奖金不一致，本书均按照第一专利人的奖金进行统计。后文中有关专利奖奖项的分析也依此统计。

从表5.5可以看出，在国外授权专利奖中，奖金额度在0.5万（含）—1.5万元（含）/项之间对应的高校数量最多，共10所高校，占该奖励高校总数的83%。说明我国公立高校对获取国外授权专利的奖金额度主要集中在这一区间，但每类高校的奖金额度并不趋向一致；从0.5万—3万元/项额度区间总体来看，对国外授权专利的奖励额度分布表现出低端区域多、高端区域少的特征。

2. 国内授权专利奖金额度分析

表5.6   国内授权专利奖金额度统计

序号	奖金额度（万元）	对应高校数量（所）	占该范围内高校数量的百分比（%）
1	0.2	1	2.22
2	0.2—0.4（含）	3	6.67
3	0.4—0.6（含）	5	11.11
4	0.6—0.8（含）	13	22.89
5	0.8—1（含）	11	24.44
6	1—1.5（含）	9	20
7	1.5—2（含）	3	6.67
合计		45	100

资料来源：作者整理。占该范围内高校数量的比例（%）＝高校数量（所）/该范围内高校总数（45）。

从表5.6可看出，一是国内专利授权专利奖奖金额度较为集中的分布值为：0.6万—0.8万元/项、0.8万—1万元/项和1万—1.5万元/项三个区间，共有高校33所，占该类奖励高校总数的67.33%，其余区间高校数量较少，说明我国公立高校对国内授权专利奖金额度主要集中在0.6万—1.5万元/项，奖金额度分布比较密集。二是国外授权专利奖奖金额度区间为0.5万—3万元/项，而国内授权专利奖奖金额度区间为0.2万—2万元/项，说明国外授权专利奖金额度高于国内授权专利奖金额度。

二 科研项目奖励额度

如上所述，科研项目大体分为自然科学类和社会科学类两大类，我国公立高校科研项目奖励一般也按此分类，同时又分纵向科研项目和横向科研项目，这里不讨论横向科研项目。根据70所样本公立高校科研奖励政策文本分析，本书对科研项目奖金额度的分析分为两类：一是同等奖励，即对自然科学类和社会科学类的科研项目给予同等额度的奖励；二是区别奖励，即对自然科学类与社会科学类科研项目奖励额度不同。

根据科研奖励方式的不同，公立高校对科研项目的奖励可分为五种形式，一是直接奖励，即按照固定金额给予现金奖励；二是配套奖励，即按照一定的比例给予配套奖励；三是依据项目经费比例奖励，即以获取的科研经费为基数，按照一定的百分比给予奖励；四是混合奖励，即对科研项目的奖励以现金、配套比例或经费比例等多种混合形式给予奖励；五是其他类型的奖励，即按照公式计算、科研积分或每月补贴等形式给予奖励。由于第五种形式无法直接比较，故不在本书统计范围之内。为讨论方便且能说明问题起见，这里仅讨论自然科学类直接奖励形式。

对纵向科研项目的奖励以国家级科研项目为主，在国家级科研项目奖励上，有的公立高校将其分级奖励，即对国家级科研项目的来源作进一步分级，按照重大项目、重点项目和一般项目等不同级别奖励的额度也不同；另有高校对国家级项目不分级别，按照同样的额度进行奖励，即凡属于国家级项目，即给予相同额度奖励。因此，笔者主要按照不分级别奖励这个维度来分析，并选择以国家自然科学基金为代表的等级项目中的最高值。类似地，选择省部级、市厅级项目中的最高值，并选择其中的直接奖励方式。

同样，采取统计计算方法，计算出70所样本公立高校国家级等科研项目奖金额度及其变化区间对应高校数量，得到表5.7。

表5.7　　　　　　　　　　科研项目奖金额度统计

序号	奖金额度（万元）	对应高校数量（所）		
		国家级	省部级	市厅级
1	0.1—0.5（含）		2	7
2	0.5—1（含）		10	6
3	1—2（含）		11	1
4	2—3（含）		2	
5	3—5（含）	7	1	
6	5—7（含）	13		
7	7—9（含）	1		
8	9—11（含）	9		
9	11—13（含）	1		
10	13—15（含）	1		

续表

序号	奖金额度（万元）	对应高校数量（所）		
		国家级	省部级	市厅级
11	15—17（含）	2		
12	17—20（含）	1		
13	20—30（含）	1		
合计		36	26	14

资料来源：作者整理。

在公立高校科研奖励政策，只要对科研项目给予奖励，均对国家级科研项目予以奖励，由于在样本公立高校对国家级科研项目予以奖励的高校数为42所，采取直接奖励的方式为36所，因此，由表5.7可看出，样本公立高校对科研项目奖励以直接奖励、不分级为主；国家级、省部级、市厅级科研项目奖金额度区间分别为3万—30万元/项、0.1万—5万元/项和0.1万—2万元/项，因此，公立高校对国家级、省部级、市厅级和科研项目奖励额度逐次降低，具有一致性；国家级科研项目奖金额度分布较为分散，但以3万—11万元/项为主，对应高校数量较多；而省部级、市厅级奖金额度分布较为集中，分别以0.5万—2万元/项和0.1万—1万元/项为主，对应高校数量较多。

综上所述，公立高校对各级科研项目的奖励形式多样，其中在不分级奖励上，主要以现金的形式给予奖励，在以配套经费奖励形式中，个别高校有最高限额的规定；在分级奖励上，也以现金奖励的形式为主，奖金额度范围差值较大；另有部分高校以混合形式奖励。说明在科研项目奖上，高校奖励多样化、层次化的特征较为显著；各高校之间奖励政策差异性较大；在奖金额度的确定上，各高校在奖励的范围、奖励形式、奖励额度等方面也显示出较大的差别；但对自然科学类科研项目奖励额度高于社会科学类科研项目奖励额度。

三 科研获奖奖励额度

科学技术奖一般分为自然科学类和社会科学类两大类奖励。因此，以下将分别通过对公立高校自然科学获奖和社会科学获奖的奖励额度进行分析，以呈现我国公立高校对科研获奖奖励额度状况。第一，从上一章科研获奖奖励级别分析可知，尽管公立高校对科研获奖的奖励主要以国家级层面和省部级层面为主，并且每个层面又分为不同的等级，但一些高校尤其是教学型高校又对市厅级及其以上层级的科研获奖也给予不同额度的奖励。基于此，笔者将分别对市厅级以上一等奖的奖金状况进行分析。第二，根据公立高校科研奖励政策的奖励方式，对科研获奖的奖励又分两种情况，一是根据所获奖项的层级、等级给予相同金额的奖励，即直接奖励；二是根据所获奖项的层级、等级，按照一定的比例给予奖励，即配套奖励，但这种形式的高校并不多，因此笔者将以直接奖励来呈现国家级、省部级、市厅级一等奖科研获奖奖金额度变化状况。在获奖奖项统计上，均以获奖者为第一获奖人，其所在学校为第一获奖单位进行统计。

（一）自然科学获奖奖励额度分析

在表 5.2 统计的基础上，进一步采用统计计算的方法，计算出 70 所样本公立高校科研获奖奖项中有关国家级、省部级和市厅级自然科学类一等奖等三个层面科研获奖不同奖金额度对应高校数量，得到表 5.8。

表 5.8　　　　　　　　自然科学类一等奖获奖奖金额度统计

序号	奖金额度（万元）	对应高校数量（所）		
		国家级	省部级	市厅级
1	0.1			
2	0.3			2
3	0.5			3
4	1		6	1
5	2		3	
6	3		5	
7	3.5		1	
8	5	4	9	
9	6	1	1	
10	8		2	
11	10	13	11	

续表

序号	奖金额度（万元）	对应高校数量（所）		
		国家级	省部级	市厅级
12	15	7		
13	20	8	2	
14	30	3	1	
15	40	2		
16	50	15		
17	60	2		
18	80	1		
19	100	6		
20	120	1		
21	150	2		
23	200	1		
24	210	1		
合　计		67	41	6

注：科研获奖奖励中，高校以奖励每个层面的一等奖、二等奖为主，二等奖的奖金较一等奖奖金额度稍低，但在高校分布上区别不大，故仅以一等奖为统计对象。

从表5.8统计计量结果分析可发现：

一是公立高校对国家级自然科学类一等奖奖金额度范围为每项5万—210万元，奖金多少跨度很大，最低与最高竟相差205万元/项；奖金额度较为集中的三个值分别是10万元/项、20万元/项、50万元/项，分别对应13所、8所和15所高校，共有36所高校，占样本高校总数的51.43%；其余额度值高校数量分布不均匀。类似地，省部级自然科学类一等奖的奖金额度较为集中的三个值分别是1万元/项、5万元/项和10万元/项，分别对应6所、9所、11所高校，共26所高校，占样本高校总数的37.14%；其余高校数量分布不均匀。而市厅级自然科学类一等奖的奖金额度主要分布在0.3万—1万元/项，以0.5万元/项为主；奖金额度大小相差不大。总之，国家级自然科学类一等奖和省部级、市厅级自然科学类一等奖奖金额度分布比较集中，奖金额度最高值与最低值相差较大。表明尽管各级政府自然科学类奖奖金额度有较为客观的标准，但各高校对自然科学类获奖奖金额度却表现出很大的随意性，并无统一标准。

二是在不同类型公立高校的自然科学类一等奖奖励额度的比较中，与前述结果相类似，都表现出研究型高校若对其奖励，仅对国家级或仅有个别高校对省部级以上自然科学类一等奖进行奖励；研究教学和教学研究型高校则除对国家科技大三奖一等奖奖励外，大多数也对省部级自然科学类一等奖给予奖励；而教学型高校则对国家级、省部级自然科学类获奖都给予奖励，且部分教学型高校又对市厅级自然科学类获奖给予一定的奖励。区别仅在于，各类型高校对国家级、省部级和市厅级自然科学类获奖各等级奖奖金额度不同，等等。

（二）社会科学获奖奖励额度分析

目前，我国社会科学领域并没有与自然科学领域相对应的国家级奖项，但在我国公立高校科研奖励政策中，仍有部分高校把社会科学获奖成果分为国家层面、教育部层面和省级层面、其他部级层面等奖项给予奖励。其中国家层面主要指以获得国家哲学社会科学基金项目优秀成果奖，及获得教育部高等学校科学研究优秀成果奖（人文社会科学）为代表的类似层级的奖励；获得教育部高等学校科学研究优秀成果（人文社会科学）奖单列；其他部级、省级的奖项指获得除教育部外的省部级社会科学研究成果奖。故此，笔者将通过对国家层面、教育部层面、省部级层面和市厅级层面的一等级来呈现我国公立高校对社会科学获奖的奖励额度。

从高校科研获奖奖励的方式来看，对获得国家层面、教育部层面、其他部级和省级层面的社会科学的奖励分为两种形式：直接奖励、配套比例奖励。笔者主要以前一种为主要统计对象。

在表5.8统计的基础上，进一步采用统计计算的方法，计算出70所样本公立高校科研获奖奖项中有关国家级、教育部、省部级及市厅级等四个层面社会科学获奖一等奖不同奖金额度对应高校数量得到下表5.9。

表5.9　　　　　　　　**社会科学获奖一等奖奖金额度统计**

序号	奖金额度（万元）	对应高校数量（所）			
		国家级	教育部	省部级	市厅级
1	0.1				

续表

序号	奖金额度（万元）	对应高校数量（所）			
		国家级	教育部	省部级	市厅级
2	0.2				
3	0.3				2
4	0.5				3
5	0.8				1
6	1		1	1	
7	1.5				
8	2	1	4	3	
9	3		3		
10	4				
11	5	3	8	8	
12	6		1	2	
13	8		2	1	
14	10	6	6	6	
15	15		1	2	
16	20	1	2	1	
17	30			1	
18	40		1		
19	50	1	2		
20	70	1			
合计		13	31	25	6

资料来源：作者整理。

将表5.9统计计量结果和与表5.8比较可发现：

一是公立高校对获得社会科学国家级一等奖奖金额度范围在2万—70万元/项，奖金数额多少跨度很大，最低与最高竟相差68万元/项；奖金额度较为集中的两个值分别是5万元/项和10万元/项，分别对应3所、6所高校，共有高校9所，占校本高校总数的12.86%；其余额度值高校数量均为一所。类似地，对教育部获奖奖金额度稍低，但不少高校把获得教育部人文社会科学成果奖视为国家级奖项，奖金额度范围在1万—50万元/项，奖金额度较为集中的三个值分别是2万元/项、5万元/项和10万元/项，分别对应4所、8所和6所高校，共有高校18所，占样本高校总数的25.71%；其余额度高校数量分布也较为均匀。市厅级获奖奖金额度最高值为0.8万元/项，仅有1所高校，奖金额度主要集中在0.3万—0.5万元/项，为5所高校；且最低和最高奖金额度差距较小。

二是在对国家级一等奖奖金额度上，公立高校对自然科学类获奖励额度较高，高校数量较为集中的奖金额度范围为10万—100万元/项，而社会科学获奖奖金额度较低，高校数量较为集中的奖金额度范围则为5万—10万元/项，教育部人文社会科学一等奖奖金额度范围也主要集中在2万—10万元/项，两者较之国家级自然科学奖类一等奖奖金额度及奖金多少跨度范围都要小得多。这些都反映了在我国公立高校科研奖励政策中，对社会科学科研获奖奖金额度较为集中，但远低于自然科学获奖奖金额度；同时，在下述科研论文奖励额度的比较中，也可明显地看出，不仅国际学术期刊论文奖励额度高于中文期刊论文奖励额度，而且国际自然科学期刊中SCI论文奖励额度也远高于国际社会科学期刊中SSCI论文奖励额度。这或许是造成我国科技创新在改革开放以来社会科学与自然科学发展不平衡，国际科技论文如SCI论文总数增长很快，近年来排名世界第二的一个重要因素。对此，本书将在第七章与SCI论文奖励一并讨论。

第三节　不同地区公立高校科研奖励额度

在上述讨论中，我们发现，尽管样本公立高校在科研成果、论文引用、科研项目、科研获奖、人才项目等奖励内容上具有趋同性，但不同类型样本公立高校在各主要奖项的奖金额度却具有很大的差异。相关研究表明，高校尤其是地方高校与区域经济、科技发展具有密切关系；同时，我国区域经济、科技发展水平总体明显呈现出东部地区发达，中、西部地区落后且两者差距拉大的特征。那么，不同地区高校科研奖励额度是否与本地区区域经济、科技发展状况具有关联性？具体关系如何？

是否也呈东部高、中西部低的特征呢? 为此, 本节对我国东、中、西部地区公立高校科研奖励额度情况进行讨论。

在笔者所研究的 70 所样本公立高校中, 东部地区有 22 所高校, 中部地区有 23 所高校, 西部地区有 25 所高校。以下, 我们对东、中、西部不同地区样本公立高校科研奖励额度进行分析。

一　东部地区公立高校科研成果奖励额度

在公立高校科研奖励政策中, 科研成果, 尤其是国际学术期刊论文, 不仅是其主要奖项内容, 而且在学术论文奖励中额度最高, 能够大体反映公立高校科研成果奖励额度情况, 因此, 这里仅以国际学术论文奖励额度情况作一讨论。

(一) 国际学术论文奖励额度分析

在本章第一节对公立高校国际期刊论文和专利成果奖金额度情况讨论分析基础上, 采用统计计量方法, 计算出东部地区样本公立高校中对 *Nature*、*Science*、SCI、SSCI 等国际学术论文奖金额度及其变化区间, 得到表 5.10。

表 5.10　　东部地区样本公立高校国际学术论文奖金额度统计

序号	奖金额度 (万元)	对应高校数量 (所)				
		Nature & *Science*	SCI			SSCI
			一区	二区	不分区	
1	0.1				1	
2	0.2				1	
3	0.3			1		
4	0.4					
5	0.5		1	1	1	2
6	0.8					1
7	1		5	4	1	4
8	1.2				1	
9	2		2	1		4
10	4		1			

序号	奖金额度（万元）	对应高校数量（所）				
		Nature & Science	SCI			SSCI
			一区	二区	不分区	
11	5	2	8	8		8
12	8					1
13	10	5	2	1		
14	15	3				
15	20	2				
16	30	1				
17	50	2				
18	55					
19	60	1				
20	80	1				
21	100					
22	110	1				
平均值	26.4	29.17	3.87	3.55	0.6	3.09

资料来源：作者整理。

从表 5.10 统计计量结果中发现：

一是东部地区样本公立高校对 Science、Nature 期刊学术论文奖金额度的范围在 5 万—110 万元/篇，最高与最低值间相差 22 倍，其中以 10 万/篇对应的高校数量最多，有 5 所；在其余额度值上，高校数量在 1 至 3 所之间；平均值为 29.17 万元/篇；奖金额度在 100 万元/篇以上的高校有 1 所，为 110 万元/篇。

二是东部地区样本公立高校对 SCI 收录期刊学术论文的直接奖励奖金额度范围在 0.1 万—1.2 万元/篇，最高值与最低值相差 12 倍，高校数量在奖励区间范围内的 5 个额度值上分布均匀，均为 1 所高校；平均值为 0.6 万元/篇。分区奖励的奖金额度在 0.3 万—10 万元/篇，最高值与最低值之间竟相差约 33 倍，以 5 万元/篇对应的高校数量最多，有 16 所高校，其次是 1 万元/篇、2 万元/篇、10 万元/篇，分别对应 9 所、

3 所、3 所高校；平均值是 3.71 万元/篇。与直接奖励的额度相比，分区奖励的奖金额度在范围值和平均值上都要高得多。

其中，按影响因子奖励的高校有 12 所。对高影响因子期刊论文的奖励各高校都给予较高额度的奖金，但各高校间差别较大，如有的高校对 IF > 20 期刊论文的奖励为 50 万元/篇，另一些高校则为 30 万元/篇。

对 SSCI 收录期刊学术论文的奖励以直接奖励为主，奖金额度在 0.5 万—8 万元/篇，高低值间相差 16 倍，以 5 万元/篇对应的高校数量最多，有 8 所；其次是 1 万元/篇、2 万元/篇，都对应了 4 所高校；平均值为 3.09 万元/篇。与 SCI 直接奖励相比，其平均值较高；但与分区奖励额度相比较，却较低。

（二）专利奖励额度分析

在上述讨论分析的基础上，采用统计计算方法，计算出东部地区样本公立高校中专利奖金额度及其变化区间，得到表 5.11。

表 5.11　　　　　东部地区样本公立高校专利奖金额度统计

序号	奖金额度（万元）	对应高校数量（所）
1	0.2	2
2	0.25	
3	0.3	3
4	0.4	
5	0.5	4
6	0.6	
7	0.8	
8	1	3
9	1.5	
10	2	1
11	3	1
平均值		0.81

资料来源：作者整理。

二 中部地区高校科研成果奖励额度

（一）国际学术论文奖励额度分析

在上节讨论分析的基础上，采用统计计量方法，计算出中部地区样本公立高校中国际学术论文 *Nature*、*Science*、SCI、SSCI 等奖金额度及其变化区间，得到表5.12。

表5.12　　中部地区样本公立高校国际学术论文奖金额度统计

序号	奖金额度（万元）	对应高校数量（所）				
		Nature & Science	SCI			SSCI
			一区	二区	不分区	
1	0.1					
2	0.12					
3	0.2				1	
4	0.4			1		
5	0.5		1	5	2	1
6	0.6				1	
7	0.8		1			1
8	1		5	1	1	4
9	1.5					
10	2		2	1		1
11	3		1			9
12	5	2	8	9		
13	6		1			1
14	8	1		1		2
15	10	5	2			1
16	20	2				
17	30	4				
18	50	3				
19	100	2				
平均值		30.42	3.78	3.27	0.56	3.32

资料来源：作者整理。

从表 5. 12 统计计量结果发现：

一是中部地区高校对 *Science*、*Nature* 期刊论文奖励额度的范围在 5 万—100 万元/篇，高低值相差 20 倍；其中以 10 万元/篇对应的高校数量最多，有 5 所，在其余额度上，高校数量在 1 所至 4 所；平均值为 30. 42 万元/篇；最高值 100 万元/篇的高校共 2 所。对该类论文的奖励，东、中部不同地区高校在奖金额度的集中值上有较大差异，东部地区高校的奖金额度以 10 万—15 万元/篇和 50 万元/篇居多，而中部地区又以 10 万—30 万元/篇居多；在平均值上，东部地区高校的平均值为 29. 17 万元/篇，中部地区高校的平均值为 30. 42 万元/篇，两者差别不大。

中部地区高校对 SCI 收录期刊学术论文的直接奖励奖金额度范围在 0. 2 万—1 万元/篇，最高值与最低值相差 5 倍，以 0. 5 万元/篇对应的高校数量较多，为 2 所高校，在其余额度值上，均对应 1 所高校；平均值为 0. 56 万元/篇。分区奖励的奖励额度在 0. 4 万—10 万元/篇，高低值之间相差 25 倍，但分布值较为集中，尤以 5 万元/篇为最多，对应高校达 17 所；与东部地区高校 SCI 分区奖励奖金额度分布相似。

SSCI 收录期刊学术论文的奖金额度区间为 0. 5 万—10 万元/篇，高低值间相差 20 倍，以 3 万元/篇对应的高校数量最多，有 9 所；其次是 1 万元/篇，对应 4 所高校；平均值为 3. 32 万元/篇。与东部地区高校直接奖励的奖金额度相比，在奖励额度的范围和均值上，均差别不大。

（二）专利奖励额度分析

在上节讨论分析的基础上，采用统计计算方法，计算出中部地区样本公立高校中专利奖金额度及其变化区间，得到表 5. 13。

表 5. 13　　　　　中部地区样本公立高校专利奖金额度统计

序号	奖金额度（万元）	对应高校数量（所）
1	0. 2	2
2	0. 3	3
3	0. 5	4
4	0. 6	1
5	0. 7	

续表

序号	奖金额度（万元）	对应高校数量（所）
6	0.8	1
7	1	2
8	2	1
9	3	1
平均值		0.78

资料来源：作者整理。

三　西部地区高校科研成果奖励额度

（一）国际学术论文奖励额度分析

在上节讨论分析基础上，采取统计计算方法，计算出西部地区样本公立高校中国际学术论文 Nature、Science、SCI、SSCI 的奖金额度及其变化区间，得到表5.14。

表5.14　　西部地区样本公立高校国际学术论文奖金额度统计

序号	奖金额度（万元）	对应高校数量（所）				
		Nature & Science	SCI			SSCI
			一区	二区	不分区	
1	0.1				1	
2	0.2				1	
3	0.3			1	1	
4	0.4					
5	0.5			1		2
6	0.6					
7	0.8					1
8	1		3	5	2	4
9	1.5				1	
10	2		6	2		4
11	4		1			

序号	奖金额度（万元）	对应高校数量（所）				
		Nature & Science	SCI			SSCI
			一区	二区	不分区	
12	5	1	8	7		7
13	8	1	2	2		1
14	10	6				
15	15	2				
16	20	3				
17	30	2				
18	50	2				
19	100	1				
平均值		31.25	3.75	3.38	0.63	2.99

资料来源：作者整理。

由表 5.14 可看出，西部地区高校对 *Science*、*Nature* 期刊学术论文奖金额度的范围为 5 万—100 万元/篇，高低值间相差 20 倍，其中以 10 万元/篇对应的高校数量最多，有 6 所高校，其次是 20 万元/篇，对应了 3 所高校；在其余额度值上，高校数量为 1 所至 2 所；平均值为 31.25 万元/篇。与东部、中部地区高校相比较，三者在奖金额度的范围值上大体相似。在平均值上，东部地区高校的平均值为 29.17 万元/篇，中部地区高校的平均值为 30.42 万元/篇，西部地区高校的平均值为 31.25 万元/篇，可见，西部地区高校的平均值最高。

西部地区高校对 SCI 收录期刊学术论文的直接奖励奖金额度范围在 0.1 万—1.5 万元/篇，最高值与最低值相差 15 倍；以 1 万元/篇对应的高校数量最多，为 2 所，在其余额度值上，高校数量均为 1 所；平均值为 0.63 万元/篇，各高校间奖金额度差别不显著。分区奖励的奖金额度范围在 0.3 万—8 万元/篇，高低值之间相差约 26.7 倍；2 万元/篇、5 万元/篇对应的高校数量较多，分别为 8 所、15 所高校，其余额度值分布不均匀。与东部、中部地区的样本高校相比，在直接奖励平均值上，三者差距不大。

SSCI 论文奖金额度在 0.5 万—8 万元/篇，高低值间相差 16 倍，以 1 万元/篇、2 万元/篇和 5 万元/篇对应的高校数量最多，分别为 4 所、4 所和 7 所高校，其余额度值上为 1 所至 2 所高校；平均值为 2.99 万元/篇。与东部、中部地区高校直接奖金额度相比，在奖金额度的范围上，最高值有所降低，平均值差别不大。

（二）专利奖励额度分析

同样，统计计算出西部地区样本公立高校中专利奖金额度及其变化区间，得到表 5.15。

表 5.15　　　　　　　西部地区样本公立高校专利奖金额度统计

序号	奖金额度（万元）	对应高校数量（所）
1	0.2	1
2	0.3	3
3	0.6	3
4	0.7	1
5	1	5
6	1.5	2
7	2	1
平均值		0.85

资料来源：作者整理。

四　不同地区公立高校科研奖励额度比较分析

以上分别对三个不同地区样本高校国际论文、专利等主要奖项奖金额度进行了比较分析，那么，这三个地区的样本高校对不同层级的国际论文、专利成果的奖励额度是否有显著差异，奖金额度的高低与学校的所在地区经济发展状况是否有关联？以下将作进一步讨论分析。

（一）科研成果奖金额度地区比较分析

在上述对东、中、西部地区样本公立高校国际论文、专利奖金额度讨论分析基础上，分别取各地区样本公立高校国际论文、专利奖金额度的最低值、最高值和平均值，得到表 5.16、表 5.17。

表5.16　　　　　　　　东、中、西部地区样本公立高校国际

论文奖金额度比较统计　　　　　　　单位：万元

序号	期刊论文		奖金取值	东部	中部	西部
1	*Science & Nature*		最低值	5	5	5
			最高值	110	100	100
			平均值	29.17	30.42	31.25
2	SCI	不分区	最低值	0.1	0.2	0.1
			最高值	1.2	1	1.5
			平均值	0.6	0.56	0.63
		一区	最低值	0.5	0.5	1
			最高值	10	10	8
			平均值	3.87	3.78	3.75
		二区	最低值	0.3	0.4	0.3
			最高值	10	8	8
			平均值	3.55	3.27	3.38
3	SSCI		最低值	0.5	0.5	0.5
			最高值	10	10	8
			平均值	3.09	3.32	2.99

资料来源：作者整理。

表5.17　　　　　　东、中、西部地区样本公立高校

专利奖金额度比较统计　　　　　　　单位：万元

奖金取值	东部	中部	西部
最低值	0.2	0.2	0.2
最高值	3	3	2
平均值	0.81	0.78	0.85

资料来源：作者整理。

整体来讲，各类型样本公立高校对 *Science & Nature* 期刊学术论文的

奖金额度高低差别较大，但不同地区样本公立高校对其奖金额度却差别不大。具体来讲，东部地区高校的奖金额度范围差值最大，高低值相差22倍，中部和西部地区高校的高低值相差都是20倍，可见，三个地区高校对该类期刊学术论文的奖励差值范围较为一致；平均值上，三个地区样本公立高校的平均值在29.17万—31.25万元/篇，西部高校的平均值最高，为31.25万元/篇，东部高校的平均值最低，为29.17万元/篇，三者差别不大。对SCI收录期刊论文不分区的直接奖励中，三个地区样本公立高校的高低值和平均值均差别不大；同样，在对SCI分区奖励中，三个地区样本公立高校的高低值和平均值也较为接近。对SSCI收录期刊学术论文的直接奖励上，西部地区高校高低值差距最小；平均值以西部地区高校的平均奖金额度为最低，但三个地区样本公立高校的平均值较为接近。因此，在对国际期刊学术论文的奖金额度中，虽然各地区样本公立高校间都存在不同程度的差别，但从平均值来看，三个地区样本公立高校对 Science & Nature 期刊论文、SCI、SSCI 收录期刊论文的奖金额度平均值较为接近，说明样本公立高校论文奖金额度高低与所在地区区域经济发展状况并无直接关联。

另外，从表5.17可看出，东、中、西部地区样本公立高校对专利奖金额度的最低值都是0.2万元/项；在奖金额度高低差值上，东、中部地区高校的差值一致；在平均值上，西部地区高校的平均值为0.85万元/项，分别稍高于东、中部地区样本高校的0.81万元/项、0.78万元/项，说明三个地区样本高校专利奖金额度差别不大。

总之，尽管不同类型高校科研奖金额度高低差异性较大，但就三个地区的样本高校比较而言，并无明显的差异。因此，各类型高校奖金额度高低与学校所在地区的经济发展状况，并无直接关联。

（二）科研获奖奖金额度地区比较分析

在上述对东、中、西部地区样本公立高校科研论文、专利奖金额度讨论分析基础上，分别选取各地区样本公立高校科研获奖奖金额度的最低值、最高值和集中值。其中集中值是指样本公立高校对该类别的奖励中出现次数最多的奖金值（即众数），有的奖金集中值可能有两个或两个以上见表5.18。

表 5.18　　　　　　　东、中、西部地区样本公立高校
科研获奖奖金额度比较统计　　　　　　单位：万元

序号	级别	类别	奖金取值	东部	中部	西部
1	国家级	自然科学	最低值	5	10	10
			最高值	210	200	200
			集中值	100	50	50
		社会科学	最低值	3	5	5
			最高值	100	50	50
			集中值	50	20	30
2	教育部	人文社会科学	最低值	1	2	2
			最高值	100	50	50
			集中值	30	10	20
3	省部级	自然科学	最低值	1	3	5
			最高值	60	50	50
			集中值	10	5	10
		社会科学	最低值	1	2	5
			最高值	50	30	20
			集中值	10	10	10
4	市厅级	自然科学	最低值	0.1	0.2	0.3
			最高值	1	1	1
			集中值	0.5	0.5	0.5
		社会科学	最低值	0.1	0.2	0.3
			最高值	1	1	1
			集中值	0.5	0.5	0.5

资料来源：作者整理。

由表 5.18 统计计量结果主要发现如下：

一是在自然科学类获奖成果国家级直接奖励奖金额度上，东部地区样本公立高校的奖金额度差距最大，高低值间相差 42 倍，中、西部地区高校的奖金额度高低值相同，高低值间相差都为 20 倍；中部、西部地区高校奖金额度的集中值都是 50 万元/项，而东部地区高校的集中值是 100 万元/项。对省部级自然科学类获奖成果奖金额度而言，总体奖金额度比国家级获奖成果奖励的奖金额度的最低值、最高值和集中值都要低得多。具体来讲，东部地区高校的奖金额度高低值相差最大，最高与最

低值间相差 60 倍，西部地区高校奖金额度高低值相差最小，高低值间相差 10 倍；在集中值上，东部、西部地区高校都是 10 万元/项，中部地区高校则是 5 万元/项。由此可见，三个地区样本高校在对自然科学类获奖成果奖励的额度上，东部、中部地区高校的奖金额度差异性较为显著，西部地区高校的奖金额度相对较为平稳。

二是在社会科学类获奖成果国家级直接奖金额度上，东部地区样本公立高校的奖金范围差距最大，高低值间相差约 33.3 倍，中部、西部地区高校的高低值间相差都是 10 倍；东、中、西部地区高校的奖金额度的集中值各异，分别是 50 万元/项、20 万元/项和 30 万元/项；在对教育部层面人文社会科学类获奖成果的奖金额度上，总体奖金额度比国家级获奖成果奖的奖金额度的各项值都要低一些。具体来看，在直接奖金额度上，东部地区高校的奖金额度差距最大，高低值间相差 100 倍，中部、西部地区高校奖金额度高低值都相同，均为 25 倍；在直接奖励的集中值上，各地区高校奖金集中值各异，东、中、西部地区高校奖金额度集中值分别是 30 万元/项、10 万元/项和 20 万元/项。

东、中、西部三个不同地区样本公立高校，对市厅级自然科学类和社会科学类获奖成果奖励奖金额度的最高值和集中值均相同，分别都为 1 万元/项和 0.5 万元/项，但最低值稍有差异，说明三个不同地区样本公立高校对其奖励奖金额度基本趋向一致。

三是不同地区样本公立高校的科研获奖奖金额度并未发现恒定的正相关规律。如东部地区样本高校对国家自然科学类一等奖奖金额度的最高值、集中值都最高，分别为 210 万元/项、100 万元/项，较之中、西部地区样本高校的最高值 200 万元/项、集中值 50 万元/项分别高出 10 万元/项、50 万元/项；且东部地区样本高校的最低值较中、西部地区的最低值低 5 万元/项，奖金额度跨度范围较大。这表明，东部地区研究型高校和研究教学型高校数量较多，国家级科研基地和平台数量较多，获得国家自然科学类一等奖的机会和数量也较多；且区域经济发达，高校有较多的资金可用于国家自然科学类一等奖获奖奖励；与之不同，中、西部地区这些高校数量较少，区域经济不太发达，教学型高校数量居多，获取国家自然科学类一等奖的机会和数量较少，但也希望以较高额度奖金调动教师的科研积极性。

第六章 公立高校科研奖励
政策实施效果

政策文本计量分析实证研究方法具有量化清晰性和客观性等优点，但它却是以文本内容的量化和理性决策为前提，往往与实际情况并不相符。这其中涉及政策决策主体和客体的个人偏好，感性认识与社会、经济、科技、文化等各种主客观因素，即政策的制定、实施及条件有关，实际是多种因素交织的结果。因此，有必要将实证研究方法与经验分析方法相结合，以进一步揭示公立高校科研奖励政策的实施效果，以及教师对科研的认知情况。

第一节 公立高校科研奖励政策实施
效果纵向历时性分析
——以 A 大学为例

以上章节我们从横向讨论了研究型、研究教学和教学研究型及教学型三类不同样本公立高校相关奖项的奖金额度总体情况，和各分项及不同地区奖金额度变化情况，揭示了相关奖项奖金额度变化与高校类型及地区分布变化规律；那么，从纵向看，公立高校科研主要奖项奖金额度变化与相应科研产出数量多少、层级高低变化关联性如何？两者之间存在一个什么样的逻辑和事实关系？即奖励政策实施效果怎样？以下仅以A大学为例，作进一步实证研究。

一 A 大学科研产出纵向历时性变化情况

在第五章第一节讨论的基础上，采取统计计算方法，统计出 A 大学自 2003—2018 年连续 16 年的科研成果、科研项目、科研获奖等奖项内容中相应产出数量历时性变化数据，得到表6.1、表6.2、表6.3。

表6.1　A大学2003—2018年科研论文、著作数量统计情况

单位：篇

论文、著作		年度	2003	2004	2005	2006	2007	2008	2009	2010	2011	2012	2013	2014	2015	2016	2017	2018
论文层次	SCI论文	不分区	2	10	29	46	43	46	44	63	57	60	72	48	80	97	142	109
		一区											2	1	2	2	3	1
		二区											4	2	3	2	4	3
		三区											26	16	30	42	58	70
		四区											40	29	45	51	77	95
	EI论文				1	6	11	1	17	21	10	42	46	19	23	24	20	25
	CSSCI论文													8	74	58	55	35
	核心		76	95	169	134	177	250	182	329	98	243	290	276	215	235	298	305
	普刊		306	445	425	435	435	517	650	1072	1213	838	662	713	561	791	715	282
	合计																	
著作层次	国家级						1	2	2	3	1	2	3	5	5	3	6	4
	其他		34	30	25	24	28	29	23	33	36	20	20	37	30	55	69	46
	合计		34	30	25	24	29	31	25	36	37	22	23	42	35	58	75	50

资料来源：作者整理。

表6.2　　　　　　　A 大学 2003—2018 年科研项目数量统计　　　　　　单位：篇

年度／层级	2003	2004	2005	2006	2007	2008	2009	2010	2011	2012	2013	2014	2015	2016	2017	2018
国家级	2					1	10	5	5			1	8	19	24	12
教育部				3	1	4	8		3	5	1	4	5		17	9
省部级				9	6	16	21	45	49	35	49	36	39	31	47	42
市厅级	22			14	20	29	46	66	114	131	130	102	74	205	108	115

资料来源：作者整理。

表6.3　　　　　　　A 大学 2003—2018 年科研获奖数量统计　　　　　　单位：篇

年度／层级	2003	2004	2005	2006	2007	2008	2009	2010	2011	2012	2013	2014	2015	2016	2017	2018
省部级				3	3	4	1	1	1		3			3	4	5
市厅级				33	57	42	47	42	79	52	142	48	70	57	168	5

资料来源：作者整理。

二　A 大学科研奖励政策实施效果纵向历时性分析

根据 A 大学 2000—2015 年版等四个不同版本科研奖励政策主要奖项奖金额度变化情况，即第四章表 4.8 和本章表 6.1、表 6.2、表 6.3，主要发现如下：

一是科研成果奖金额度的提高与科研成果质量提升并非正相关，其数量也出现了低水平运动的现象。如该校虽然从 2013 年版到 2015 年版给予 SCI 一区、二区论文奖金额度从 3 万元/篇、2 万元/篇增加到 6 万元/篇、3 万元/篇，增长比例分别为 200%、150%，但该校在这一层次期刊论文的数量并未在此期间得到相应的提高；其数量也出现了低水平运动现象：如，虽然该校对各层次论文奖金额度大都在不断提高，但其奖励论文仍主要集中在核心期刊，尤其是普通期刊上。

二是科研项目奖金额度变化与获得各层次科研项目数量也并非呈正向变化。虽然该校一方面对科研项目从市厅级、省部级、教育部直到国家级重大项目均给予数额从低到高逐级增多的奖金；另一方面各层次奖金额度也大多在逐版本提高，但该校如国家级科研项目数量并未因此相应跳跃式增多：如，在 2000 年达到国家级科研项目 10 项最高点后，其后虽在 2016 年以后有所增加，但其余年份则在 0—8 项徘徊。

三是科研获奖奖金额度变化与各层次获奖数量多少无规律可言。虽然该校各个版本的科研奖励办法对国家级、教育部、省部级、市厅级等科研获奖奖金额度大都在提高，但实际奖励却主要集中在市厅级科研获奖奖励层次上，省部级以上科研获奖奖励数量并未因此而提高，如图 6.2 所示。同时，在该校第四个版本的科研获奖奖励中，对国家三大奖一等奖、二等奖奖金额度分别达到 200 万元/项、100 万元/项，全部归获奖成果完成人。而同期，尽管在国家科学技术奖中，各等级奖金数额也在提高，但就是在最高年度的 2018 年，其国家最高科技奖奖金数额仅为 500 万元/项，特等奖、一等奖和二等奖奖金数额也分别只有 100 万元/项、20 万元/项和 10 万元/项，其中 10% 归个人、90% 作为研究经费。可见该校对包括国家三大奖在内的各层级科研获奖奖金额度太高。

进一步，由表 6.1 可看出，2006 年版实施之前，该校各类学术论文，尤其是高层次论文数量较少，这一时期该校科研论文奖金额度也较低，仅有象征意义。这是否说明一些少数教师仅出于专业和科研兴趣发表学术论文，而大多数教师的科研主要是面对晋升职称的压力，按照该省职称评审办法的相关要求发表学术论文，以便在与同行教师职称竞争市场中胜出。

2006 年版大幅度提高科研论文奖金额度后，该校科研论文数量逐步有了较大幅度的增长；2010 年达到峰值，为 1485 篇；此后，随着科研论文奖金额度的提高，该校各年度科研论文数量在徘徊中缓慢增长，这是否意味着该校科研论文奖励政策及其奖金额度的提高与该校科研论文数量、层级变化具有内在联系性。

由表 6.2 可看出，2006 年前，A 大学的科研项目无论是高层次科研项目数量，还是项目总数都较少，这是否与该校这一时期科研奖励的重心在科研论文，对各级各类科研项目不予奖励有一定关系，使得教师对申请科研项目不太感兴趣；加之这一时期申请获批省部级以上科研项目对绝大多数教师来说是可望而不可即的。造成该大学高层次科研项目数量较少，基本处于起步阶段。

2006 年到 2010 年为巩固提高阶段，高层次科研项目的数量稳中有升。这一时期，该校进一步提高了科研项目奖励力度和科研项目经费配套力度，开始申请硕士学位授权单位，较大幅度引进、在职培养高学历人才；进一步加大对国家级项目奖励额度，教师申请高层次科研项目的积极性和能力有所提高，各级纵向科研项目的数量也出现了快速增长。此后国家级项目稍有回落。

2015 年至 2018 年是高层次科研项目的跃升阶段。由于此前科研奖励氛围的营造和科研成果的积累，以及学校由"学院"更名为"大学"的需要，再次引进一批博士青年教师，使得 2015 年高层次科研项目数量有了较大的增长，地厅级以上科研项目数量也快速增长，标志着省级重点学科建设和成为硕士学位授权单位后，把学校科研推向一个新的阶段。

一个学校科研发展状况是多种主客观因素共同作用的结果。从以上这些数据可以看出，A 大学的科研取得了较为显著的成效，尤其是在迎接教育部本科教学水平评估和申请国务院学位委员会硕士学位授权单位前后短短的十余年间。科研奖励政策的不断修订，从某种程度上反映出学校对科研工作的重视，这不仅关涉学校的排名，也与从事科研的教师个体利益紧密相关。那么，我们是否可以认为，这些数据的升降变化是科研奖励政策激励的结果？或者说，这些数量繁荣的背后有着怎样的制度逻辑？抑或利益博弈？其背后的实践逻辑又是怎样？对此，我们必须作进一步的调查，了解该校各级职称、不同学历一线教师，学校、院系、相关处室各级管理层等各类人员对科研和科研奖励政策的认知和行为情况。

第二节　公立高校科研奖励政策实施效果调查

大学场域内的科研激励问题是和场域的界限问题紧密相关的，它本身就是一个极其复杂的问题，因此，需要转化为特定场域的经验研究来分析。所谓经验研究，广义指从经验资料总结理论，并用经验资料验证理论的过程。为此，我们设计《A 大学科研和科研奖励调查问卷》（详见附录Ⅱ）。在 A 大学选择不同性别、不同年龄段、不同职称和不同学位的一线教师，校院、系及职能处室管理人员作为调查对象样本，以收取经验资料并进行分析。本次调查时间为 2020 年 5 月 13 日，共发放样本问卷 365 份，其中不同性别、不同学科、不同学位、不同职称、不同年龄段的一线教师共 325 份，收回有效样本问 312 份。

一 教学、科研时间分配调查

在高校教师中，教师一般都拥有助教、讲师、副教授或教授等不同职称，他们各自都拥有不同的学位、科研资源和能力，承担不同的教学、科研工作和社会服务工作。那么，不同职称、不同学位教师在相同科研奖励政策条件下，如何对待科研与教学？各职称教师教学工作量怎样？为此，我们进一步统计该校 N 学院 2018—2019 学年度不同职称、不同学位教师平均教学工作量（不含班级学生人数多少课时系数），得到图6.1、图 6.2。

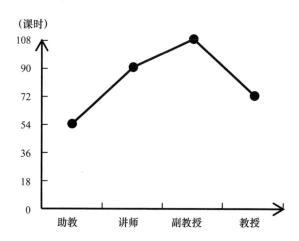

图 6.1　A 大学 N 学院不同职称教师 2018—2019 学年度第一学期平均教学工作量示意图

资料来源：作者绘制。

由图 6.1 可看出，拥有副教授职称的教师该学期平均教学工作量最多，讲师次之，教授再次，助教最少。假设一个教师一学年投入的教学时数与科研时间投入的总量为常量，这反映出教授可能将更多的时间投入科研中，教授也有能力有更多的科研产出。但通过对该学院同学年度科研产出统计发现，教授的各类各层级科研产出平均数量并没有副教授平均的数量多，在 SCI/EI/SSCI 和 CSSCI 期刊等高级别期刊发表的学术论文平均数量也没有副教授多，这其中的原因非常复杂，但与 A 大学一方面对教授科研缺乏约束机制和政策，使一些不思进取的教授只想完成基本的教学和科研任务，挣回自己应得的那份年度津贴有关。另一方面，科研奖励政策对一些科研能力较强的理性经济人型的教授激励不足，进而转向跳槽到科研奖金更高的其他高校另谋发展。也表明副教授等其他职称教师在获取更多科研奖金的同时，为晋升高一级职称而竭尽全力增加必备的科研产出。

同时，由图 6.2 可知，硕士与博士在教学工作量上有显著差异，刚毕业不久的博士教师在三个不同学位教师中该学期授课时数最少。主要原因可能是博士将更多的时间投入科研活动中。事实上，新进博士教师对 A 大学的科研贡献最大，尤其是在国家级科研项目获批数量上，表现得最为明显。在晋升职称的压力和科研奖励政策的刺激下，他们能够将读博期间获得的学术资本、文化资本很快转化成科研项目及科研产出。但在 A 大学这样典型的教学型高校良好的科研文化尚未形成的学校环境中，此后科研锐气却渐渐被磨平。如其中一些博士教师在首次获得国家级等高层次科研项目结题后，基本不再申请获批高层次科研项目就是明证。

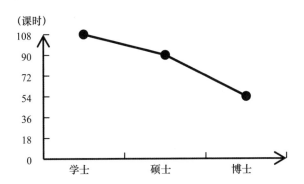

图 6.2　A 大学 N 学院不同学位教师 2018—2019 学年度第一学期
　　　教学工作量示意图

资料来源：作者绘制。

二　科研认知情况调查

采用统计计算方法，收集整理分析《A 大学科研和科研奖励调查问卷》有效问卷相关信息，得到表 6.4、表 6.5。

表6.4 调查对象基本信息分布情况统计

变量	取值	频数	合计	频率
性别	男	102	312	0.33
	女	210		0.67
年龄	35岁及以下	168	312	0.54
	36—45岁	101		0.33
	46—55岁	32		0.10
	55岁以上	11		0.03
职称	助教	53	312	0.17
	讲师	112		0.36
	副教授	98		0.31
	教授	31		0.10
	其他	18		0.06
最高学位	学士	56	312	17.95
	硕士	158		50.64
	博士	98		31.41
学科领域	人文社科	114	312	36.54
	自然科学	121		38.78
	艺术类	66		21.15
	其他	11		3.53

资料来源：作者整理。

三 科研认知情况调查结果分析

通过对调查问卷数据分析整理，得出调查对象对科研认知情况主要数据（见表6.5）。

表6.5 调查对象对科研认知情况相关数据统计

调查内容	选项	频数	频率
科研与教学的关系	彼此竞争，负相关	55	0.17
	相互促进，正相关	152	0.49
	很复杂，说不清	75	0.24
	没有内在联系	30	0.09

续表

调查内容		选项	频数	频率
科研的价值与奖励	科研目标※	提高科研能力，创造新知识	90	0.21
		提高学生创新能力	81	0.18
		服务经济社会	112	0.25
		提高学校声誉	60	0.14
		获取科研奖励	97	0.22
	对科研的理解※	探究客观规律	115	0.35
		对现象赋予意义	26	0.08
		观点相互评价与碰撞的过程	43	0.13
		创造新知识与新技术、服务地方经济社会	145	0.44
	科研奖励额度	合理	79	0.25
		过大	31	0.10
		过小	133	0.43
		不清楚	69	0.22
	科研成果的价值	有理论价值	23	0.07
		有实际应用价值	33	0.11
		兼有理论和实际应用价值	79	0.25
		为了完成工作量	130	0.42
		得到科研奖金	47	0.15
科研环境	外部环境	很不满意	53	0.17
		较不满意	112	0.36
		中立	47	0.15
		较满意	63	0.21
		完全满意	37	0.12
	内部环境	很不满意	63	0.20
		较不满意	131	0.42
		中立	41	0.13
		较满意	47	0.15
		完全满意	30	0.09

资料来源：作者整理。※表示该题可多选。

分析表6.4、表6.5相关数据，主要发现如下。

一是调查对象对科研与教学的关系认知情况明显呈两种倾向：认为两者具有内在联系，并且是相互促进、正相关关系的频率为0.49；认为两者关系复杂、说不清，或没有内在联系的频率为0.33。这说明在观念上，教师还是认同科研与教学不仅具有内在联系，而且两者是相互促进这一普遍观点的，但在处理科研与教学辩证关系的实际行动中，却对教学存在"观念上重要，实际不重要"，以至于在高校教师中广为流传着"科研是自留地，教学是公家田"的说法。这可由调查该校教师课余对科研与教学的时间、精力分配比例中75%投向科研得到充分说明。

二是调查对象对科研目标的理解也明显分为两种倾向：重视内在的创造新知识，并将其转化为教学、科研能力及学生的创新能力，两者频率之和为0.39，这也符合高校教学与科研相统一的办学模式；注重外在的服务经济社会，并获取更多的科研奖金，其频率之和为0.61，这反映了教师从事科研的目标主要是在获得精神满足的同时，提高自己的物质生活水平。

三是调查对象对科研的理解持两种不同观点：一种是典型的传统科研观，也就是理性主义的科学本质观，认为科学研究是探究客观规律和对现象赋予意义，两者频率之和为0.43；另一种是实用型的科研观，认为科研是创造新知识与新技术，服务地方经济社会的活动过程，持这种观点的频率达到0.44。

四是在对科研奖励额度的认识上，认为合理和过小的频率分别为0.25和0.43，两者之和为0.68，而认为过大的频率仅为0.10，说明大部分调查对象认为该校科研奖励力度过小。通过进一步数据分析发现，在科研奖励额度方面，不同学位和不同学科领域教师认知差异显著，如表6.6所示。

表6.6 对"您认为该校当前科研奖励额度是否合适"调查结果统计

		合理	过大	过小	不清楚
学位	学士	28.4%	16.0%	24.7%	30.9%
	硕士	19.4%	10.0%	40.6%	30.0%
	博士	34.8%	7.7%	45.3%	12.2%

续表

		合理	过大	过小	不清楚
学科领域	人文社会科学	16.5%	11.7%	41.6%	30.3%
	自然科学	37.8%	9.7%	35.9%	16.6%
	艺术类	19.2%	7.7%	41.3%	31.7%
	其他	15.8%	15.8%	42.1%	26.3%

资料来源：作者整理。

　　科研奖励额度方面，不同学位群体教师的认识差异显著。博士、硕士教师选择"奖励过小"的比例均超过四成，分别为45.3%和40.6%，而学士教师选此项的比例仅为24.7%；博士教师选择"奖励合理"的比例也是三个群体中最高的，达34.8%，选择"奖励过大"和"不清楚"的比例则是最低的。说明博士教师群体是科研奖励政策的主要受益群体，而学士教师群体则受益较少。

　　不同学科领域的教师群体的认识也差异明显。自然科学领域的教师群体选择"奖励合理"的比例最高，达37.8%，其他群体选择该项的比例均未达到20%；选择"奖励过小"的比例，自然科学领域的教师群体比例为35.9%，在该选项选择中比例最低，其他群体在该选项选择上均排在群体内各选项第一位，且比例均超过四成；除自然科学领域的教师群体外，各群体第二高比例选项均为"不清楚"。这从一定程度上说明，该校实际各学科科研奖励获益教师群体存在差距，科研奖励政策对不同学科的奖励标准有不尽合理之处，对人文社会科学各学科奖励额度相对较低。

　　总体来看，教师群体可分为两类：硕士、博士和自然科学领域的教师为一类；学士和人文社会科学领域教师为另一类。前一类教师群体从科研奖励政策获取的实际利益，及需求和期望值较高，反映出他们存在"科研是需要利益回报"的普遍心态。

　　五是在对科研成果的价值理解上，调查对象认为从事科研是"为了完成工作量"和获取更多的"科研奖金"的频率之和为0.57；认为"兼有理论和实际应用价值"的频率为0.25。这种情况说明，A大学的教师认为科研成果的价值除应具有理论价值和应用价值外，大部分教师从事科研都是因为外在的制度压力（完成工作量）而从事科研的，因为工作量直接决定着教师个体的津贴和科研奖金收益。这种现象反映出像 A 大学这样典型的教学型高校，还缺乏从事学术研究的氛围。因此，对于高校，仅靠津贴分配制度和科研奖励政策调动教师科研积极性是远远不够的，还需要营造良好的科研文化氛围，设计相应的制度来激励教师科研创新，促其逐渐养成良好的学术习性。

六是科研环境方面，调查对象对外部环境认为"很不满意"和"较不满意"两项合计频率为 0.53，"较满意"和"完全满意"两项之和为 0.33，说明被调查者对外部科研环境总体不是很满意；内部科研环境方面，调查对象认为"很不满意"和"较不满意"两项频率合计 0.62，"较满意"和"完全满意"两项仅为 0.24。因此，总体而言，被调查对象对科研内、外环境都不满意；但内外比较而言，被调查对象对该校人才评价制度、科研奖励制度等内部科研管理制度和人才环境更不满意。这说明像 A 大学这样典型的教学型高校，科研环境、创新文化，尤其是人才评价体系很不完善，人为因素在科研评价中占有很大因素，往往存在"说你行你就行，说你不行你就不行"的状况。

第三节　公立高校科研奖励政策实施效果访谈

一　访谈基本情况和结果

为进一步深入了解公立高校科研奖励政策的制定过程和实施效果，我们编制了访谈提纲（详见附录Ⅱ），选取 A 大学不同学科、职称、学历、年龄的一线教师以及校、院处级领导等共 115 人次，进行半结构访谈，以搜集相关研究资料。以下仅列出访谈 A 大学相关教师、二级学院院长和校处科研、人事管理人员的谈话要点。

科研管理人员一："科研奖励其实是给老师们送福利的，有了多的科研成果和获奖，就有了高的科研奖金。特别是那些有经费的项目，就会既可获得科研经费，获得学校科研项目奖金，又可能产生新的科研成果和科技奖励成果，后者又会获得学校相应的科研奖金。因此，可以说，有了科研项目就有了一切。当然现在项目越来越不好批了，那些省级项目，学校去做工作都很难了，如果你自己在省里有关系最好了。我的几个省级项目也是很难才争取到的，除了选题要好外，还需要方方面面的关系。在科研处不立几个省级项目，感觉面子上过不去。"（机械学院副教授、科研处副处长）

教师一："现在的教师很难做做啊。除教学外，还得搞科研。没科研成果既没面子，收入又受影响。我们根本不会搞科研，一到年底算账就慌了，要不就找人借分儿，实在不行就只有扣绩效工资了，更别谈科研奖金了。其实学校现行的科研奖励办法是与国家破'五唯'的政策要求相悖的，但作为年轻教师，为了在爱人面前抬起头，总得挣些科研奖金，为了养家糊口，我就只好按学校的奖励办法要求，多发一些哪怕低层次的文章，以量取胜。一线年轻讲师最惨的是以后就别想评职称了，人家评副教授还有教授那不都是主要是看科研条件的嘛。"（经济管理学院讲师）

教师二："我是从事基础研究的，自认为科研创新搞得好，每年仅发表在 SCI 学术期刊的论文就有 5 篇，近两年也获得了国家自然科学基金层面项目，获省高校科学技术奖一等奖和省科学技术奖二等奖各 1 项。这些高质量的科研产出是自己在承担本科教学任务之外取得的。我认为这也是对国家科技创新与学校科研创新发展的一种贡献，是自己额外科研劳动付出的，按照马克思按劳分配、多劳多得的劳动价值论原理，学校理应给予充分肯定和奖励。否则，同样是从事科技创新工作，一些本校工科类教师凭借科技成果转化得到那么多收入，我不服气。所以，我认为，在当下尚未建设更科学的高校科研创新激励政策体系之前，高校科研奖励政策还不失为一个相对客观、公平，能够减少争议的理性选择，应继续保留它。"（数信学院教授、博士）

教师三："我是 2012 年引进的博士，当时学校引进人才的支持力度很大，安家费是同类高校中比较高的，去招聘的老师让人觉得很亲切，说把你当作优秀博士引进，如果科研搞得好，学校科研奖励是很高的，还有科研启动费什么的，冲着这些我就来了。可是来了以后就发现实际问题了，一是教学有点分散精力，毕竟是教学型高校对教学要求是严的；二是对我这个专业来说，科研条件尤其是实验仪器设备是必不可少的，但我们做材料实验的一些设备都没有，有点被骗的感觉，且同方向的只有一位老师，无法讨论交流，很是苦闷。实验条件、师资队伍什么的与化工学院、机械学院的没法比。但也没办法，现在只有调整自己的研究方向了，违心地做些自己并不擅长的基础理论方面的研究，但难出成果，奖金也挣得少。真担心自己再过几年就跟不上科研的前沿形势了。"（物电学院博士、副教授）

教师四："现在高校的科研也越来越难做了，一会儿要你重视基础研究，一会儿又强调科技成果转化，一会儿又要你科研服务地方经济社会，各种量化考评和排名给高校科研赋予了太多外在的价值，但是给予的却很少。特别是看到一些工科类教师科技成果转化，国家激励政策很优惠，收入很高，我们心里不平衡。"（人文学院教授）

学校领导："作为一名相对专业的高等教育研究和管理人员，我认为，像我们这类学校应该走应用型科研创新发展道路，在做好优势学科基础研究的同时，重点做一些服务地方经济应用开发类研究和文化传承方面的研究，但重大前沿基础研究和重大应用开发类研究并不适合我们这类学校。底子薄，研究基础差，高层次人才较少，科研实验设备不足，重大科研很难搞。但为了迎合上级学科、专业评估，和各种量化考评，争取大学排名靠前，就只好在基础研究、应用研究和试验发展四面出击，不得不制定和实施科研奖励办法，以调动教师的科研创新积极性。特别是，如何平衡好基础研究、应用基础研究与试验发展和科技成果转化两者之间的关系，令我们很头痛，若'不奖'，不实施更偏向于基础研究教师科研创新发展的科研奖励政策，在国家更加重视激励教师科技成果转化政策的条件下，一些从事技术开发类教师的科研收入很高，其他群体教师不满；若'奖'，实施科研奖励政策，又与破'五唯'及科技部、教育部新规不相一致，伤害科研创新生态系统，使我们左右为难，常陷入困境。"（主管学校学科建设和科研的副校长）

二级学院院长："现在各方面逼的人们过分重视科研，学校也不得不对教师科研进行奖励，以求得更多的科研产出，使学校排名靠前，让教师们不能安心上课，甚至连排课都很困难，不能醉心于教学研究，也不能静下心来做学问，心浮气躁。"（教学院教育学博士、院长、教授）

二 访谈结果分析

总体而言，通过访谈我们发现，尽管各类人员往往站在各自的角度看问题、谈想法，但还是有一些共性之处，那就是教学型高校科研条件较差，学校对科研功能定位不准，教师开展真正的科学研究能力较为欠缺，但政府及社会又赋予学校科研太多、太高的要求与期待，学校和教师左右为难，难以适应，普遍存在教师为晋升职称和获取更多科研奖金而从事科研的现象。

具体地说，通过对访谈结果进一步分析，我们发现：

一是教学与科研不平衡发展。教学型高校教学与科研的关系在实践中被割裂的现象尤为严重，造成两者的不平衡发展，这与一些教师在实际工作中"重科研、轻教学"的行为相一致。虽然大部分教师认为，教学与科研存在相互促进的正相关关系，但实际上，教学、科研项目来源与教学无关及很少的比例高达82.4%；从对教师平均每周在课余用于科研和教学研究、辅导学生的时间分配比例调查结果也可看出，实际用于自己的科研及学术工作的时间最多；而且认为教学与科研的关系较难处理的比例达59.5%。说明在公立高校，教学与科研割裂，两者不平衡发展的现象比较普遍。

二是重科研、轻教学强势政策的引导。教师们普遍认为，学校、院系职称评审政策、科研奖励政策及学科性质的差异是影响教学与科研关系的三个最重要因素。其中职称评审政策过分偏重科研，把SCI、CSSCI等学术论文的量化指标作为职称晋升的前置条件，重科研奖励、轻教学奖励，以及各级人才称号以科研量化指标为唯一标准等，这些"全员科研"的激励政策，导致了"科研至上"的强势地位，不仅致使"科研异化"，而且不断挤压着教学的生存空间，逐渐使教学边缘化。这种状况的存在，也是在政府部门、国内外大学排名"唯科研"考评的压力下，学校不得已而为之。

三是大部分教师尚未从事真正原创性研究。教学型高校重科研主要体现在学校组织层面更关注科研绩效分配和科研奖励政策，且这种重科研的政策并未促使教师在实践层面的"重科研"，从事真正的原创性研究。这是由于教学型高校教师的科研能力及水平较低，内在动力不足，教师并未形成良好的科研习惯。也就是说，教学型高校教师的科研动力主要来自强制性制度的要求（教师认为从事科研就是为了完成工作量和获取更多科研奖金，两者频率之和为0.57）。

四是公立高校科研奖励政策虽有一定积极作用，但却引发了严重负面效应。访谈对象认为公立高校科研奖励政策虽有利于调动教师，尤其是从事基础研究领域教师群体科研创新积极性，能够在一定程度上提高科研创新产出数量和质量；但同时也承认学校为获取发展所需的外部教学科研资源，过分迎合社会及政府"唯科研"大学排名、学科评估，相互模仿科研奖励政策奖项内容，科研奖励政策同质化严重，致使不同类型、不同层级高校的科研定位和学科建设内容等呈趋同化，教学逐渐受到挤压并被边缘化；致使高校立德树人的根本任务被严重削弱，一些教师把学术精神以及学术责任抛至脑后，忘却了科研的初心和使命。

第四节　公立高校科研奖励政策的积极作用和负面效应

一　公立高校科研奖励政策的积极作用

总体而言，我国公立高校科研奖励政策，在促进高校科研外延式发展，调动高校教师科研创新积极性、提高科研效率等方面发挥了重要的积极作用，主要有以下几点。

（一）有利于满足教师的物质需求

一般地，奖励为人们提供经济资本和荣誉肯定。我国公立高校科研奖励政策，虽然不同于真正意义上的科技奖励，但作为高校科研管理的一种制度安排，以物质奖励形式，能够满足教师的物质利益需求，也符合马斯洛需求层次理论中包括对工资、各种福利待遇和奖金等第一层次即最基本需求的满足。因为这种通过数量不等的奖金，即作为教师薪酬结构体系中绩效津贴的一种补贴，能够在一定程度上提高教师的经济收入，改善其物质生活条件，尤其是对学术资本稀少、刚步入科研领域的青年教师来说，他们获得的学校科研奖金也可以转化为其学术生产的资本，使其能够在经济负担一定程度上减轻的条件下从事研究。同时，也会对精神奖励产生映射效果，使教师在获得学校科研物质奖励后，能够满足马斯洛需求层次理论中更高层次的尊重需求和自我实现的需求，得到同行和周围同事的尊重和仰慕，获得某种精神上的满足，激励其不断进行科研创新。另外，物质奖励强度的大小是对成果水平和成果完成者的能力和贡献承认的一种相对定量的反映，其强度大小对奖励自身的声誉度和影响度也是一种注释。

（二）有利于提高科研效率

朱克曼和科尔兄弟发现，"那些因其事业早期研究而被承认的科学家，在后来比那些没有获得承认的科学家更为多产"[①]。进一步，作为激励教师科研创新的外在动力之一，公立高校科研奖励政策一方面能够从数量方面激励教师的科研成果、科研项目、科研获奖等，数量、层级越多、越高，获得的科研奖金就越多，上不封顶，多者也是学校期望和鼓励的，这也确实是促进了我国科研成果的数量，如 SCI 论文数量连续 10 年位居世界第二，高校占比 80% 以上的一个重要原因；另一方面，激励科研表现突出者更加突出，平庸者向突出者效仿、看齐，能够使高校科研创新表现出一定的活力，形成相互竞争的科研氛围，共同服务于高校的科学研究活动，提高学校的科研产出和学术声誉。

正如美国学者肯特所指出的，正式的奖励和公众的承认对未获奖者的意义要大于获奖者。因为未获奖者可以发现，高目标是能够实现的，他们所作出的贡献同样也可以以这样的方式得以关注、认可和铭记。[②]所以，对于那些与获得奖励能力素质相当的人，得到奖励、获得承认是他们的潜在动力，而且也进一步激励他们早日取得更多的科研产出。也即对获奖者来讲，使他们变得更加努力，更加注重自身科研能力和素质的提高；对未获奖者，也能起到较好的激励、促进作用。这种良性的竞争氛围，有利于在更大范围和更高层次上刺激和调动教师的科研创新积极性。同时，高校通过物质奖励奖励那些真正的原创性科研成果，会在一定程度激励这些教师更加努力，争取做出更多的一流成果，使其在科学共同体分层中获得更高层次的承认。

（三）有利于吸引和稳定人才

人才是科技创新的第一资源，是高校发展的根基。因此，任何高校都非常重视教学科研人才的培养，并采取各种政策措施吸引和稳定人才。特别是在高素质优秀人才一直以来成为各公立高校争夺的对象，甚至演变成人才争夺战的情况下更是如此。公立高校科研奖励政策正是这一政

---

① ［美］哈里特·朱克曼：《科学界的精英》，周叶谦、冯世则译，商务印书馆 1979 年版，第 121 页。

② 钟书华：《科技奖励的效应理论》，《科学技术与辩证法》1999 年第 4 期。

策措施更为直接、更加简捷的一种。每位教师只要符合奖励条件，便可获得不菲的科研奖金。尤其是公立高校中的优秀人才，是科研奖励政策最大利益既得者。因此，这对科研表现突出的教师具有一定的吸引作用，有利于吸引和稳定人才队伍。特别是一些在大学排名、科研实力等方面处于劣势的高校，但在优秀人才的引进中，其科研奖励政策却极为诱人，以此作为人才引进的一种特殊措施，对学校的发展也确实起到一定的促进作用。

（四）有利于克服科研分配中的平均主义

公立高校科研奖励政策作为绩效津贴分配的一种补充，将教师科研产出形式和科研活动过程进一步细化，赋予不同的量化形式，对应不同的量化指标，分别给予相应额度的科研奖金，从而使教师的各种科研产出形式和整个科研活动过程都可获得相对应的科研奖励，能够较好地体现个性，兼顾不同教师科研活动的具体情况，从而使相对绩效津贴更加具体、更具针对性；可精确计算，可累加，避免争议，较好地体现了多劳多得，优劳多得，从而体现出某种显性公平，克服科研分配中的平均主义，调动各类教师的科研积极性；能够在一定程度上提高从事基础研究、应用基础研究领域教师群体科研创新物质收入，有利于平衡目前公立高校普遍存在的基础研究与试验发展和科技成果转化两方面教师群体科研收入差距悬殊的问题。同时，这种"数豆子"、按件奖励的方式，能够在一定程度上解决和克服现实中，高校尤其是一些教学型高校科研评价、奖励体系不太完善，教师科研习性尚未形成、人为因素干扰较为突出的问题和弊端。这是目前教学型高校科研奖项内容更多、层级更低、奖金额度更高的主要原因之一，但它确实发挥了较好的激励作用。

总之，我国公立高校普遍推行的科研奖励政策确实在克服高校科研分配中的平均主义、营造科研竞争环境、改善教师的物质生活条件、吸引和稳定优秀科研人才、促进学校科研创新发展等方面发挥了较好的促进作用。因此，在目前我国高校科研创新文化尚未真正形成，一些教师缺乏为科学而科学献身的精神，科研评价体系还不完善，高校教师薪酬水平普遍较低，教师难以在保障有体面的生活条件下心无旁骛地从事科研创新，没有科研奖励政策，似乎还不行。这也就是，以 SCI 论文为首的公立高校科研奖励政策一方面被批评、国家也明文取消，另一方面一些高校又对其舍而不弃的一个重要原因。但是，必须清醒地认识到，奖励不是万能钥匙，并不是促进教师和学校发展的唯一的方式；优秀科研人才和高质量科研创新成果，也并不是仅靠科研奖励形成的。事实上，大学的文化氛围、学术气息比其他任何组织更能为教师提供潜心研究的良好环境；教师为祖国、为人民、为科学的科研初心和使命，良好的学术习性，不断追求卓越的创新精神和严谨求实的科学精神，才是高校科研创新发展的不竭动力。高校教师作为国家科技创新的主力军之一，尤其是一些为国家科技自立自强而奋斗、真正视学术为天职的这部分优秀教师，并不是冲着科研奖金而从事科学研究的。许多淡泊名利的世界一流科学家如我国以钱学森为代表的"两弹一星"科学家群体、诺贝尔自然科学奖获得者就是明证。因此，高校科研奖励政策激励的是被动性科研创新行为，而对主动性科研创新行为并无多大作用，因而其所激励的科研产出形式对国家科技创新的价值有限。

二　公立高校科研奖励政策的负面效应

总体而言，公立高校科研奖励政策的"指标—量化—奖项"模式，实际是一种简单地以科研量化结果为导向的外在激励。它以理性经济人假设为前提，按照绩效主义清晰的量化奖励观，把教师当成没有区别的科研劳动力，把教师与学校的关系定位为价值交换关系，把教师科研产出各种结果和科研活动过程以较为精确的量化形式加以呈现，并给予相应数量的奖励。即学校奖励什么样的科研，一些教师就从事这样的科研；反过来，教师为学校提供了什么样的科研，学校就给予教师相应的物质奖励，并将这种物质奖励视为所谓的激励，这种片面性、单一性的偏执与弊端，易于诱导教师科研创新主动或被动迎合不合理的科研奖励量化指标体系，违背科研创新规律，产生科研浮躁风气和科研功利主义，引发学术不端的学术腐败行为，侵蚀高校乃至整个科学技术发展的学术生态系统，消解大学人文精神；影响国家科技创新的良性发展，制约国家自主创新能力的提升，消解高校立德树人根本任务。

（一）削弱原创性研究能力

由于现代科学研究对象和问题越来越复杂，使得现代科学技术发展表现出研究领域越来越多、学术分工越来越细的趋势，牛顿式的全能科学家已不复存在。尤其是在当前"大科学"时代,高校科学研究"单挑大梁","单兵作战"的传统科研模式已受到严峻挑战。无论是在自然科学领域或在社会科学领域,具有不同学科领域背景、不同专业知识结构和不同能力类型研究者的"知识相互结合、补充""集众家之长"合作已成为科技创新的基本组织形式。当代数字技术使科学研究模式从顶尖科学家主导模式向基于数据共享的科学家群体互动模式拓展,使技术开发组织模式从单一系统向数据共享平台主导分布式的复杂巨系统拓展。这就决定了在当代科学研究中,要想取得真正原创性研究的重大成果,就必须借助现代科技手段,进行科研合作。这并不是由科研工作者的意愿决定的。而在现行公立高校科研奖励政策中,科研项目奖项奖励项目组,往往出现项目主持人独吞项目奖金或因奖金分配不公,致使项目组主要成员退出项目组,造成必须合作研究的项目无法顺利完成,最终形成课题组成员各立山头、各自为政的情况;科研论文等科研成果奖励依署名名次按比例依次降低,第一作者奖励分值或奖金分配比例太高(多为70%以上),且按规定只奖励本校教师合作署名的科研论文(成果)。导致相当一部分教师在科研中,宁做鸡头不做凤尾,人人都想主持项目,人人都想以第一署名人发表论文。使得必要的科研合作无从谈起,大型科研项目的集成创新举步维艰,以科研集体合作申请的项目实际在单兵作战,各自以第一作者发表论文,从而形成科研项目越做越多,科研成果却越做越小,科研成果数量增多但质量反而下降。并且由于在高校科研奖励期刊目录中,一些专业的一级学术期刊数量很少,使得这一专业领域的教师以第一作者向其中一两个期刊集中投稿,造成同单位稿件拥挤现象,使得这些教师往往把同事看作是获取更高奖金的障碍和绊脚石。这种不良心态显然阻碍了必要的科研合作,消解了原创性研究合作向心力。

(二)扭曲科研创新动机

高校教师作为拥有知识较多的一个群体,在高校这种特殊的学术生态环境中,他们中的绝大多数人能够把科研当成一项崇高的事业,以期在挑战性的科研创新工作中不仅为民族、国家奉献自己的聪明才智,为社会做出更大的贡献,实现自己的科研初心和学术抱负,满足自己的精神需求。正如笔者访谈中一位博士教师所说的:"我从事科研主要是我内心喜欢搞研究，我热爱自己选择的学科和学生，它能给我激情与活力，至于科研奖励只是附带而已。我想如果我不喜欢科研的话，我是不可能单纯为了科研奖励而去做科研、发文章的。"

这就清楚地表明，这些教师原本是发自内心并尽其所能去做的科学研究，最终可能却被奖励予以"批判"，致使其从事科学研究更为真切的缘由——研究的热情、兴趣与所追求的崇高价值目标被奖励遮蔽而消散，使他们追求精神方面认可的科研由于披上奖金"量化贡献"的外衣而充满着铜臭味，内心世界遭到玷污；使这些教师在这种科研奖励政策的环境中，反倒有些不正常；而且，科研奖金的差距很容易被误认为贡献的差距，使本来淡泊名利者也不得不计较起来，也使一些无利不起早者为了获得更多科研奖金，放弃自己的科研初心，有奖则研，有大奖则加大投入，成为纯粹的科研利己主义者。正如有研究指出的，当一个人做出了成绩并取得了报酬以后，他不仅关心自己所得报酬的绝对量，而且关心自己所得报酬的相对量。因此，他要进行种种比较来确定自己所获报酬是否合理，比较的结果将直接影响今后工作的积极性，而逐步成为科研利己主义者。

另外，公立高校科研奖励政策，严重削弱教师从事科研创新的热情和追求更具挑战性科研工作的激情。人作为一种具有超越性的社会存在，天生具有追求最大挑战性并在成功中获得更大满足的企图。这对高校教师这一从事更具挑战性的科研创新工作的特殊群体来讲，更是如此。一般地，只有在外力强干预下，人们才会躲避困难而选择相对容易的出路，表现为退缩或逃避。有研究显示，在高校科研奖励政策强干预下，它不仅在"购买"教师的科研创新行为，而且改变他们的思维习惯，导致其只是为了奖励而从事容易完成的科研创新工作，为仅仅冲着奖励而来的人所青睐。[①]

事实上，为了报酬而解决问题的人与不计回报的人相比，往往更会挑选容易的工作来做。负面影响特变容易产生于与兴趣高度相关的工作（如科研、艺术创作等），预期的有形物质奖励或者提前支付的报酬，是

---

① 任珂：《新本科院校科研奖励政策演变的个案研究——以 N 学院为例》，《国家教育行政学院学报》2016 年第 8 期。

与工作完成的质量程度相关的。① 同时，奖励可能会促进工作"量"的增加，但不会导致工作"质"的提高，同时金钱奖励很少能催生出卓越性的工作。② 因此，公立高校科研奖励政策正是导致科研创新质量难以提高的"杀手"。长此以往，不仅会削弱教师从事更有难度、更具挑战性科研工作的激情，而且会削弱教师科研创新活动的内在动力或兴趣本身，从而使原本对一些教师具有价值和意义的快乐的科研创新活动变得愈来愈枯燥，甚至成为一种负担。完成研究任务、获得奖励成为教师从事科研的前提条件，他们就不愿再挑战自我不愿承担更加复杂和更具挑战性的科研工作，制约科研创新质量的提高。

（三）加剧科研创新功利化

一是加剧科研活动功利化。科研项目申请、立项、完成是科研创新活动的重要内容。长期以来，由于各类型各高校，尤其是一些教学型高校对包括市厅级等各级纵向科研项目给予奖金不菲的奖励，致使科研项目出高质量成果的同时，又培养高层次人才的功能被严重扭曲，加剧科研项目功利化。

我国科研文化中长期存在功利主义价值导向和急功近利现象的误区，以及我国当前科研项目中引入太多市场竞争机制；加之高校科研项目奖励政策的催化，使得在我国科技界项目满天飞、课题是命根的环境下，一些教师都在忙于拿项目、抓课题，心浮气躁，长期静下心来做学问的学术积累无从谈起；急于求成，出现不少课题负责人"包工头"现象，一些教师、导师只顾揽项目，然后分包给其他青年教师或学生"干活"，自己出名并多拿项目奖金；定时定产的项目制、课题制，使得教师的科研不得在规定的时间研究出规定的成果，以快出成果多拿奖金，致使连成本核算、投入产出效率等这些与科研本身关系不大的工作都变成他们不得不考虑的问题；追求市场利益、忽视学术求知导向和国家任务导向，造成高校学术组织探求真理的崇高职责被严重干扰，教学、科研单位演变为一个经济单位，科研学者异化为"市场人"，作为科学创新固本元气的为科学而科学的自由探索精神和专注、沉稳的科研精神被严重腐蚀，

---

① 冯计友：《中国企业知识型员工激励方式研究》，硕士学位论文，河北大学，2007年。
② 转引自刘献君等《大学教师对于教学与科研关系的认识和处理调查研究》，《高等工程教育研究》2010年第2期。

而需要淡泊名利、"十年磨一剑"、耐得住寂寞的原创性基础研究少有人去做，致使科学研究逐步陷入无源之水、无本之木的尴尬境地，科研创新质量无从谈起。

这不仅使一些教师的科研项目活动背离科学研究的本真，而且把一些心浮气躁、追逐名利，甚至弄虚作假的不良风气和学术腐败手法传染给学生，从而使这些硕士、博士生等高层次人才的未来高校教师在求学阶段就养成一些坏的学术习性，并继续传播下去，严重侵蚀学术生态系统并危害社会风气。因此，可以说，这种急功近利式的奖励的可怕之处在于对下一代的影响。

二是致使知识产权流失。一些教师急于获取更多科研成果奖励，把刚刚取得的一些阶段性成果过早地公开发表，使后期可能会形成重大应用价值的成果由于过早地公开发表被他人利用。再想继续深入研究的时候，工作已经落后于人，不可挽回，甚至被别人申请了专利而受到《专利法》的保护，无法使用自己前期形成的技术成果，制约继续深化开发。另一些教师则为了奖励的最大化，过早地把自己的科研成果分拆成为若干篇论文发表，或者将论文内容做出若干调整后再次发表，以获得多次奖励。从而导致科研成果碎片化，致使科学研究本身受到严重伤害。

三是致使学者的学术自由被各种利益裹挟。英国学者布鲁贝克曾深刻地指出："学术自由是学术界的要塞，永远不能失守。"[①] 然而，在大科学时代，学者的学术兴趣往往被各种计划项目所取代，学者的自由并未受到真正的关注。

当下，学者的生存和发展大都离不开社会给其提供的物质条件。在我国高校，教师从事科研活动的能力更多地被体现在获取科研经费、发表科研成果，以及获得科技奖励等外在形式上。学术自由往往被各种外在因素所裹挟，高校科研奖励政策更是加剧了这种威胁。

其一，学术生活的压力制约着学者的学术自由。在我国高校的科研竞争环境中，教师存在各种各样的科研量化指标，如学校分配的年度科研工作量，按照教师身份地位的不同，分配不同的硬性指标。如有教师所言：量化考核指标，与年度津贴和科研奖励奖项内容挂钩，在教师中

---

① ［美］约翰·S. 布鲁贝克：《高等教育哲学》，王承诸等译，浙江教育出版社 1987 年版，第 110 页。

形成一种无形的压力。这种压力感既来自制度政策的设计，也来自教师之间的攀比、竞争。因为到了各年度科研奖金的发放季，科研奖金也遵循着各行各业分配的"二八定律"，即20%的教师获取了学校80%的科研奖金，少数教师的科研奖金比大多数教师高许多，有的甚至高于一个教师的年薪，使无奖金或少得者无形中感到低人一等，心中的压力和痛苦无以言表。在这样的一种环境中生存，这些教师在学术研究中只有"被动接受的自由"，"别人牵引的自由"，而心灵的自由、学术的自由只能存在于自己的观念中。于是，迫于外界的压力，多数教师在学术研究中只好选择按照制度设计的要求来做自己哪怕不喜欢的工作，以最快、最多地做出学校和大家认定的"优秀成果"，然后接受一系列的评定、晋升，获得学校更多的科研奖金等各种利益。也即上文所指的被动性科研创新行为。

其二，功利性的学术环境制约着学者的学术自由。在当前高校科研管理政策中，一方面，高校更加注重产学研合作，更加重视应用性研究，一些高校把科技成果转化工作放在不恰当的位置，给予太高的奖励和股权激励，如在各高校科研奖励政策中，都把"科研成果转化奖"视为科研奖励中的一种重要类型，并给予很高的奖励；另一方面，在高校科研奖励政策进一步加剧科研功利化的环境下，一些教师只好放弃难出成果的传统基础研究的偏好，逐步转向应用研究。这样，在以应用为导向的政策条件下，由"兴趣使然"的研究逐渐转向"应用驱动"的研究。外在利益的诱惑，现实环境的感染，学者的学术自由不能不受其影响。

其三，科研奖励政策激励多产出与学术自由相矛盾。科技奖励制度本质上应是科学共同体对科学家的研究能力、水平和贡献能力的承认和肯定。但是，我国公立高校的科研奖励机制实际上是通过一种更便于管理者管理操作的方式，激励督促教师为提高学校科研声誉"添砖加瓦"。在奖励内容上，要求教师在短时间内发表更多的学术论文，申报更多的科研项目，做出可以确定的研究成果等；致力于促使教师之间的竞争，激发研究者的物质欲望，而对教师个人的学术兴趣、科学研究结果的不确定性全然不顾。这样，又是在公立高校科研奖励政策"鼓动"下的学术研究，以成果的可见性、及时性，方向的明确性，考核的优异性，激励的功利性等左右研究者的学术自由。看似备受"关爱的研究者实际上处于很不自由的状态",而且也可能会抑制学术的创新。正如有学者所言,若没有了奖励,学者个人完全可以不背负任何压力,不受任何利益的诱惑,选择自己想要做的学术研究,往往更容易出创新性成果。

（四）导致教学与科研严重失衡

长期以来,我国高校"重科研、轻教学"的问题比较突出,近年来甚至有愈演愈烈之势,以致在高校教师中普遍流行着这样一种说法:"科研是自留地,教学是公家田"。据刘献君课题组对国内不同类型高校的抽样调查结果显示,目前国内高校整体上呈现出过于重视科研的倾向:48.9%的大学教师认为本校存在重科研、轻教学的情况;55.9%的大学教师认为自己工作的重点倾向于科研,仅有24.7%的认为工作重点倾向于教学。[①] 这种"科研至上"的价值观念与公立高校科研奖励政策的政策导向不无关系。表现在:

一是致使教师教学与科研收入差异明显。通常科研奖项数额较大的教师,仅每年获得的科研奖金少上万元,多则数万元,有的甚至高达几十万元,其金额远远高于其他教师一年的平均薪酬收入。如笔者调查的某样本高校一位青年博士教师 2018 年在 *Science* 发表了一篇学术论文,获得学校 50 万奖金,仅此一项收入就是该校其他教师年薪收入的 2—3 倍。

这种严重不平衡情况会引起没有科研奖金和奖金较少教师的强烈不满,使教师们很容易把主要精力放在科研上,无心从事教学工作。他们除完成学院规定的教学课时任务以外,不愿意再承担额外的教学工作量,也不愿意花费更多时间钻研如何提高个人的教学水平,也有不少教师对教学工作只是应付,而埋头自己的科研;教辅人员在保障学校教学、科研等日常工作运转、提高教学质量过程中具有不可替代的作用,他们虽然在各自工作岗位上兢兢业业、尽职尽责,但因分工不同,在科研工作上不具备时间优势,收入与科研教师差距较大,没有获得足够的认同感和成就感,这种状况在已严重影响了他们的工作积极性。

二是致使科研边际效用大于教学边际效用。在当前我国已进入高等教育大众化的条件下,高校尤其是教学型高校教师的教学任务极其繁重。

---

① 刘献君等:《大学教师对于教学与科研关系的认识和处理调查研究》,《高等工程教育研究》2010 年第 2 期。

据笔者调查，教学型高校的平均师生比已超过1：16，有的高达1：20，教师基本的年均教学工作量一般在300课时以上；平均承担两门到三门课程的教学任务。教师要高质量地完成教学任务，需要投入巨大的精力。但在当前高校，尤其是教学型高校科研奖励奖项更多、奖金额度更高的政策条件下，科研成果、科研项目等既可以带来可观的短期经济收入，也可以在职称竞争、岗位竞争、学术资源竞争中起着关键性的作用，附加值远高于教学工作；同时，科研成果具有明晰的个人产权，可以持续累积；先期累积的科研成果和科研影响力可以成为新的科研产出的基础，具有叠加效应，因而科研具有边际效用递增的鲜明特征。

相比之下，教学的边际效用递减且低于科研的边际效用。根据经济学中的经济人假设，由于科研和教学的边际效用不同，致使一些教师更倾向于挤占教学时间用于科研，获得更大的效用。也就是说，在现实中，正如上文问卷调查结果显示，在教师精力有限的情况下，相当一部分教师把有限的精力更多投向了科研，尽可能少地上课，不愿意在教学上投入时间和精力，有的甚至偷工减料，对教学应付差事，以留出更多时间和精力搞科研。另外，公立高校科研奖励和过度奖励，还严重挤占高校尤其是在教学型高校本来就短缺的教学资源和捉襟见肘的教学经费。

（五）加剧学术不端与学术腐败

科研奖励政策，本是用来规范和引导奖励对象按照奖励主体的意图来从事科研活动的一种有效调节手段。因此，遏制科研腐败风气、引导科研健康发展是高校科研奖励政策的重要责任之一。但当前高校科研奖励政策由于实施过程中的技术操作问题，对教师提交的科研奖励材料并不进行必要的科研审核评价，这就给了一些学术不端者可乘之机，甚至腐败行为披上学校政策支持、奖励合法的外衣，加剧高校学术不端与学术腐败现象。

具体表现：一是引发编造数据等学术造假。学术界的学术不端、学术造假行为非常可怕，更可怕的是大家对这种谋求个人利益的行为视而不见，甚至还给予奖励。如上所述，在公立高校科研奖励政策中，对发表一篇SCI学术论文少则奖励几千元，多则达到六七万元，有的甚至更高；主持一项国家级科研项目大多奖励十多万元，等等。这样高额度的奖励，很容易使一些人为获取奖励而采取弄虚作假、抄袭、不实署名等学术不端行为，从而产生了一系列的学术腐败现象。如一些人为获取奖金而违背学术基本道德底线，采取编造数据和图片，抄袭或隐晦的变相抄袭、代写，用科研经费购买论文等五花八门的学术论文造假行为；为获取科研项目奖金，不惜动用各种关系，走后门、求人说情，甚至送钱送物；为满足学校职称评审条件，获取更多科研奖金，一些教师甚至将私人存款通过外单位账号以横向项目经费的名义打入学校账号，既不需要任何形式的评审，也没有正式项目立项书或技术合同，就形成一些子虚乌有的所谓横向科研项目，然后利用学校横向项目较为宽松的经费管理办法规定，又通过报"劳务费"等名义再逐步领回，并得到相应的高额科研项目奖金，其本息之和比存入银行还划算，可谓名利双收，已成为一些高校和教师"公开的秘密"。

二是引发"过度引用""假引用""伪引用"等"人为引用"学术不端行为屡禁不止。论文引用和被引用行为本应是自觉的科研行为，秉承的是科学、公正的原则，不应该受到任何外部因素的干预。但是在现实中，一些教师在自己的科研活动中，并不能很好地遵守；加之过高的论文引用奖励政策，产生了一种引导效应，促使一些教师之间进行"暗箱操作""私下交易"等手段"做"引用数据，通过有意识地相互引用对方论文达到"双赢"的效果。严重冲击教师科研的学术道德底线，败坏学术风气，滋生学术腐败。

事实上，科研奖励政策不仅在于表达对科研劳动的尊重，而且还在于对科研行为选择的引导和鞭策。由于投入任何一种行为都会对其他相关行为产生外部效应，如果进行"假引""伪引"还能达到或高于一篇论文所获得的奖金，那么，在论文引用奖励政策的引导和刺激下，一些教师就很难安心于科研创新，反而转向学术投机上来。因此，高校论文引用奖励政策存在偏颇，激活"人为引用"行为，在客观上就会刺激学术造假。这样，就会形成只有论文引用"价值"而没有学术价值的论文见刊。这对学界的学术风气乃至整个社会的风气就会产生负面的辐射效应，进而引发学术腐败现象屡发。

三是助长学术垃圾和泡沫绩效。这种情况在高校，尤其是新建本科高校表现得更为突出。如仅就2012年国内论文发表情况统计看，"985""211"高校校均发表CSSCI论文404篇，发表CSCD论文874篇；一般本科高校校均发表 CSSCI 论文 55 篇，发表 CSCD 论文 171 篇；新建本科高校校均发表 CSSCI 论文约 5 篇，发表 CSCD 论文约 9 篇。[①] 但一般情况下，包括新建本科高校在内的教学型高校，每年发表的各层级学术论文总数一般都在千篇左右。又如某省有一农业期刊，不知因何被列入 CSCD 扩展库，审稿期不到一周，交款即发，多交多发，一个人一年最多能发表十几篇论文，除了每期连载还一期双发，仅是版面费一项，某一教学型高校一年就为这一期刊贡献了上百万元。当有人指出这是学术泡沫，不应奖励时，这些人却以该期刊也有 CN 刊号为由一起反对。显然，这种情况在研究型高校和研究教学型高校是不会出现的。说明在公立高校科研奖励政策的引导下，高校尤其是教学型高校科研成果质量普遍较低，学术垃圾和泡沫绩效现象严重。

---

① 汤建民：《新建本科高校"偏文"现象须重视》，《中国科学报》2014 年 10 月 9 日第 4 版。

第七章　公立高校科研奖励政策理论分析

公立高校科研奖励政策作为一种价值判断和科研创新激励手段，涉及科研创新本质与科技奖励制度、科研评价体系等诸多领域。在前面的章节我们对公立高校科研奖励政策进行了实证研究，提出了一些实然判断，但不涉及应然判断即价值判断，因此，本章进行理论分析，以进一步揭示公立高校科研奖励政策的本质、价值基础及其偏颇与异化。

第一节　科研评价与 SCI 量化评价

一　科研评价及其演变

科研创新是一个系统工程，科研管理和运行同样也是一个系统工程。在科研创新活动中，科学评价科研创新成果价值，是提升科研创新质量、引导科研创新朝着正确的方向发展、激发创新活力的重要保证，也是完善科技管理体制机制的重中之重。

科研评价既是科研管理的工具，是对科研活动进行规划、决策、管理、监督的基本手段，也是调整科研方向、衡量科研水平、诊断科研问题、发掘科研潜质的重要方法；同时也是学术共同体对科技发展状况的一种内在、基本的学术认识活动，是对科研产出和影响的价值判断。其目标指向就是对评价的对象即科研人员及其科研成果等做出客观、具体、恰当的评判。因而也是高校科研管理的基础和研究的"元问题"。

科研评价作为对科研活动及其目标进行价值判断的过程，其本身是一个多层次、多变量、多目标的复杂问题，目前国内外科研评价主要采用定量或定性与定量相结合的评价方法。科研计量评价源于 20 世纪中期欧美国家的科学计量学和科学引文分析，现已形成了包括 SCI、EI、SSCI、ISTP 等较为完善的引证检索系统。它以论文引证分析为基础，因其具有简化标准体系、提高效率，可计算、可比较、便于操作等优点，在欧美国家的科研评价，尤其是自然科学基础研究中受到普遍重视。但又由于其固有的重数量、轻质量、忽视学科差异等局限，近年来受到欧美科教界的诘难。于是，不少学者对传统科学计量方法进行了细化和修正，如美国物理学家 Hirsch 提出一个评价科技人员个人绩效的新指标——H 指数。[①] H 指数同时反映论文数和引用两种情况，能较好地适应于反映某一学科如物理学的学术水平，但由于其固有的学科特点，H 指数在比较不同领域科学家的科研绩效方面尚有很大的局限。另外，由于科学计量评价方法本身的不完善和欧美学术界对使用一个或多个数字指标来评价个人科研水平存在天然抵触心理，定性的同行评价则被广泛使用。如英国大学科研评价（RAE）主管表示在 2001 年学术评价后，96% 的研究人员更有兴趣采用同行评议的方式进行科研评价。[②]

二　高校科研常用评价指标体系与我国高校科研评价的特点

在科学发展史上，科学家既是科研工作的主体，也始终是科研评价的主体。因此对于科研质量，科学家最有发言权。基于这一判断，我国高校科研评价从中华人民共和国成立后直到改革开放初期，一直处于权威科研评价时期，也即采取基于专家评价的主观评价体系，其典型特征是由国内一些学术界泰斗级人物和一流科学家出具权威意见，他们的意见毫无争议，但他们并不能随心所欲，要对自己的评价意见承担责任。但这种少数人说了算的评价机制，也会因为其学科知识的局限、个人偏见等，并出现学派之争，导致少量压抑后进、有失公允的评价，使这种评价有很大的局限性。进入"后权威时期"，没有了权威，学者们相互不服，就需要设计一个相对客观的定量评价体系。于是，从 20 世纪 90

①　Hirsch, J. E., *An Index to Quantify an Individual's Scientific Research Output*, Proceedings of the National Academy of Sciences of the United States of America, Vol. 102, No. 46, pp. 16569 – 16572.

②　Ball Philip, *Index Aims for Fair Ranking of Scientists*, Nature, 2005, Vol. 436, No. 7053, p. 900.

年代开始，科研评价就进入了以定量客观评价为主导的时期。其中以南京大学率先推进基于客观引用数据的评价体系为代表，在当时推动了高校科研评价的客观化、定量化。因此，可以说，我国高校科研评价经历了权威客观评价、行政评价、指标量化评价和国际科研计量客观评价、同行评价与量化评价相结合等四个阶段。[1] 目前，以维护科学自主性和坚持科学自治理想为理由的同行评议，成为科研评价的主要方法，具有天然合理性。定量评价方法满足评价主体数量思维的偏好和"治理术"的需要，简单易行，运用起来得心应手，因此，从我国高校科研评价实践看，定量评价方法仍发挥着实际的决定性作用。这些定量指标一般包括学术论文数量、层级、论文引用次数和成果获奖等级等。根据定量指标类型，上述指标可以分为成果数量、成果影响力和科研能力与条件三类，分别具有不同程度的质量属性，详见表 7.1。

表 7.1　　　　　　　　高校科研评价常用定量指标和质量属性[2]

指标名称	指标类型	质量属性
论文数	成果数量	同行专家审稿确认符合发表要求
著作数	成果数量	书稿三审制度确认符合出版要求
授权专利数	成果数量	专门机构审查确认实用性、新颖性、进步性
被引次数	成果影响力	成果在学术共同体内重要性的体现
期刊影响因子/等级	成果影响力	影响因子高低与期刊声誉、审稿标准成正比
成果获奖	成果影响力	基于同行专家评审的成果重要性确认
基金项目	科研能力与条件	基于同行专家对创新能力和可行性的确认

资料来源：作者整理。

尽管这种客观定量指标体系包含一定的质量属性，但这种质量属性的确认建立在同行专家评价基础上，而在我国现阶段，同行专家利用自己的学术资本、学术权力寻租现象仍较为普遍，致使这种质量属性在实

<hr>

① 　强国春：《借鉴国际科研评价方法，构建新的人文社会科学科研评价体系》，《社会科学管理与评价》2010 年第 1 期。

② 　朱军文、刘念才：《高校科研评价定量方法与质量导向的偏离及治理》，《教育研究》2014 年第 8 期。

际操作中不仅难以真正实现，而且失真现象较为严重。

概言之，我国高校科研评价具有以下四个特点。一是综合性。高校教师承担与完成的科研工作的内容和形式多样复杂，既有主持国家、省市等不同级别的纵向科研项目和承担企业技术开发、成果转化等的横向项目，也有研究成果发表、出版于不同级别的研究论文、著作、研究咨询报告及申请、受理的不同类型的专利，还有获得国家、省市等不同级别的科技奖励，等等，对这些因素都要加以综合考虑，以确保评价的全面性。二是量化性。对各项科研活动和成果能量化的尽量予以量化，科研项目依级别高低、资助经费多少来度量；科研成果论文、专著按级别、字数多少和引用频次来计算，分别赋予不同的分值。三是虚拟性。为便于计算操作，对于不同类型、不同学科、不同层次、不同水平的科研活动，均引以虚拟的折算当量，折算成计量单位一致的分值。四是利益关联性。对政府与高校来讲，这种科研评价排名与学校的整体排名、声望和生源的多少、质量紧密相关，也与高校的升格更名，硕、博士点的获取紧密相关；对教师而言，这种评价所得的分值与教师职称晋升、岗位聘任、奖励和津贴发放等直接挂钩。

三 以 SCI 为首量化指标体系的偏颇

以 SCI 为首的量化指标体系，作为源于欧美发达国家、主要从高水平论文角度对从事自然科学高水平基础研究人员科研评价的计量方法，虽具有简单易行、客观公正的特点，但由于它被我国公立高校简单套用，无限扩大，SCI "决定论" 的理念甚至比西方人更有过之而无不及，从而造成其作为评价、考核奖励教师在科研内容和性质具有很大差异的不同学科、不同类型科研的 "一把尺子"，在现实中带来了严重的负面影响，引发了一系列问题。

具体来讲，改革开放以来，随着我国科技人员国际视野的拓宽、学术研究逐渐与国际接轨，越来越多的研究成果以 SCI 论文的形式在国际刊物上发表，促进了我国学术成果的交流和国际认可，也促进了我国科学技术的发展。但后来却逐步演变为以 SCI 指标体系论英雄、论人才、论奖励的论文异化现象。这不仅使这类量化指标体系的局限性、欺骗性放大并暴露出来，而且造成我国科研论文成果等大量外流。

一是以 SCI 为首的量化指标体系过多引入公立高校科研评价和奖励，严重违背科研创新本身的要义和使命。目前，我国一些高校打着"国际化"和"追赶国际前沿"的旗号，过分追逐 SCI 量化指标体系，一些高校领导甚至提出"不用 SCI，那用什么指标评价呢"的伪命题，在科研评价奖励中过多引入以 SCI 为首的量化指标体系；甚至国内一些顶尖工科高校、人文社会类高校也加入 SCI 数量比拼的大潮中，乃至高校的一些应用开发类科研工作也在一定程度上追求以 SCI 为首的量化指标体系；在人才评价等中也采用最简单的"数论文，比影响因子"的做法，使得各个等级系统的学术人为了生计和发展不得分出更多的精力去从事虽与学术有关联，但更多带有功利取向的活动——包括为获得各级各类奖励而大量发表低水平重复的所谓论文等，致使我国高校学术劳动力市场带有锦标赛制的特征。SCI 期刊和西方杂志社的编辑在一定程度上间接引导着我国科研创新人才的选拔、资金投向和科研方向。

事实上，科研成果的价值本应该由其自身的创新性、创造性、效用性等内在的价值决定，而不应该由外在的数量和形式指标（如刊物的影响因子、论文被引用的次数、是不是 SCI 等）决定。高质量的论文也可以发表在国内学术刊物上。像陈景润的《哥德巴赫猜想》，袁隆平的《水稻的雄性不孕性》，吴文俊的《数学定理机器证明方法》，中国科学家关于《人工全合成结晶牛胰岛素》等，这些举世闻名的研究成果都是在国内学术期刊上发表的。因此，数量化、形式化的评价和奖励不仅严重背离科学研究求真创新这一灵魂，而且引发了相当一部分教师急功近利和浮躁心态。科学研究是一项以艰苦探索为基本特征的高度创造性精神活动，要在科学上有所建树并成为科学共内体的一员，必须具有和操守美国科学社会学家默顿为其提出的应具备的精神气质或行业规范，即具有甘于寂寞，勇于探索，乐于奉献，不为金钱利益、官位所动，为科学而科学的精神境界，这样才能成为真正意义上的科学家。否则，把科学研究成果当成向社会、政府获取名利的手段和"敲门砖"，整日为名利所累，就难以静下心来，进入科学研究需要的如痴如醉、排除杂念的状态。而我国公立高校这种评价和物质奖励利益导向机制，不仅将复杂多样的科研创新活动简单化为将教师发表的科研论文等按数量、级别、层次等进行加减乘除运算，而且赋予其过多的功能。如一篇 SCI 论文动辄奖励上万元并与官位和各种荣誉挂钩。简单地把科学研究这种精神生产活动当作物质生产劳动，如同工人做工一样来评价管理：只要工人去做工，就会出产品；只要给鸡喂食，鸡就会下蛋；只要生产或产出的产品（论文等）多，就给予更多的奖金。在这种情形之下，必然催生一些教师的浮躁心态，选择一些风险小的"短、平、快"项目和跟踪性甚至重复性研究，以快速多发表一些 SCI 论文。

二是以 SCI 为首的量化评价体系和公立高校科研论文奖励过分偏向国际期刊，不仅使 SCI 与 EI 等国外的论文与引文用数据库严重异化，而且致使我国科技创新和国内学术期刊发展处于非常不利的地位。长期以来，虽然以美国为代表的发达国家的学术期刊整体水平较高，也由于英语作为世界通用的学术语言，英语学术期刊的传播速度远远快于中文学术期刊，使得国外的学术期刊占据较大的学术优势。但是，随着我国已迈入创新型国家行列，科技论文无论是数量还是质量，都已进入一个新的台阶，科技学术期刊质量也已有了很大提升。所以，国内的学术评价仍侧重并向国际学术期刊倾斜是没有道理的，这将会导致我国学者宁愿把论文发表在国外，造成科研成果的大量外流。例如中国科学院"JCR 期刊分区数据在线平台"曾经将所有国内学术期刊全部归为四区，[①] 这是令人匪夷所思的。而国内绝大多数公立高校和很多科研机构也都采用此分区作为学术评价和国际学术论文奖励的标准，这对我国学者将优质学术论文积极向国外学术期刊投稿起到了推波助澜的作用，对国内学术期刊发展非常不利。同样，如上所述，国内公立高校普遍对这些学术期刊和论文索引数据库的论文给予重奖。这种对同样是学术期刊有选择性的评价和奖励的做法，会产生严重的"驱赶效应"和"磁吸效应"，即促使一些教师本来可以将学术论文投向国内学术期刊，却转而投到国外学术期刊，进一步加剧了国内期刊的弱势地位，使之难以与国外学术期刊平等竞争，也使国内中文顶级学术期刊难以具有和国外顶级学术期刊"单挑"的实力。

三是以 SCI 为首的量化评价体系和公立高校 SCI 论文等奖励，不仅

---

① 中国科学院文献情报中心：《中科院 JCR 期刊分区表》，2007 年 11 月 5 日，http：//www.fenqubiao.com/，2021 年 6 月 24 日。

使我国高校等相当一部分科研工作者的民族自信心受到严重损害，而且致使我国学术论文这一非常重要的战略资源外流，削弱国家原始创新能力。

科研论文不仅需要科研人员付出艰辛的智力劳动，国家也投入了巨额的经费支持，尤其是应用学科领域。Web of Science 检索 2007 年至 2017 年我国科研人员发表的英文论文，结果显示，25.89% 的论文受到国家自然科学基金资助，其他论文绝大多数也受国家各级各类基金资助。[①]

据刘彩娥的研究，我国学者每篇论文的经费成本平均约为 9 万余元。以此计算，2016 年，SCI 收录我国学者的英文论文 321266 篇，科研经费成本大约为 295.56 亿元人民币（包含少量国内英文版刊物）。仅我国学者在国外学术期刊发表论文的版面费一项，有专家粗略估计每年达到数十亿元人民币。[②] 这是其一。

其二，从 SCI 论文奖励看，以 A 大学为例，该大学 2017 年给予 SCI 论文——四区平均奖励约 1 万元/篇，2017 年全国高校作为第一署名单位发表 SCI 论文 27.3 万篇。[③] 若以 A 大学奖励额度为参照并按 80% 给予奖励粗略计算，那么该年度仅全国公立高校用于 SCI 论文奖励的奖金就高达 21.84 亿元，而这仅是从 SCI 论文发表的版面费和奖励经费这一表象分析得出的金额。

其三，更本质地看，我国高校等科研人员完成的论文以英文发表在国外学术期刊上，会加剧我国科研论文等科研成果这类重要的战略性资源严重外流。2018 年前，我国天体物理学等相当一部分学科涉及国家尖端科技信息的论文外流率超过 80%[④]，致使我国科技论文外流率进入"高度外流"的"警戒区域"，在中外科技论文交流体系中处于严重逆

---

① 刘彩娥：《把论文写在祖国大地上——国内科研论文外流现象分析》，《北京化工大学学报》（社会科学版）2018 年第 2 期。

② 李警锐、韩莎莎：《中国学术界向国外电子期刊缴纳数十亿"论文版面费"？》，人民网，2016 年 5 月 19 日，http://world.people.com.cn/n1/2016/0519/c1002-28364604.html，2021 年 6 月 23 日。

③ 中国科学技术信息研究所：《中国科技论文统计结果（2017）》，2017 年 9 月 8 日，https://www.istic.ac.cn/，2021 年 6 月 23 日。

④ 中国科学技术信息研究所：《中国科技论文统计结果（2017）》，2017 年 9 月 8 日，https://www.istic.ac.cn/，2021 年 6 月 23 日。

差的境地。这甚至为其他国家获得并分析我国尖端科技的发展动向提供了直接或间接情报，带来严重的科技信息安全隐患。我国学者撰写的英文论文首先在国外学术期刊上发表，这些论文凝聚着我国高校等科研人员的智力劳动与科研资金投入，本该首先服务于我国科技创新和经济建设，但这些论文首先却被国外的同行阅读、评判，使国外过早了解到这些科研创新成果，并加以利用，极大地损害了我国的经济、科技利益。而且，国外的学术期刊拥有版权，国内同行如果欲阅读这些文献，高校、科研院所等相关机构不得不花费巨额资金购买国外文献数据库的使用或者订购国外的学术期刊。粗略估计，全国"211"高校每年购买国外文献数据库的使用权花费大约十几亿元人民币，这笔费用仅仅是 1 年时间的使用权，并没有购买到永久性使用权。这与改革开放初期专利申请和使用非常类似。当时，由于我国专利制度很不健全，高校等广大科研创新人员又缺乏知识产权保护意识，不能也没有及时将自己辛辛苦苦研发的成果申请国内或国际专利，无法得到专利法的有效保护，致使大量先进技术成果白白外流；有时竟还出现外国人在无偿使用我们成果的同时，反过来申请专利并利用专利法来指控我们侵权，我们也无能为力的现象。因此，我国高校等科研人员相当一部分的科研工作实际是在为西方免费劳动，并绝大部分还付费在西方发表论文，这是我国高校科研评价导向的最大问题。同样不合理的是，现行的高校科研评价和论文奖励政策，都非常看重国外学术期刊和论文，除对 SCI 论文等重奖外，把 SSCI 等国际学术期刊和论文也作为评价奖励研究具有中国特色的社会实际问题以及历史文化研究成果学术水准的标志和重要指标依据，致使我国社会科学研究方向走偏。这显然也是科研评价、奖励导向出现了严重差错导致的。

正如中国科学院院士方精云所讲："大家不分领域地只想着发表 SCI 论文，被国外的评价指标牵着走，看不到国家的发展需求并研究解决实际问题，这是非常可怕的，会把中国的科技发展引入歧途。"[1]

四是以 SCI 为首的量化指标体系与公立高校 SCI 论文奖励的偏差和异化，会导致部分科研人员的诚信危机与学术道德沦丧，造成学术不端

---

① 夏欣、齐芳：《中科院科研工作者：把论文写在祖国大地上》，2016 年 8 月 28 日，https：//www. sohu. com/a/112444235_ 382326，2021 年 6 月 23 日。

行为的频繁发生，影响我国在国际上的学术声誉。2017 年 4 月 20 日，施普林格出版集团的 107 篇造假论文，有 524 名中国学者涉嫌学术违规。① 这一事件以及此前和此后诸多学术造假事件，严重违反了中国科学技术协会等 7 部门联合发出的《发表学术论文"五不唯"》通知，其中包括不由"第三方"代写、代投论文，不编造数据，以及不提供虚假同行评审人信息等内容，② 对我国的国际学术声誉造成了极为恶劣的影响。

第二节　公立高校科研奖励政策的多重理论分析

一　基于人性假设理论分析

公立高校科研奖励政策不仅违背高校教师中学术人的真正追求，而且会进一步加剧高校科研生态系统恶化。

公立高校科研奖励政策以理性经济人假设为前提，忽视人的德性和学术人的存在。在公立高校科研奖励"指标—量化—奖励"政策模式条件下，教师复杂的教学、科研劳动均被"数字化"，使得教师不得不参加这样一场凑分数和集点数的游戏。由于相对教学效果的长期性、滞后性和内隐性，科研成果易于量化比较，且容易在短期内见到明显成效，获得较大收益。因此，一些教师便放弃本应承担的教学工作和应有的教学精力投入，围绕本校科研奖励政策，沉溺于对国际期刊和国内"三大核心"等刊物发表文章的篇数和论文引用的频次，以及奖金数额等各种各样数字的追求，致使其进行真正的科研劳动和参与必要的学术交流也流于形式。这使本来内涵丰富的科研创新与科研创新激励政策被转化成一套客观的、标准化的硬性量化指标；科研管理和实践也被异化成为一连串无休止的数量达标与获取更多、更高奖励金额数的游戏；教师的科研产出均被转化为可运算、可加总的数字。正是在此背景下，公立高校教师便明显分化为以下三种不同类型的人：利用规则的人。如按照游戏

---

① 界面新闻：《中国科协：施普林格撤稿事件损害国家声誉查实绝不护短》，2017 年 5 月 25 日，https://www.jiemian.com/article/1348928.html，2021 年 6 月 23 日。

② 中国科协、教育部、科技部、卫生计生委、中科院、工程院、自然科学基金会：关于印发《发表学术论文"五不准"》的通知，2015 年 11 月 23 日，http://www.moe.gov.cn/jyb_xxgk/moe_1777/moe_1779/201512/t20151214_224910.html，2021 年 6 月 23 日。

规则不断调整自己的科研行为，以获取与同行竞争时的绝对优势，进而获得包括科研奖金等更多利益。随波逐利的人。他们主要从"存在即是合理的"角度来理解和跟随科研奖励政策。冷眼旁观的人。他们虽不认同这种政策，但又无能为力，而是作为一个旁观者静观事态的发展、变化。痛心疾首的人。他们将科研奖励视为一种无效的、官僚主义的做法，因为他们认为高校教师应视教学、科研工作为天职，应坚守道德底线，严格遵守学术规范，潜心从事学术研究，而不是从中谋取什么额外的利益。其中，一些"理性经济人"教师为了能够获取更多的物质利益，便从事低水平重复的所谓科研，以得到更多的科研奖金，满足自己的私利。但公立高校教师中还有不少真正的学术人，他们视学术追求为"天职"，并不只是为了获得学校的科研奖金而从事科研创新。他们认为这种特有的物质奖励充满铜臭味，是对自己的不尊重，是对精神世界的玷污。

由此，可以认为，公立高校科研奖励政策满足的是理性经济人日益膨胀的利益需求，而非学术人的真正追求。使前者沦为挣取更多"工分"、领取更多计件报酬的"高级技工"。其中不乏一些已获正高职称的教师，其科研劳动纯粹是为了获取更多奖项和奖金，而始终围绕本校科研奖项和奖金额度高低的变化，不顾自己已有的科研积累、科研方向，随时调整自己的科研活动，无奖则放弃；还有一些无论其研究方向有无价值，研究方法、内容有无新意，甚至弄虚作假、炮制垃圾论文等学术不端行为所形成的所谓"成果"，也能获取科研奖金。那些须经过长期积累和研究才能做出真正有创新性成果的长线基础研究却少有人去做。学术人和从事真正创新性的科研劳动后继无人，岌岌可危。由此可看出，公立高校这种科研奖励政策举的是激励教师科研劳动积极性和提高科研成果质量的大旗，但却并没有发挥应有的激励功能，反倒使得一些高校人文精神和创新精神消退，一些教师被异化为纯粹的理性经济人，导致严重的学术腐败问题；致使高校科研创新乃至学校整体工作生态系统处于恶化的危险境地。上述问题的存在，既有一些政府部门、官员和高校管理者存在不恰当的利用市场经济高效率、急功近利、快速追赶超越"数量思维"模式的原因，也与现行科研体制下科学共同体，以及本校如学术委员会作用发挥不够，甚至缺失等因素有关。[①]

二 基于制度行为理论分析

从管理学的角度定义，所谓组织，是指这样一个社会实体，它具有明确的目标导向和精心设计的结构与有意识协调的活动系统，同时又同外部环境保持密切的联系。[②]

高校作为一种特殊的组织，具有复杂的特性。正如雅斯贝尔斯指出的："大学只有作为一个制度化的实体才能存在。正是在这样一个制度架构内，大学的理念才变得具体而实在，并由此完成它的任务：科学研究、教学、学术训练、沟通。高校既需要建筑物、书籍、院系、教师和学生等原材料和载体，还需要对所有这些元素及构成活动进行规范化的管理。通过对它的成员进行特权和义务的调配，大学表现出作为一个独立法团之整体的一面。"[③] 也就是说，制度存在的主要目的是服务于组织发展，而高校是一种结构形式化程度较高的社会结构的集合体。

制度之所以是重要的，是因为制度对行动者的行为具有调整和塑造的功效。几乎所有制度主义研究者都认为，制度要比其他任何方面对行为的规制性作用更强。在现实实践中，制度的确能塑造个体的行为，并减少在其他方面支配社会生活的不确定性。制度包括内在制度和外在制度。[④] 内在制度是影响和引导高校科研创新认知和行为的直接推动因素。内在制度是"随群体内的经验积累演化而来的规则"，它不同于外在制度，外在制度是"群体外在地设计出来并靠政治行动自上而来地强加于社会规则"。内在制度与外在制度的区别与"规则的起源有关，也就是与它们的产生方式有关。……在实践中，二者会根据情境存在着明显的灵活转换"。[⑤] 从我国的具体情况来看，在高校组织层面的视角下，凡是

---

① 杨忠泰：《公立高校科研奖励过度问题研究——知识发展流程视角》，《科技进步与对策》2020 年第 7 期。

② ［美］W. 理查德·斯科特：《组织理论》，黄洋等译，华夏出版社 2002 年版，第 91 页。

③ ［德］卡尔·雅思贝尔斯：《大学之理念》，邱立波译，上海世纪出版集团 2007 年版，第 108 页。

④ ［美］B. 盖伊·彼得斯：《政治科学中的制度理论："新制度主义"》（第二版）》，王向民、段红伟译，上海世纪出版集团 2011 年版，第 153 页。

⑤ 柯武刚、史漫飞：《制度经济学：社会秩序与公共政策》，韩朝华译，商务印书馆 2001 年版，第 119 页。

由政府主导制订且对多所高校具有普适性和较强行政约束力的学术制度即为外在制度；凡是由高校组织主导制定仅在组织内部具有一定约束力的学术制度为内在制度。内在制度又区别为正式的内在制度和非正式的内在制度，如高校科研奖励制度（政策），作为正式制度，它对教师的科研行为具有一定的强制性，而非正式的内在制度如教师的学术习性则不具有强制性。

（一）基于制度行为理论分析之一——内在制度的视角

1. 学术习性

高校科研奖励政策（也即这里讲的制度），并不能从根本上改变教师的学术习性。高校组织基于组织发展需要形成科研奖励政策等正式的内在制度，和个体的学术习性等非正式的内在制度都在高校科研发展中起着重要作用。

制度和非正式的内在制度，如高校科研研究奖励制度（政策），作为正式制度，它对教师的科研行为具有一定的强制性，而非正式的内在制度如教师的学术习性则不具有强制性。

习性是一套深刻地内在化的、导致行为产生的主导倾向。教师形成的学术精神、学术习惯、学术责任、学术兴趣、内在规范以及对学术生产的认知态度等学术习性，是高校科研内在制度中非正式制度的重要组成部分，是教师进行科研生产的一种生存心态。[①] 根据布迪厄的理论，教师从事科研生产的实践，是其依据从科研活动的经验累积与学术内化过程中形成的潜在的倾向性，并秉持与特定学术场域相匹配的一定形式与数量的资本所发生的一种前反思的策略行为。[②] 也就是说，教师倾向于投入科研，除与他所在的特定学术场域（包括学校类型、学科等）有关外，主要是由其自身的学术性所决定的。

一方面，研究型等高校教师大多已形成良好的学术习性，科研已经成为其生活的常态，外在的奖励成为次要的或者说是附加的不同，教学型高校和教师的科研竞争及学术压力相对较小，缺少科研文化氛围，相

---

① 任珂：《新建本科院校教学与科研关系的制度分析——以 N 学院为例》，博士学位论文，华中科技大学，2017 年。

② ［法］布迪厄：《区域——一种趣味判断的社会学批判》引言，朱国华译，文化研究（第三辑），中央编译出版社 2003 年版，第 8—14 页。

当一部分教师习惯和满足于年复一年的完成教学工作任务，不愿意从事需付出很大心血的科研活动；另一方面，由于现行一些科研项目、人才称号等都要求申报人须有高级职称，而这类高校副教授以上高级职称指标较少，使得新入职青年教师难以在同等条件下晋升高级职称，失去竞争高层次科研项目、人才称号等学术资本的机会，难以在真正的科研活动中形成良好的学术习性。在这种情况下，教学型高校便一致通过不断扩大科研奖励范围和奖项，提高相关奖项奖金额度等科研奖励正式化的内在制度和措施，试图调动教师的科研积极性，促其逐步形成良好的学术习性；并激励、引导新进博士和优秀人才继续传承其"985""211"母校优良的科研传统，以及已形成的较为良好的学术习性，使其不被"同化"和出现知识老化，消解继续科研的锐气。但是，这种奖励虽在一定程度上调动了教师争取获得各奖项科研活动的积极性，却仍未从根本上改变教学型高校也普遍存在的科研成果"脉冲现象"和其中约有70%以上的教师没有良好学术习性的事实。[①] 在高校，如果将教师的科研成果、科研获奖等数量和时间作为特征值的坐标图来反映，则会发现一个普遍存在的有趣现象，即一些教师获取的科研成果、科研获奖等的数量在某一时间段会出现"井喷式"增长，随后又快速回落，过几年后又再次出现，如此反复，就像物理学上讲的"脉冲"一样。我们可把这种现象称为科研"脉冲现象"。这种现象的存在，主要是由这些教师良好的学术习性、长期科研积累所形成的系列科研成果和集中获奖，即"厚积薄发""十年磨一剑"的科研内在规律所决定，也与其每隔几年都要晋升高一级职称有关。因此，作为激励教师科研正式化内在制度的科研奖励制度，虽能调动教师的科研积极性，使其在科研活动中拥有一定形式和数量的学术资本，但并不能从根本上改变其学术习性。并且，既然教学型高校科研奖励政策一直都在持续实施，那么，这种科研"脉冲现象"就不是这种特设的科研奖励制度决定的，也不能改变高质量成果的产出情况。如尽管教学型高校一般都对 SCI 一区论文给予高达 5 万—7 万元/篇的奖金，但每年真正获奖的都是相对稳定的一些教师，新增的都基本是刚入职的青年博士教师。

---

① 曾贵、王超：《教学型高校过度科研的教学挤出效应研究》，《湘南学院学报》2015 年第 6 期。

2. 教学与科研奖励政策

本来，在洪堡办学理念下，科研与教学是相统一的。但在公立高校"全民科研"的政策导向下，逐渐形成了"科研至上"的价值取向，致使重科研、轻教学的失衡现象。

教学与科研关系失衡的成因是科研成效的量化指标及奖励范围和奖金额度的不断攀高，教学遭受前所未有的冷遇，人才培养质量不断下滑。即其根本原因在于既有制度体系的缺陷，是内在制度和外在制度共同作用的结果。内在制度上，公立高校内部的科研奖励政策等正式的内在制度对教师个体的影响是强硬的，这些正式的内在制度对高校科研具有相应的资本影响力，即科研奖励政策为科研提供了相应的经济资本。这样，以科研奖励政策为代表的学术资本激发了教师的科研积极性，完成了学术资本的原始积累，并且与职称评定政策的潜在学术资本具有相互强化的功效。"科研至上"的制度理念以及实际上带来的学术资本收益远远高于教学。有关教学政策则没有从最大程度上转换为真正的个人利益。因此，教师们就通过多上课来实现经济资本的最大化，而将课堂教学质量和育人的根本置之一隅，使教学处于"观念上重要，实际上边缘"的境地，教学与科研相割裂。

具体来讲，正如布迪厄所认为的，所有的行为都是与利益紧密相关的，包括符号的追逐（symbolic pursuits），将经济计算的逻辑扩展到社会所有的商品，物质的与符号的，它们都毫无例外地把自己表征为一个在特定社会结构中值得追逐的稀缺资源。[1] 此处的利益认同机制指"作为规则的制度"，显然强调的是制度的工具导向，认为个体的行动选择主要基于制度对其利益偏好的激励作用。

博士、教授等高层次教师的数量增加并不必然地增加学术产出的数量，它们并不是学术产出数量的充分必要条件。[2] 作为中介的科研奖励政策才是促使数量增加的重要原因，也是教学与科研关系失衡的主要原因之一。即便博士和教授自身具有从事学术生产的动机，但与科研奖励

---

① ［法］布迪厄：《区域——一种趣味判断的社会学批判》，朱国华译，中央编译出版社2003年版，第73—74页。

② 李志文、钟瑞军：《奖金激励与学术成果——来自浙江大学 SCI 论文奖励效果的证据》，《管理工程学报》2013 年第 2 期。

及职称评审也并不违背，二者是同向作用力。也就是说，数量不断增加的博士申报科研项目、发表论文是与公立高校院校的奖励制度密不可分的。事实上，教师从事学术生产的动力在于相关的学术活动及产出的激励作用，也就是科研奖励政策的激励作用。显然，科研奖励的激励效果要远远大于教学奖励的激励效果。

首先，从公立高校教学与科研奖励政策的主要奖项和具体内容来看，如前所述，科研奖励政策的主要奖项包括科研成果（论文、专著、专利、标准、咨政报告等）、论文引用、科研项目、科研获奖等，几乎对现有能考虑到的各类知识产品都做了明确的奖励说明和规定，有些奖项的力度相当之高。教学奖励政策虽然也有教学成果（论文、专著、教材等）、教改研究项目、教学获奖等主要奖项，但不仅奖项具体内容明显少于科研奖项内容，而且各奖项奖金额度较低（以 A 大学 2016 年科研论文与教学论文奖励为例，该大学奖励科研论文，如 SCI 一区每篇高达 6万元；而教学论文奖励最高每篇仅为 0.5 万元，奖励额度很低）。

其次，进一步从公立高校教学与科研奖励政策某一奖项内容比较来看，以科研项目奖与教改项目奖为例，H 省教学改革研究项目主要包括省教育厅教师教育改革项目、省教育厅高等教育教学改革项目等。由于省级教改项目每 2—3 年申报一次，且每个学校有限项，A 大学一般每次限报 10 项。在校内竞争激烈的情况下，项目具体承担者都将主持人挂靠为各院系的院长甚至是校级领导，真正的一线教师极少。在项目结项后才能于次年或若干年后申报省级教学成果奖；而如上所述，科研项目则有国家如 973 项目等重大攻关项目、国家自然科学基金项目、社科基金项目等各级纵向项目，以及各类横向项目，其项目种类层级数量远远大于教改项目，且一般对高校没有数量限制，只要符合条件的教师，都可申报，受众比例相对教改项目要高得多。且教改项目所没有的省部级以上科研项目每项奖金额度也很高。

上述分析表明，强势的科研奖励政策等各种正式的内在制度存在明显的割裂教学与科研关系的倾向，致使教学与科研的关系失衡。

高校教师科研行为的选择是在学校科研奖励政策等条件下，现实学术场域的真实反映。潜在的"科研至上"的价值导向及教学与科研关系中"唯科研"的评价制度就像一双无形的手在牵引着教师的学术行为。

在当前高校这种"唯科研"量化评价制度下，高校也走上了反理性的道路，高校的教学与科研目标发生了漂移，沦为学校追求科研量化的合法性存在手段，也迫使教师们不得不改变其自身原有的科研行为、学术习性，投身到这一创造数字化绩效的学术队伍中。

（二）基于制度行为理论分析之二——外在制度的视角

外在制度是由统治共同体的政治权力机构自上而下地设计出来、强加于社会组织并付诸实施的外在行为规则，它的本质特点是，处罚或奖赏掌握在某种高于共同体的主体手中。[①] 外在制度具有相当的强制性。在高校，这些外在制度主要包括由政府主管部门制定和实施的相关制度，如普通高等学校本科教学工作水平评估、高等教育质量评估、学科评估、领导班子工作实绩考核制度等，它们对于学校行动者，特别是作为领导层的管理者们对科研的认知和行为具有重要的影响，进而影响和引导高校科研的评价、奖励制度的价值导向。指令性制度主动明确地指示和命令下级去做什么，它创立了一种由领导人或上级行政部门强加的行动秩序；禁令性制度在具体做什么上给予行动者留下一定的活动空间，但禁止某些有害的行为类型，以"不应"为典型思路。

在对 A 大学的研究过程中，我们发现对学校行动者如何对待科研工作等具有强制性影响和作用的主要是政府主导的学校领导班子和个人任命与实绩考核制度，以及各项评估制度、社会主导的大学排名制度以及关于规范科研行为各种禁令性制度等。

各项评估制度主要包括普通高等学校本科教学工作水平评估、高等教育质量评估、学科评估等，它们对于学校行动者，特别是作为领导层的管理者们对科研的认知和行为产生了重要影响。这些评估制度主要是政府行为，具有自上而下的特点与强烈的惩罚性。如果高校不遵循，达不到政府教育行政部门评估、考核要求，其所处的制度环境就会不断恶化，就没有获得资源的机会，甚至会被惩罚，取消或减少一些原本就有的资源，比如财政拨款、招生计划以及学校领导被提拔的机会等。

这里仅对高校校级领导班子和个人工作实绩考核制度、社会主导的大学排名制度等外在制度进行讨论。

---

① 任珂：《新建本科院校教学与科研关系的制度分析——以 N 学院为例》，博士学位论文，华中科技大学，2017 年。

1. 高校领导班子和个人工作实绩考核制度

公立高校学校领导班子和个人工作实绩考核或者目标考核，是对学校科研奖励政策等及认知和行为具有重要导向作用的一个基本影响因素，是外在设计出来并靠政治行动自上而下施加给高校的，具有外在强制性特性，是公立高校必须要遵循的。对 H 省校级领导班子和个人工作实绩考核指标的分析发现，无论是对学校教学还是科研工作等，这些指标均被抽象简化为一些数量指标，是参照高校的基本职能划分确定的。其中人才培养占 40 分，科学研究占 20 分，服务社会占 12 分，文化传承创新占 8 分，共计 80 分。进一步研究发现，人才培养中的学科、专业建设和教学改革与教学质量主要含教学成果奖占到 17 分，而教学成果奖在该省3 年才评选一次；学生培养质量也采集的是学生考研率、申报的省级以上创新创业训练计划项目增量以及参加挑战杯、数学建模、科研创新等各类竞赛活动所获得奖励的增量三个部分，而对具体的教学工作几乎没有涉及，充其量可以把师资队伍建设的 13 分勉强归到教学，但其实归到科研工作方面更合适，因为其考核项目均为高层次人才，这些正是科学研究常用的评价指标。可以看出，整个领导班子工作实绩考核指标数据采集表可以视为是科学研究方面的考核数据，对领导班子的考核最终也就归结为对学校整体科研水平的考量。

与之相对应的学校内部的二级学院与主要处室等处级领导班子和个人工作实绩考核，也参照这个以科研为重心的标准和指标体系进行量化考核，决定其评优、任免和提拔。

正如索尔特和塔伯提出的新概念——"教育官僚",① 公立高校的领导班子主要关心的是控制及制度的有效性问题。在这种情况下，为了突出工作实绩，学校领导显然会遵从上级的行政性评价和考核，由于教学以难出成果、难以形成所需政绩的分值，学校便一致性地将发展的重心放在科研工作上，尤其是从政策、资金和人力的分配上倾向于科研。如加大科研奖励范围和奖励额度，重视人才队伍建设等，提高科研创新绩效，以得到较高的领导班子考核分值，在为学校发展从政府获取多方资源的同时，自己也获得被重视和提拔的机会。

---

① ［英］斯蒂芬·鲍尔：《政治与教育政策制定》，王玉秋、孙益译，华东师范大学出版社2003 年版，第 73 页。

从现有资料来看，国内的各项与高校内涵发展相关的主要评估，无论是学科建设、学位点建设、专业建设，还是校园文化建设，政府考核更看重的是高校的科研绩效，而科研绩效最终又化约为科研产出的数量指标。这种以科研为导向的量化评价考核制度随之成为国内各级各类高校发展的指挥棒，指引着大家向同样的目标努力奋进。不仅造成制度的趋同，而且也导致了各类型、各层次高校都追求科研及科研奖励政策的趋同。

2. 大学排名制度

大学排名作为一种对高等教育投入、过程和产出质量的社会评价方式之一，自 1983 年《美国新闻与世界报道》发布大学排行榜（以下简称《美新》）以后，在风靡世界的同时，也受到来自学界等各方面的质疑。但它对高等教育的发展还是产生了一定的促进作用，如引导学生选择学校和专业、引导资金流向、促进大学竞争，从而一定程度上动态反映了高等教育发展规律，成为构架官方与民间的桥梁，同时也能促进高校接受社会监督，不断提高教育教学和科研质量等。

大学排名发展至今，几乎所有高校无一例外都会根据现有的大学排名指标，结合本校实际情况，采取切实措施以快速提高本校在大学排名中的位次。

在美国，大学排名是由非官方、也非教育界的第三方作为一种商业行为而产生。最早由《美新》杂志主持的大学排名活动和每年发布的榜单吸引了越来越多的公众"关注"，使这种集体性的个体选择行为演变成为一种市场引导制度。那些当初对此举嗤之以鼻的大学也不得不重视自己在其排名中的位次。以《美新》排行榜的指标体系为例，其排名权重的 40% 给了输出环节的衡量学生满意度的四个指标（学生保持率、财政资助力度、校友赞助和毕业率参数）；另外 25% 才是学校的学术声誉。而输出环节占到了整个指标体系的 65%，以新生素质为主的输入环节占15%，以教师的素质和投入为主的中间环节占 20%。[①] 这种排名的指标体系着重站在教育消费者立场，更多反映了学生的需求和利益诉求。

这种社会评估机制，代表了社会公众的利益诉求，连接了"大众媒

---

① 国兆亮：《〈美国新闻与报道〉大学排行方法及指标体系》，《华北电子大学学报》（社会科学版）2011 年第 1 期。

体发布大学排名"与"民众选择高等教育机构入学"这两个原本完全无关的场域，并构建了一个具有共同意义的社会行为结构，使大学排名成为一种周期性的社会行为模式，较好地实现了高等教育市场的制度改进。

与美国等国大学排名作为一种市场行为而产生不同，我国大学排名无论是从动机、评价体系，还是从排名主体及方法，都具有自身的特殊性。它是在政府主导的高校办学水平评估和教育质量评估的基础上，社会各界积极支持、参与高等学校的建设、人才培养教育质量评估的条件下产生。历经 30 多年发展，我国大学排名在体现竞争意识、接受社会监督等方面促进高校发展的同时，在相当程度上处于较为混乱的状态，从可比性、信息数据的可靠性和指标体系的完整性等方面尚不能很好体现大学排名的本意。

事实上，作为一种外部性的市场行为，大学排名活动主要有学生、政府、大学及公众四个利益主体。不同利益主体虽然会有不同的立场差异，有相应的不同观点，但大学排名理应考虑大学质量的各主要方面。然而，学界通过研究发现，我国大学排名制度特别侧重科研指标，"科研至上"成为共同的大学价值取向。正是由于科研与科研评价在大学排名中具有重要的乃至决定性的影响，会切实影响高校的经济、社会与文化资本的获取和分配，因此才会导致各类型、各层次高校向同一个评价标准看齐，也忽视自己在整个高校科研创新体系中应有的定位，都向研究型大学看齐，要重点发展学校的科学研究，要争取更多省部级以上等高层次科研基地、平台，要获得更多国家级项目等显性化的硬性量化指标，等等。这从上述 A 大学"十三五"发展规划等整体发展规划和目标及学校科研奖励制度政策等中都能明显地看出。

为了说明问题，这里以 2013 年《网大中国大学排行榜》的指标体系（以下简称《网大》）为例进行比较分析。《网大》指标体系分为学校声誉、科研、学生、教师和物资等 5 个一级指标。[1] 其中科研的权重占到 30.6%，与其他四项相比，科研的指标权重是最高的，而且其中有 22% 为四大检索收录的论文数；而《美新》则没有单独的"科研"指标，以"学术声誉"作为"科研"的替代。《网大》在对学生的指标设置上，注

---

① 毕鹤霞：《中国大学排名四大知名榜单指标体系比较研究》，《高教探索》2018 年第 5 期。

重学校学位点及重点学科数量，教育消费者的利益指标仅有"录取新生质量"（5.9%）和"全校学生中研究生的比例"（6.1%），且强调人才培养过程的输入及输出两端；而《美新》则更关注学生对学校的满意度和在校期间的收获，强调人才培养的具体过程。此外，"教师"指标部分，《网大》除了2%的师生比外，剩余的17%都用于对师资优异性的评估；这与《美新》正好相反，除去3%用于师资优异性的评估外，其余的17%全部用于师资评估的投入。由此可看出，以《美新》为代表的美国大学排行榜指标体系设置注重学生与师资评估的权重，能反映出校方将对学生培养过程和质量的重视程度关注作为消费者学生的满意度。但反观以《网大》为代表的我国大学排行榜的指标体系，不仅包含那些能够量化的评价维度，科研的硬性指标权重较高，而且忽视了对学生成长最重要的过程评价和关于大学教育教学质量不断提高的内涵因子，显然有悖于高等教育发展的内在要求。这充分说明我国大学排名制度在很大程度上把高校引向仅是社会发展的助推器、科研创新的孵化器，而不再是教化的场所。事实上，我们并不能因为人才培养过程和高校文化及具体的管理体制机制难以量化的技术问题而忽视高校不断提高育人质量这一办学真谛。因此，可以说，在政府高校领导班子和个人绩效考核制度与社会机构大学排名制度的强势引导下，几乎所有的高校都不得不加入机械的以科研奖励政策等为核心科研数字运动中去，把我国高校教学与科研不平衡关系推向更加危险的境地。

（三）基于制度行为理论分析之三——学术锦标赛制度

如上所述，公立高校必须接受外在制度的强制性约束，并通过运用内在制度的强激励机制来刺激其内在科研动力，以产生类似于体育锦标赛中服用"兴奋剂"的作用和效果，使自己快速提升地位、吸引政府公众的注意力，获取更多更优质的教育、科研资源。

通常情况下，各公立高校要与其他高校进行相关制度比较，而在简单的实体性思维模式下，很容易将政府或那些卓越高校的相关制度进行移植，尤其是参照处于其上位的高校制定相应的发展规划和目标。因此，也就需要更多更好的资源，以便实现其追求更高一层大学的名分。

在我国管理体制下，政府具有控制资源分配的绝对权力。在资源的分配使用中采取高效率的配给制度，但为了避免优势高等教育、科研资源的垄断，以及优势高校的"马太效应"，避免高等教育不公平现象的加剧，政府采用具有强激励的类似于"官员锦标赛制度"[1]来激励高校积极参与争夺教育、科研资源的游戏，以化解针对其自身的诸多矛盾与不公平。由此可见，正如相关研究所指出的，我国的学术治理模式具有典型的锦标赛制特征，可称之为"学术锦标赛制"[2]。并且，相较于官员晋升锦标赛制而言，学术锦标赛制不但更明显地具备以相对位次进行绩效激励的特征，而且还通过层层转包甚至任务加码体现出多重"委托—代理"的特征；在宏观层面的学术锦标赛制中，国家或政府扮演委托人角色，高校组织扮演的是代理人角色；在中观层面的内部学术锦标赛制中，高校实施任务转包，又扮演委托人的角色，组织内部的学术人员则扮演代理人的角色。也即在中观层面的学校内部，学术锦标赛是大学与科研人员分别扮演委托人与代理人的角色，通过相应的业绩规则，建立起科研人员的工作业绩与奖励报酬之间联系的一种激励制度。

在这种锦标赛制下，学校领导、二级学院院长、处长和教师都竞相提高自己的"相对位次"，以"胜出一筹"。由于教学、人才培养过程和质量等是难以量化的非显性指标，不好确定名次，故学校领导及高层管理者便努力争取更多的省级以上重点学科数，更高层次省级以上的重点实验室、工程技术中心等科研基地平台数以及更多的国际四大检索收录的论文数和拥有更多省级以上高层次人才数等，以使上级领导部门一目了然，使自己所在学校在评比中取得更好的"相对位次"；同样，校内的二级学院也依次类推，采用同样的做法，以在校内各院系竞争中取得更好的"相对位次"；而对于教师，在于获取更多、更高层次科研项目和科研获奖，在更高层次刊物发表更多数量的论文等等科研量化显性指标，以在校内外获得更好的"相对位次"，获取更高的学术要价能力，使自己在科研市场竞争中胜出一筹，并在校内的诸如职称评比、科研资源分配、科研奖金获取等方面胜出一筹。从而在这种自上而下的锦标赛制竞争中各个人都依靠自己科研竞赛的"相对位次"，而使自己被更快提拔，尽快获取更高职称、更多奖金。事实上，如前所述，无论是教师

---

①　周黎安：《中国地方官员的晋升锦标赛模式研究》，《经济研究》2007年第7期。

②　阎光才：《学术等级系统与锦标赛制》，《北京大学教育评论》2012年第3期。

还是行政人员，其职责都是多维度的，有些可测量，有些则不易测量。学术晋升锦标赛制把那些不易测量的指标排除在考核范围之外，仅把可测量的指标如科研基地平台的层次、数量，科研论文的层级、数量，科研经费的数额等作为参赛的指标，而被忽略的不可测量或难予测量的指标却是高校更为根本的使命与责任，如教学的教育性，科研创新育人、文化传承与创新、学术精神培育等。在这种情形下，各公立高校为了在与同类型和同层次高校的竞争中胜出，便一致采取学术锦标赛制的显性量化成果作为评价指标，造成了类似于官员晋升锦标赛中只关注 GDP 单一指标所带来的诸多社会问题的严重弊端。

总之，内在制度对学校和教师具有学术资本增值的作用，外在制度则具有学术锦标赛的逐级淘汰的强激励机制。根据马斯洛的需求层次理论，两种制度都是在较低层次来满足教师的成就感，并未激发起教师内心的学术责任与学术精神。因此，这种制度及其机制使得高校教学科研等工作，按照学术资本化的制度逻辑运行，资本追逐利润的本质造成了作为学术本真的学术精神和学术责任的"物化"。

三 基于强化理论和科研奖励边际效用理论分析

公立高校科研奖励及其过度奖励，不仅会导致一些教师对这种特设的奖励政策的依赖，而且奖励到一定程度也会失效。按照强化理论，奖得越多、越勤，奖励到一定程度便会使人们对其产生依赖，并很快失效，而对另一些人则始终无效。

强化理论由美国心理学家斯金纳首次提出，他认为，人的行为是对其所获刺激的函数。如果这种刺激对他有利，则这种行为就会重复出现；若对他不利，则这种行为就会减弱甚至消失。[①] 因此，管理者要采取各种强化方式，以使人们的行为符合组织的目标。但斯金纳认为，并不是所有的奖励都可以使人的某种行为得到强化。过多、过度的奖励并不一定会有积极的作用，反而会适得其反，使人对其产生依赖。并且这种强化方式并不稳固，也并不总是有效，一旦停止对其奖励，可能会造成这种行为的停止或消退。高校尤其是教学型高校管理者更期望通过科研奖

---

① 韩卫群、刘炫、黄金火：《管理学原理》，南京大学出版社 2018 年版，第 121 页。

励及更多奖项的重复获奖提高学校的声誉，获得政府学科评估和大学排名位次的相对前移，普遍以"奖励"为强化物，对教师的科研投入和产出做出反应，力求达到"双赢"的目标。但正如强化理论所揭示的，初始的奖励确实会在短期内效果明显，但仅以重复奖、过度奖的科研奖励手段促进教师的科研投入和产出，不仅可能造成"奖励"变为操纵教师科研活动的手段，而且会出现"用得越多，对奖励的需求就越大"的现象。并会随着过多科研奖励的继续推行，教师的科研产出质量却并不因为这种重复奖、过度奖而继续提高。与此同时，对真正发自内心喜爱科研，以探索自然界的奥秘为目的，视科研为实现自己人生最高境界的一些教师而言，并不需要这种科研奖励，更不需要重复奖励。而在当下教学型高校仍在继续推行这种科研奖励及其重复奖政策的条件下，反倒使这些人显得不正常，其获得奖项和奖金额度的量化差距也被等同为其内在科学价值贡献的差距，使一些本来淡泊名利者也不得不计较起来。也即这些教师对自己取得的科研成绩在这种重复奖中获得相应奖金后，他们既非常关心自己所获得科研奖金的绝对量，又很在意自己所得到科研奖金的相对量。所以，他们要进行多方面的比较和权衡，来确定自己所获得的科研奖金是否合理。比较的结果将直接决定其选择什么样的科研活动，影响其今后科研的积极性，甚至使他们转向纯粹追求更多奖项、更多科研奖金的有奖科研活动。

对理性经济人教师也会由于过多重复、过快增长的奖励即过度奖，其奖励效益则会出现"德西效应"。[①] 即适度的奖励有利于巩固个体的内在动机，但过多的奖励却有可能降低个体对事物本身的兴趣，降低其内在动机，失去科研奖励应有的激励功能；并出现"奖得越多，对奖金的需求就越大"。在这种情形下，公立高校不断加大相关奖项重复奖金额度，其作用仍是相当有限的。

事实上，20世纪70年代，心理学家所做的实验已证实，外部奖励会将人们喜欢从事的某活动的内在动机转移到追逐奖励本身，但对并不在意奖励的人无多大影响，并且是失效的。[②] 外在动机有时会"排挤"内在动机。内在动机是非常珍贵的，它需要长期培育和呵护，但很容易

---

① 李刚：《浅析激励与德西效应》，《科技信息（学术研究）》2008年第9期。
② 林海亮、杨光海：《教育心理学》，北京师范大学出版社2012年版，第129页。

被外部奖励掐灭。并且，这种重复奖会进一步强化"无利不起早"理论所宣扬的，人们做事情只是为金钱奖励，以最少的工作获取最大的利益的观念。这是造成教学型高校学术泡沫、学术垃圾现象加剧的主要原因。如黑龙江某教学型高校的一名教师在2004—2009年5年间发表了279篇论文，而且都是在同一期刊上，他竟然一人获取了该校同期一半的论文奖金。① 这种科研获奖"大户"现象，显然在研究型高校、研究教学和教学研究型高校中是绝对不会出现的。

同时，公立高校科研奖励政策及其过度奖励既违背学术人的真正追求，也会出现科研奖励边际效用递减现象。根据科研奖励边际效用理论，精神奖励的边际效用会随着奖励的增加而递增；但物质奖励的边际效用则随着奖励强度的增加先递增，达到一定高度停滞一段时间后，又开始递减。② 若再继续加大科研奖励金额，不仅会导致科研奖励边际应用递减，科研成果的数量也不会发生相应的弹性变化，并可能把一些弄虚作假者引入学术造假、花钱买论文的市场交易中去，这与默顿所倡导的科学共同体成员应具有的无私利性格格不入。事实上，如果科研奖励金额超过寻租成本，就会诱导花高额版面费拼凑购买论文等虚假现象，并造成弄虚作假者非但没有得到应有的处罚，却也能从科研奖励中获利，促使非法科研利益链的形成，滋生学术腐败现象。当前非公开、流传于一些高校教师中的所谓网上论文购买公司，其利益很大一部分就是借助于一些教师的中介体从高校科研奖励和科研项目经费中转移而来的。显然，如果任科研成果成为纯粹可交换的商品，高校科研奖励和过度奖励便成为这种非法商业利益链中的源头，这将对整个高校科研健康发展带来严重的损伤。

四 基于知识分类分析

(一) 知识的一种分类：显性知识和隐性知识

随着知识经济的发展，高校知识的创造和应用功能日益受到人们的

---

① 雷宇来扬：《教授回应5年发279篇论文：就是想引起学术界讨论》，《中国青年报》2010年1月4日第6版。

② 徐顽强、李华君：《科技奖励边际效用的影响因素及其优化对策》，《华中科技大学学报》（社会科学版）2009年第1期。

重视。从国际上看，教师评价逐渐由传统的绩效评价向知识评价过渡。当前，我国公立高校由于不重视隐性知识在教育教学和科学研究中的地位，对其活动的特点和规律把握不准，使得公立高校教师评价和科研奖励成为一种严重违背隐性知识本质的一种活动。知识是指系统化、理论化的信息。作为知识的一种分类，可根据知识能否清晰地表述和有效转移，把知识分为显性知识和隐性知识。隐性知识是迈克尔·波兰尼于1958 年在哲学领域提出的概念。显性知识又称明晰知识、外显知识和可编码化知识，是指"明确表达的知识"，即人们可以通过口头传授、教科书、期刊、专利文献、视听媒体、软件和数据库等方式获取和传播，也容易被人们学习。

隐性知识是高度个人化的知识，也称非编码化知识，很难规范化，也不易传递给他人，主要是隐含在个人经验中，同时也涉及个人信念、价值体系等因素。隐性知识是主观的经验和体会，不容易运用结构性概念加以描述或表现。相对于显性知识可测量、评价，隐性知识是难以测量和评价的。

迈克尔·波兰尼认为，隐性知识是存在于个人头脑中的、难以正规化、难以沟通的知识，是知识创新的关键部分。[①] 它往往在特定情境下，以直觉、美感、顿悟等形式瞬间爆发。学习的主要方法是以领悟、习得和交流活动以及师传徒授等方式进行。由此可看出，隐性知识具有默会性、个体性、情境性和随机性等特点。高校教师在长期的教育教学与科研实践活动中，形成了教育理念、教学内容、方法设计的技巧等教育教学的隐性知识，以及科学研究中处理复杂事物的经验、快速的情境判断、提炼后的专业直觉、实践操作技巧、应用技术及窍门等科学研究的隐性知识。这些知识对教师在科学研究中的认识与实践的影响是非常重要的，同时又是极其复杂的。在知识的内隐情景下，高校教师具有的这些隐性知识表现为高度的个人化，它深植于个人的行动与经验中，深藏于教师个人的价值观念与心智模式中，难以用数字、公式和科学法则等来表达，也很难用文字、语言来精确描述，表现出默会性。

（二）隐性知识在高校教育教学和科学研究中的重要作用

隐性知识的这些特点，决定了人们对获取隐性知识相当困难，但它

---

① 黄荣怀、郑兰琴：《隐性知识及其相关研究》，《开放教育研究》2004 年第6 期。

却在人类知识的生成、获取与转化的过程中发挥着极其重要的作用。日本学者野中郁次郎等人在《知识创新型企业》一书中，提出了隐性知识和显性知识相互转换的理论，他认为，知识经过社会化、外部化、综合化和内在化的不断转换，形成了一个连续成长过程。但隐性知识中的本质部分是难以转化为显性知识的。[①]

高校教师的主要工作是教育教学和科学研究，其过程主要是知识的生成、转化、应用和表达，其中隐性知识发挥着重要作用。但以量化指标体系为基础的公立高校科研奖励政策难以考虑隐性知识的存在。这使得一些教师并不重视教育教学本质中的教师的人格魅力、师德、教学艺术等的养成以及统摄科学研究最本质的如科研创新精神、知识的积累和直觉能力的培育等隐性知识及生成能力的培养与提高。

知识管理研究中的"冰山理论"[②]认为，隐性知识的作用远大于显性知识的作用，这充分说明隐性知识在高校教师教育教学和科学研究中的重要性。知识就像大海里漂浮的冰山，其"显性知识"只不过是露在水面上整个冰山的一角，绝大部分的隐性知识处于水面以下，但却发挥重要作用。这说明要成为一名真正的好教师，不仅要有丰富的显性知识，而且要有深厚的隐性知识。

其一，隐性知识是通过师传身授的方式进行传递的。这是因为隐性知识的特点是绝大部分仍然积淀和附着在教师身上，它可以通过教育教学潜移默化地表现出来，传递给学生，但却很少能够用当前各种成果的量化形式测量出来。古往今来只有考核所教学生表现的量化指标，如获得国家科技大奖的等级和数量、获取诺贝尔自然科学奖的数量等个人的成绩，却没有量化指标能够显现出教师在其中做出的贡献。美国学者朱克曼的研究表明，诺贝尔自然科学奖获得者具有通过师徒关系在不同代际延续传承的典型现象。[③]因此，这些未来的诺贝尔自然科学奖获得者在作为"徒弟"的时候，从"师傅"那里学到的不仅仅是显性知识，而是诸如工作标准和思维模式等更大范围的倾向、态度和不能编纂整理的

①　［日］野中郁次郎：《知识创新型企业》，杨开峰译，中国人民大学出版社2004年版，第123—124页。

②　汪寿阳等：《基于知识管理的商业模式冰山理论》，《管理评论》2015年第6期。

③　肖广岭：《隐性知识、隐形认识和科学研究》，《自然辩证法研究》1999年第8期。

思维和工作方法等隐性知识。尽管这些在奖项上是难以体现的，但它却发挥了不可估量的作用。由此可见，隐性知识在人才培养中发挥着重要作用。

其二，学生通过参加科学共同体和实际的科学研究活动习得隐性知识。隐性知识有时被看作"秘密知识"，在实际的科学研究中有大量的隐性知识，这种隐性知识的载体有科学共同体、课题研究组和科研人员。由于隐性知识不能被正式地定义和公开地传授，所以其传播也是无言地进行的。人们只有加入研究组，亲身参加科研实践才能获得或传播科研中的隐性知识。

其三，隐性知识在培养创新型人才过程中也发挥着重要作用。关于隐性知识在科学研究中的作用，迈克尔·波兰尼指出，所有的研究都是从问题开始。他认为提出一个能够导致重大科学发现的问题不只要察觉到研究对象隐藏的东西，而且要察觉到其他任何人都察觉不到的东西。[①]同时，在科学研究中，寻找解答问题的途径并导出科学发现以及对科学发现的评价都需要隐性知识和隐性认识。

隐性认识使人们预感到还没有被发现的事物的存在。因为人们寻求科学发现，也是在接受了科学发现，由此得出的科学理论的前提下，得到进一步不确定范围的暗示，并相信其能引导人们新的科研成果的情况下开始的。而隐性知识中最具创新性的诸如下意识、直觉力、想象力、灵感以及只有亲身参加科研实践中才能体验和领悟到的无言知识等，和教师教育教学言传身教的长期效应类似，虽是看不见、摸不着的，是根本无法测量的，但却在科学研究中发挥着更为关键的作用。而现行公立高校科研奖励政策只奖励高校教师科研工作中的显性知识，完全忽略了教育教学和科研工作隐性知识，这显然有违教师要不断提高教育教学质量、开展原创性研究工作基本职责要求，会把教师引向片面追求可量化测评显性知识的科研指标上去。同时，不同于大规模的物质生产方式，也不同于大规模培养专科、本科生，由于硕、博士研究生的培养目标主要是独立科研和工程能力。这就要求他们除了要进一步系统地掌握本专业的理论知识外，更要真正进入科学共同体、进入研究组，实际参加科

---

① 黄荣怀、郑兰琴：《隐性知识及其相关研究》，《开放教育研究》2004 年第 6 期。

学研究。特别是与导师密切接触和合作，在其科学研究的实践中，在从导师和其他研究人员合作、交流、碰撞中获取和形成最为本质的隐性认识。

而学生隐性认识、创造性思维能力的提高需要教师花费更多的时间、精力，把自己在长期学习和科研实践中积淀所能形成的各种知识耐心地传授给学生。但如上所述，公立高校科研奖励政策，显然是对教师这部分隐性知识辛勤劳动和传授的忽视，是不公平的。还有，现实中完全忽视教师的人格、品质、情操、创新精神等隐性知识，这同样是对教师这部分隐性知识的不尊重。事实上，有时一所高校培养出国家顶尖科研创新人才、全国道德模范等，对于提升学校良好的声誉比发表一篇 *Science* 或 *Nature* 或几篇 SCI 一区学术论文等会起到更好示范带动的作用。从科学研究来讲，提高个人的科研水平可以经常参加各种学术活动，调研学习，到外校做访问学者，通过这种方式改善心智模式，实现隐性知识的增值；同时，指导学生从事研究和实验与学生交流，在这种互动交流中碰撞思维，往往会点燃新的思想火花，并在这种特定的情境中，会有新的潜在的、作为科研创新灵魂的灵感、顿悟产生，有新的观点、方法乃至新的理论萌芽。同时，通过自己的学习、研究、积累知识，形成创造性思维方法等隐性知识，存储于自己的大脑中，从而形成教师科研的隐性知识，最终创造出真正创新性成果。尽管这些更为本质的隐性知识是难以量化和测评的，但却是科研的基础和来源。

现行公立高校科研奖励政策只看到作为教师隐性知识表现形式的科研论文、著作、专利等数量，忽视其教育教学、科学研究中等隐性知识，是舍本逐末，是本末倒置。

其四，从显性知识与隐性知识相互转换的角度来看，隐性知识的积累在教师科研创新活动中发挥着重要作用。从隐性到显性，隐性知识并非总是沉默。当它在维持知识形成的氛围时，存在的方式是沉默；一旦有了一定的积累，经过一定的条件转换，它就会在知识的生成与转化过程中，以显性的形式出现，虽然传递和表现的方式不同，但二者之间的关系是密不可分的，没有隐性知识的积累，显性知识就失去了生成和转化的基础，成了无源之水、无本之木；并且在没有形成显性知识前，这部分长期积累所形成的隐性知识也会发挥作用，但更多的是存放于教师的思维中，存放的时间越长，所发挥的作用就越大，其成果具有的革命性创新的影响就越大。例如，安德鲁·怀尔斯将知识储存于自己头脑中，最后一举解决困扰数学界 36 年的费马大定理，获得菲尔兹特别成就奖。同样，科斯定理是他在撰写毕业论文中阐述的，直到 30 年后才获得诺贝尔经济学奖。尽管他在经济学科所为公共利益做出的贡献举世瞩目，但这 30 年间，他在这方面研究成果的价值更是难以量化测评的。也即，在此之前的隐性知识积累及其影响是难以用量化绩效衡量的。

博耶在《学术水平的反思：教授工作的重点领域》中提出用广义的"学术水平"取代"科研的知识"。他认为，学术不仅包括科研和出版，还包括长期积累形成的综合学科知识，不落伍于学科知识进展，把专业知识和技能运用于服务等"综合的学术、发现的学术、应用的学术、教学的学术"[①]。学术水平是衡量隐性知识的标准。所以，用同行评议的知识评价方法考核教师的科研工作，更能揭示教师的学术水平。

而现行公立高校科研奖励政策却忽略了教师的学术水平，在教师知识活动过程中，实际仅仅关注了知识转化螺旋循环上升中知识外化和组合的过程，而忽略了知识的社会化和内化过程，这样的科研绩效量化评价和奖励打破了高校教师正常的知识螺旋循环上升过程，致使博耶所说"科研的知识"成为高校一些教师职业生涯的基本模式。在这种奖励政策异化的条件下，相当一部分教师不再静下心来做学问，不再苦练科研基本功，不重视培育积累上述作为科研最核心的隐性知识，不愿意从事长期的基础研究，做出真正有创新性的成果，而是热衷于不断申请项目，做一些短、平、快的研究，撰写论文以获得更多的科研绩点数和科研奖金数量。导致科研急功近利严重，科学技术发展后劲不足。

另外，由于各公立高校科研奖励政策大都规定只奖励本单位及其合作人员；凡与外单位合作的人员包括第一作者则不予承认和奖励。这种阻碍科研合作的制度性因素，导致一些教师为了在科研奖励中不吃亏，违背现代科学研究规律，不考虑不同学科之间交叉的情况下，必须包括与外单位以及域外合作研究的要求，而仅与本单位教师合作，甚至与外单位和域外搞假合作，失去通过与外单位、域外科研团队、基地平台集

---

① 顾建民、董小燕：《美国高校的学术反思与学术评价》，《高等教育研究》2002 年第 2 期。

体合作而获取创造性思维的隐性认识和隐性知识的机会，制约科研水平和质量的提高。

公立高校科研奖励政策对隐性知识和隐性认识的忽视所造成的高校教学与科研的失衡，已成为目前我国高校普遍存在的一个严重问题。长此以往，既不利于我国科研创新事业的可持续发展，也违背了科教兴国战略的初衷。

第三节　公立高校科研奖励政策异化分析

异化在不同的学科中有不同的界定。这里，我们从哲学角度，把异化界定为，在某种外力的强力作用下，致使事物在发展过程中，把事物发展的某一方面推向不恰当的位置，偏离其本质。科学研究的本质在于求真创新，不断创新是科研的基本要求，也是科研的灵魂。但当下公立高校科研奖励政策在政府学科评估、资源分配及社会机构大学排行榜的强力作用及难以克服的技术操作难题背景下，仅按简化的、实用的数量、层级等量化指标决定得分多少，这一表面看来客观、中立、公正、去价值化的合计结果，却致使大量并无创新甚至一些学术造假的"成果""项目"也获得奖金不菲的奖励，披上政策"合法性"的外衣，导致偏离科技奖励本真和科研创新本质。

一　偏离科技奖励制度本真

成功的科学研究须有原创性科研成果，否则不能算作完成科研。因此，如上文所述，为充分体现对优秀科研成果的褒奖和体现其"珍稀性"，中外科技奖励制度都以科学评价为依据，以科研成果质量为导向，以精神奖励为主的原则进行，但公立高校科研奖励政策却严重偏离了这些基本要求。

首先，从科技奖励的内容看，公立高校科研奖励政策，偏离了科技奖励制度仅是对少数优秀科研成果奖励的基本要求。科技奖励制度是对优秀科研成果的承认和肯定，承认是对科学家至高无上的奖赏。[①]　因此，

---

① ［美］R. K. 默顿：《科学社会学》（下），鲁旭东、林聚任译，商务印书馆 2011 年版，第 423—429 页。

为充分体现对优秀科研成果的承认，国内外科技奖励都是按照严格的科学评价标准和程序，对经过数年沉淀、学界公认的真正创新性成果，或经过较长时间大规模实施应用，产生了良好的社会效益和经济效益的重大优秀成果给予奖励，即经过同行专家评审、公示、隆重的颁奖仪式及社会公众的积极参与过程。

与科技奖励制度不同，公立高校科研奖励政策的实施，并不进行科学的科研评价和严格的同行评审，只是经过简单认定，就对相关科研产出给予奖励。在这样的政策条件下，一些教师合乎逻辑地选择尽量减少高投入、低产出甚至无产出的研究，或者为追求奖金而从事虽满足奖励政策要求，但并无多大创新价值的科研劳动。同时，由于创新性科研劳动从确定研究课题到申请科研项目到结项（基础研究一般并不需要科研项目的资助）及产出高质量科研成果，大都有一个较长的时间周期，遵循效益最大化原则，出于理性经济人考虑的一些教师，就不会选择长周期的科研劳动，而会按照本校科研奖励政策导向确定自己的研究方向。如果在科研成果产出阶段本校的科研奖励政策发生重大调整，从中偶然得利的一些教师会受到鼓舞，而尚未得利的教师则会不满；为谋求包括住房等更多待遇、追求更高奖励金及声誉获利的一些教师在学术生命的高峰期而不断跳槽，致使其很难静下心来做学问、搞创新。

同时，公立高校为了解决每年全校教师提交的少则数百、多则上千甚至数千篇学术论文，难以进行科研评价和同行评议的技术操作困难，便对教师提交的各项报奖材料，仅经过简单认定，就按照 SCI 等"国际三大检索"系统、国内"三大核心"期刊等"客观标准"，采取"以刊评文""以刊代评"的方式及相关数量指标，对不同层次的科研论文及论文引用，不同级别的科研成果、科研项目和科研获奖等按照"奖单"目录给予相应奖金，从而偏离科技奖励制度仅对少数优秀科研成果奖励的基本要求。学术论文的发表，申请专利的获批，科研项目的立项，并不能证明其是有影响、有贡献的优秀科研成果；特别是科研项目仅是一个设计概念，是一种研究预设和方案，还没有获取新的科研成果，更谈不上是优秀科研成果；论文引用仅是科研的一种表达和评价，属于科研活动过程，并不能证明被引论文有创新价值和学术贡献；同样对科研获奖而言，也并没有投入新的科研劳动，没有增加获奖成果的科学价值或经济价值，仅是科研活动过程的副产品，并非真正的科研成果。

其次，从科技奖励的本质看，公立高校科研奖励政策偏离科技奖励制度以精神奖励为主的基本原则。正如默顿所言，科技奖励制度的本质是科学共同体根据科学家的角色表现来分配承认和荣誉。换言之，科技奖励主要是荣誉性奖励①；这不是一种道德上的约束，而是一种制度性规范；同时，科技奖励首先是基于科学共同体同行选择的程序化的制度安排，"锦上添花"或"雪中送炭"并非其必然功能，更不能由此带来物质效应，即派生物质待遇。因此，科技奖励一般都采取精神奖励，或物质奖励与精神奖励相结合但以精神奖励为主的方式进行。在国内外科技奖励制度发展史上，精神奖励（如德国 509 项科技奖项中，就有 111 项不设奖金，只颁发奖牌、荣誉环等）的奖项不占多数，但纯物质奖励的奖项是没有的。② 即使采取两种形式相结合，物质奖励的"奖金"也只是象征性的；并且，国外科技奖励后设有外加的物质待遇即派生待遇。③ 这是由于获奖成果的科学价值是无价的，是无法用金钱来度量和激励的；况且没有精神奖励的"奖金"只能算作"捐赠"，因此，没有精神奖励的科技奖励在称谓上是不准确的。

与科技奖励制度不同，公立高校科研奖励是一种典型的物质奖励，其中科研获奖奖项实际是一种派生物质待遇，并不进行特别的颁奖仪式，只要符合"奖单"目录，仅经过简单认定，就按照相关数量、层级、级别等关键量化指标给予相应数额的奖金，在年终结算时将科研奖金如数打入个人账户，是一种典型的用物质奖励引导和激励教师科研认知与行为的做法。

二 异化科学研究本质

诚如默顿所言，科学研究作为人类的一项重要创新活动，尽管承认和尊重科研成果的优先权，可它特有的精神气质是公有主义和无私利性。

---

① 姚昆仑：《科学技术奖励综论》，科学出版社 2008 年版，第 178 页。
② 姚昆仑：《科学技术奖励综论》，科学出版社 2008 年版，第 179 页。
③ 姚昆仑：《科学技术奖励综论》，科学出版社 2008 年版，第 181 页。

他认为"从事科学活动的科学家不应该因为对个人私利的追求影响科学事业，科学家不应该以科学牟取私利。无私利性主要不是对科学家行为的一种道德要求，而是一种制度性要素"。① 因此，在笔者看来，公立高校教师的科研本质应突出体现在两个方面。一是求真创新。即科学研究作为一项纯净的事业，是在不包括金钱、权势等外在因素干扰条件下探求真理、不断追求创新以揭示事物的本质和规律，为国家科技创新发展、人类造福的过程。二是育人。即通过教学科研活动增强学生的综合素质，培养创新型人才。

首先，公立高校科研奖励政策加剧科研形式化、数量化，异化科学研究的本质追求。公立高校科研奖励政策过多引入 SCI、ESI 等不恰当的量化指标体系，割裂科研内容与形式、数量与质量的辩证统一关系。对于科学研究来讲，虽然成果的表现形式和数量是重要的，没有必要的形式和数量也许不能证明一个人的科研能力和成绩，但它仅是科研内容的外在形式的一种方式，并非科研的本质追求；科研成果的价值只能由其自身的创新性、创造性、效用性等内在质的规定性来决定，而不应该由外在的形式和量化指标（如刊物的影响因子，论文被引用的频次，是不是 SCI、ESI 等）决定。但高校科研奖励政策，仅以外在的形式和量化指标为依据进行奖励，将引发最为微妙但又最具风险的"科研形式化""数量化"非意图后果，科研的导向从认知转向指标，研究不再是为了解决重要的理论或实践问题，而是为了发表论文、论文引用、申报课题、获得体制的奖励——科研产出形式和指标数量宰制科研，这使得相当一部分教师不是把主要精力用在研究问题，而是放在采用什么形式，更快、更多地发表、出版，不去更多关注"说些什么"科学研究的本质问题，把科研应有的创新性和价值置于次位，而把"哪里说""哪里发""哪里引""发多少"等形式意义放在首位，SCI、SSCI、ESI 论文至上，形式与内容严重脱节，科研沦为形式性、数量化的工作，其内容和实质意义被抽空，内核不再重要，研究从知识生产的情境中脱域。一些公立高校领导基于运用各种统计和数字进行管理的有效性与"治理术"，甚至提出，"不以客观的 SCI、SSCI、ESI 等量化指标体系为依据进行激励，那

---

① ［美］R. K. 默顿：《科学社会学》（上），鲁旭东、林聚任译，商务印书馆 2011 年版，第 8—9 页。

用什么作为依据呢"的伪命题，[①] 在论文奖励中，更加青睐 SCI、SSCI、ESI 等国外期刊主导的学术论文。这种形式与内容、数量与质量的严重脱节，势必会偏离科学研究的本质追求。

事实上，一方面，虽然任何事物都具有量的属性，但量又不能全面准确地反映事物质的内涵。公立高校科研奖励政策单纯以量化指标为依据进行奖励，势必会引发一些教师片面追求科研形式化、数量化的行为，这种价值取向难免会化约科研的多样性和复杂性，因而往往并非科研本质的真实表现——能够量化的东西往往并非事物本质的真实反映，而不能量化的东西却往往更接近事物的本质。另一方面，虽然学术成果的交流、发表是科学技术发展和科学共同体得以存在、发展的必然要求，以学术论文的形式在学术会议、学术期刊交流、发表自己的科研成果，也是科学技术知识表现和交流的一种重要形式，但它并不是唯一形式，更不是科研的本质，它仅是以文字等形式对最新科研成果的一种记录；一篇学术论文是不是 SCI、ESI 论文以及被引频次的高低，仅是反映一篇学术论文的表现形式和论文发表影响力的数量指标。一般来说，一篇 ESI 高被引论文或一篇学术论文被引频次越高（肯定性引用），可能表明该论文质量较高，但又不能说一篇论文未被引用或引用频次低，就没有价值或质量不高。这其中与不同学科的体容量特征、门槛高度与临界质量的辩证关系不同有关。[②] 如天文学相对数学的体容量要小得多，因而前者相对后者学术论文数量和引用频次也要低得多；而数学学科中的应用数学如"人工智能""数据科学"等领域的门槛高度要比纯数学中的如"数论""拓扑"等领域的门槛高度低许多，因而，在数学学科中，前者有关学术论文的数量及引用频次比后者要高得多；同时，在现实中，还存在同单位、同师门引用及"假引""伪引"等"做"引用数据的情况。因此，公立高校科研奖励政策仅以科研成果的外在表现形式、数量指标为依据进行奖励，会严重割裂科研成果数量与质量、内容与形式的辩证关系。

其次，公立高校科研奖励政策引致"常态"科研，异化科研创新的

---

① 陆大道：《以 SCI 论英雄的学术研究，其欺骗性已开始暴露》，2019 年 12 月 18 日，https：//www.sohu.com/a/374400335_120526932，2021 年 6 月 23 日。

② 杨卫：《融合专家判断与客观数据的学科评估》，《光明日报》2020 年 11 月 3 日第 8 版。

灵魂。不断创新，不仅是科研的本质追求，而且是科研的灵魂，没有创新的科研不能算真正的科研。但公立高校管理者为达到政府和社会各种考核评价与排名靠前的需求，以科研结果为导向，除了对相关考核评价量化要求指标的科研给予重奖外，为了能在多中选优、多中达标、多中育优，便对目前能够考虑到的各种科研产出形式以及一些并没有创新性与较低层次甚至低水平重复性的"科研"也普遍给予奖励。这会催生一些教师放弃科研创新应有的要求，采取以多求胜、以快求胜的应对策略，生产达到发表及格线的短平快作品，而没有闲暇和耐心探究学术精品，以在"常态"研究中获取更多的科研奖金。如一些教师选择风险低的"短、平、快"问题和跟踪性甚至重复性研究，以便快速发表更多 SCI 论文等；对承担的科研项目，项目主持人往往仅按照项目的最低标准，采取常规技术路线和便捷的方法，快速地产生更多的"常态"科研成果，尽快结题；寻找成功的案例，在别人、名人的理论框架下补漏洞，便于产生更多容易被同行专家认可的成果、项目、获奖；一味"跟风"追逐"研究热点"，说流行的话题，以至于把别人、外国人研究的问题、方法移植过来，研究具有中国特色的社会科学问题，以便更省、更快、更多地发表论文。正如访谈 A 大学一位硕士生导师所说，"'十年磨一剑'，在当今的制度下意味着极大的职业风险，'人家是三年磨一剑'，可能还没磨出什么东西，就让他走人了，（如果）你'十年磨一剑'，学生也不来了，没有学生陪你磨"。相反，民国时期的中央研究院历史语言研究所有一个不成文的规定，青年学者进所之后三年内不准发表文章，以厚积薄发，养成大气。然而，如今的年轻教师进入高校后，三年不发文章，连"饭碗"都成问题。有违原创性研究大都源于长时间思考、研究、沉淀这一规律。

　　事实上，由于议题相同或相近是论文引用的前提，因此，被学界普遍关注的"热点"问题一旦率先发表，就容易被其他后来者论文所引用。一些学术期刊、公立高校和教师深谙此道：学术期刊为了提高本刊的引用率，以进入国内"三大核心期刊"或继续保留这一重要地位，往往会采取诸如定期发布期刊征稿重点问题，公布奖励高被引论文等措施，积极吸引、鼓励、引导科研工作者研究"热点"问题；高校为了提高本校在学科评估、大学排名榜等学术论文引用率指标靠前，纷纷给予论文引用和 ESI 高被引论文高额奖金；同样，教师为获得学术论文引用高额奖金，并提高其论文的影响力，投其所好，选择基本属于热点/综合研究人员较多的方向和高影响因子的期刊。这样，在高校这一科研奖励政策和处于强势地位学术期刊的共同引导下，教师大都会"跟风"选择一些"热点"问题开展研究，从而进一步加剧这种"跟风"现象的蔓延。

对于科研项目的奖励，使得一些教师把项目的选题和设计异化成为"稻粱谋"的工具，更加注重"投入—产出"的效益比，即如何以最少的成本获得最大的经济效益，如何以最快捷的方式完成项目，而个人的研究旨趣、创新突破倒是退居其次了。同时，在当下课题制的引导下，教师的科研能力往往会被误用。目前，临时应急类科研项目越来越多，要求项目组须在短期内尽快完成，一些项目内容并非其所擅长的领域，从而形成一些"名人"、善于申报项目的"大户"，在相近主题的研究领域获得了多个项目，难以区分差异化；而有些能够且愿意继续钻研自己感兴趣的教师不再申报项目，造成与项目指南所列选题不切近，但却往往又是科学技术发展重要源头和基础、"从 0 到 1"原创性突破的研究主题日益被边缘化；并使一些教师放弃自己本来擅长、已长期积累的学术领域和问题，不再继续从事纵深高难度问题的探究，而从事"热点"的、快速能够发表的研究领域。表面看来，科研很是繁荣，实则难有真正创新性成果。长此以往，学术界将盛行短、平、快，曲高和寡之类的成果便面临淘汰之灾，这绝非科学研究之福。

再次，公立高校科研奖励政策引发科研功利化，异化科研目标。对高校教师的科研来讲，科学研究的根本目标是在出创新成果的同时又培养创新型人才。而我国公立高校科研奖励政策，却会加剧科研功利化，消解高校立德树人根本任务的完成。尽管科研活动有其外在的功利意义和价值，但其内在的意义和价值在本质上并不是功利的；[①] 同时，单纯的物质奖励则可能使人成为拜金主义者，在没有物质奖励时不能很好地工作；并且，从人性的角度分析，学者的内在人性有复杂的双重性，一方面与普通人无异，有趋利避害的追求；另一方面，由于其从本科到博士长达十多年的专业学术训练，使得他们多少有一些超功利的学术内在

---

① 孟建伟、周晓慧：《科研异化论》，《新视野》2012 年第 2 期。

兴趣和科研初心，单纯的物质奖励会逐渐加深其对物质追求的功利欲望，并会扼杀这种学术兴趣的内驱动力和科研初心，随着时间的推移，物质奖励的效果也会变得不明显。因此，如果公立高校把市场经济规则和逻辑运用于高校的学术场域，用重奖科研的物质奖励政策工具激励教师的科研活动，实际背离了科研的根本目标，会把教师引向急功近利式的科研功利主义者。事实上，兴趣和求真的内驱动力而非功利才是创新之母。

由于公立高校科研奖励政策建立在科研论文、论文引用、科研项目、科研获奖等奖项基础上，而这些奖项内容的内在生成机制是：论文发表是论文引用、科研项目和科研获奖等的基础和源头，有了论文，才有论文引用，并可能有科研项目（科研项目申请一般需要科研论文支撑）和科研获奖；且除了科研论文的撰写与发表主要取决于作者自身的能力和水平外，其余无论是项目的申请还是科研的获奖，都是自上而下的外在行为。因此，可以说，有了论文就有一切。中国科协最近公布的《第四次全国科技工作者状况调查报告》显示，90.4%的科技工作者发表学术论文是为了完成各种考核和奖励，62.1%的高校教师在各种形式的科研成果中最看重论文。[①] 反过来，当研究者有了科研项目及其支持和保障（因为在大科学条件下，科研论文等科研成果的形成，一般都需要科研经费和实验设备的保障），有了高层级的科研获奖，就证明其科研能力强，就越有"名气"，论文就越容易发表。正如默顿通过比较不同类型作者的投稿率与发表所指出的，知名学者的论文评审过程可能相对不那么严苟，以及审稿人在证据不足时更容易选择直接信任其研究结论等因素，导致作者身份差异影响用稿概率。[②] 这就形成了"论文挂帅"，论文发表与论文引用频次（及 ESI 高被引论文）、科研项目、科研获奖相互派生、放大的"马太效应"，从中获取更多科研奖金成为一些教师思想深处的价值坐标体系。因此，可以认为，这种"重奖之下必有勇夫"的物质奖励逻辑和内在生成机制，严重异化科研追求创新成果的价值目标。

① 中国科学技术协会：《第四次全国科技工作者状况调查报告》，2017 年 8 月 28 日，https：//www. cast. org. cn/art/2017/8/28/art_ 150_ 23576. html，2021 年 6 月 23 日。

② ［美］R. K. 默顿：《科学社会学》（上），鲁旭东、林聚任译，商务印书馆 2011 年版，第 253—254 页。

最后，偏离高校立德树人、科研育人的正确目标。黄金有价，师道无价。对公立高校而言，首要的是培养德才兼备的各方面优秀人才，这是其最大的效益，需要教师付出百倍的努力和精耕细作，才能完成。因此，公立高校教师的科学研究绝不能背离人才培养的正确目标。但在当下公立高校科研奖励政策的导向下，不少教师把需要用更多时间和精力立德树人、科研育人这一更本质的要求抛之脑后，失去灵魂的卓越。比如，黑龙江某大学一位教授，几乎把所有的精力和心思用于撰写 SCI 论文，于 2004—2009 年 5 年间竟在同一本 SCI 期刊发表了 279 篇论文，赢得了该校同时期一半以上的科研论文奖金。[①] 这种现象的存在，显然严重异化了科研创新和高校立德树人的根本目标。

事实上，高校教师作为拥有知识较多的一个群体，在高校这种特殊的培养人才和学术生态环境中，他们中的绝大多数人能够把科学研究和立德树人当成一项崇高的事业，以期在科研工作中不仅为民族、国家贡献自己的聪明才智，为社会做出更大的贡献，实现自己的科研初心和学术抱负，满足自己的精神需求。正如笔者访谈 A 大学的一位博士教师所说："我从事科研主要是我内心喜欢搞研究，我热爱自己选择的学科与学生，它能给我激情与活力，实现我的科研目标和人生价值。至于科研奖励只是附带而已。我想如果我不喜欢科研的话，我是不可能仅仅为了科研奖励而去做研究、发文章的。"这就清楚地表明，这些教师原本是发自内心尽其所能去从事科学研究，最终却可能被奖励予以"批判"，致使其从事科学研究的初心——研究的热情、兴趣与科研创新所追求的崇高价值目标，被奖励遮蔽而消散，使他们追求精神方面认可的科研由于披上奖金"量化贡献"的外衣而不再单纯，使拥有崇高追求的教师在这种科研奖励政策的环境中反倒显得不正常；而且，科研奖金的差距，很容易被误认为贡献的差距，使本来淡泊名利的教师也计较起来；也使一些无利不起早者为了获得更多科研奖金，放弃自己的科研初心，有奖则研，有大奖则加大投入，成为纯粹的科研利己主义者。

---

① 雷宇来扬：《教授回应 5 年发 279 篇论文：就是想引起学术界讨论》，《中国青年报》2010 年 1 月 4 日第 6 版。

第四节　公立高校科研政策重复奖理论分析

一　基于科研劳动及其作为投入产出知识发展流程理论的分析

科研劳动除具有知识密集性特征外，还具有探索性、创造性等本质特征。探索即意味着开拓、变动、失败与偶然机遇。创新是搞好科研的基本要求，也是科研的灵魂。因此，一般认为，科研劳动是一种特殊的以探索性为主要特征，并以获取创新成果为目标的创造性劳动，虽然失败是科学研究极为正常的现象（对于高校大部分教师所从事的基础研究而言，成功率仅为5%—10%[①]），但成功的科研劳动，须有创新性成果。因此，从这个角度讲，如果公立高校要对教师科研进行奖励，只能对这部分真正具有创新性的高质量成果给予奖励。事实上，像A大学一样，在高校科研奖励政策产生的初期，公立高校仅对科研成果给予物质奖励。但其在演变过程中，为迎合政府和社会机构采用科研成果、科研项目、论文引用和科研获奖等"唯科研"量化指标的偏好，除对科研成果给予奖励外，也对科研项目、论文引用和科研获奖等也给予奖励，甚至重奖，造成奖励内容的重复。

从科研劳动及其作为投入产出知识发展流程视角[②]来看，公立高校尤其像A大学的这样教学型高校的科研奖励政策，不仅对科研劳动投入产出的成果［即处于知识总的发展过程"流"的不同阶段且不断发展与深化的一系列"中间产品"（主要是知识形态的产品论文、专利等）及"最终产品"（主要是知识形态的产品如专利或物质形态的产品如新材料等，详见第二章第一节图2.2）］都给予奖励，而且还对并设有真正产出新的科研成果的科研项目、论文引用等科研劳动过程也给予奖励；以及对上一轮知识发展流程中的一些科技奖励成果也给予奖励，等等，造成奖励内容的重复。

具体地说，一是对科研项目的奖励，存在奖励内容的重复，是不合逻辑的。对于真正的科研项目申请过程，虽然是一个创新性科研劳动过程，即从科研项目的选题、构思、设计、撰写项目申请书到研究直到结

---

①　许庆瑞：《研究发展与技术创新管理》，高等教育出版社2010年版，第8页。

②　许庆瑞：《研究发展与技术创新管理》，高等教育出版社2010年版，第31页。

项，需要前期相关科研劳动成果的积淀和科研劳动的投入，但却并没有真正产出创新性的科研劳动成果。因此，从这个意义上讲，对科研项目的奖励，会造成奖励内容的重复，这是不符合逻辑的，也是违背常识的。因为有了包括重大项目在内的各类科研项目，只能说明出成果的可能性大，在科研成果相当的前提下，科研项目经费投入越少，说明科研效率、科研水平越高，但在公立高校科研奖励政策奖项内容中，却大都对科研项目给予奖励，尤其是一些教学型高校一般对各层次的科研项目都给予奖励。在这种科研项目奖励政策的条件下，遵循效益最大化原则，一些理性经济人教师则一般选择一些无须多大持久投入的科研劳动活动，而从事相对容易完成的低层次如市厅级项目和短、平、快的项目进行研究。如第六章第一节所述，A 大学从 2006—2018 年科研项目奖励主要集中在市厅级项目就是明显的例证。

进一步讲，对于高校教师科研劳动而言，除一般必要的硬件如实验仪器设备等和"软件"如学术专著、中国知网等条件之外，个人持续性的创新性劳动投入也是必不可少的条件。相对稳定的软、硬件条件与获得科研奖金的多少相关性不大，因为它们并不能直接产出科研成果、科研项目等，而其后的条件则与获得科研奖金的多少关系相当密切。这是由于对于科研成果的奖励尤其是高层次成果如 SCI 一区论文等、高层次项目如国家级重点项目等奖金额度加大，会调动一些教师从事这方面科研劳动的积极性，加大这方面时间和精力投入，进一步提高科研产出数量、层次，以及获得更多、更高质量成果与更多、更高层次项目，并形成两者互为因果的正相关系，从而获得更多的科研奖金。但如果短期内大幅度提高科研成果、科研项目等的奖金额度，则会催生急功近利式有量无质的非创新性科研劳动活动，虽然产出量增加，但创新性成果并没有因此增多。而出现科研论文、著作等科研成果、科研项目等低水平运动现象。A 大学在 2003—2018 年，虽然科研论文总量在波动中增长，但主要是来自普通期刊论文在波动中快速增长的贡献，而 SCI 论文数量却变化不大。

科研奖励政策对需要持续性投入时间和精力保障，以及一些硬件条件支撑的真正创新性科研劳动影响不大。这是因为这一科研劳动风险和失败率极高，虽然不在于科研奖金多少、真正的学术人仍坚守其职业规范，甘冒风险会继续从事这方面的创新性科研劳动活动。但一些理性经济人教师则选择逃避、不从事这种既需要持续性劳动投入、风险较大，却可能无所收获的"栽树式"创新性科研劳动活动；会采取以量取胜的策略，从事无须多大科研劳动投入的低风险活动，甚至低水平重复性的科研劳动活动，以获取更多的科研奖金，这是违背科研劳动作为一种创造性劳动"只承认第一，不承认重复"的基本原理的，但在 A 大学科研奖励中却出现了不断增加科研奖励内容、抬高相关奖项奖金额度的重复奖的严重问题。

二是对论文引用的奖励也会造成奖励内容的重复，同样是不符合逻辑的。在各类型高校科研奖励办法的奖励对象中，对论文引用频次和 ESI 高被引论文等也存在上述重复奖的严重问题。由于论文引用仅是科研表达的一种方式，形成于科研投入产出知识发展的过程，体现在基础研究、应用研究等研究成果即"中间产品"或"最终产品"之外，是科研投入产出的"副产品"，对被引用论文本身不会产生实质性的影响。因此，在对作为基础研究、应用研究的"中间产品"或"最终产品"给予奖励之后，若再对引用论文给予较大额度奖励，甚至给予重复重奖是不符合逻辑的。进一步讲，论文引用是被引用论文劳动投入之外的声誉价值，若对论文的学术价值奖励之后对没有新的劳动投入的声誉价值进行再奖励则属于重复奖励，这也是造成高校科研奖励过度的重要原因。之所以出现这种重复重奖励 ESI 高被引论文的现象，主要原因在于目前我国大学排名机制和指标体系的影响。大学排名对属于研究型顶端的建设世界"双一流"少数大学和属于教学型末端的高校影响不大，因为它们的教学、科研实力和声誉等远远超出同类型高校或远远低于同类型高校，被排在顶端或末端，但对处于中间层次的教学研究型高校或教学型高校的影响就非常大。因此，一些排在 130—110 名的高校，为了能够进入 100 名以内和另一些排在 620—510 名的高校，为了能够挺进 500 名之前，这些学校的领导和内部决策层在制定包括教师科研奖励等政策时，首先考虑的是这些政策措施是否有利于本校排名的前移。而现行的高校排名指标权重又过分偏重科研项目和论文引用频次，如在目前国内影响很大的武书连课题组每年一度的中国高校排名榜中，论文被引频次达到一定数量便与发表一篇论文赋分相同,[①] 即两者对署名高校贡献大小相同。在这一评价机制和指标体系的强力引导下,一些高校不得不制定相应政策措施尤其是加大 ESI 高被引论文等奖励力度,这确实给其排名前移带来了立竿见影的效果。但如果发表一篇论文的奖励金额远远低于引用一篇论文的奖励金额时,一些教师不惜损害论文品质,采取同单位引用、"同门师引用"等严重违犯学术道德和规范的"人为引用",以捞取更多的奖励金,这种"人为引用"而非正常引用是造成学术不端的又一根源。

二 基于科技奖励理论分析

从科技奖励价值视角来看,同样会存在奖励内容的重复现象。对于真正的科研人员而言,他们从事科研活动的目标在于科研创新而非科技奖励。科技奖励只是他们在实现其目标的过程中,可能获得的一个对科研创新本身并不那么重要的"副产品"。同时,科技奖励制度本身作为对科学研究活动事后与外在的评价,它既不是对相关科研成果的内在科学价值绝对权威与准确的评价,更不会因其而增加成果内在的科学价值或经济价值。如屠呦呦 40 多年前发现青蒿素的科学价值,并不因为其获得 2015 年诺贝尔生理学或医学奖而增加,也不会因为未获得 2016 年中国最高科学技术奖而有所减少。只要我们承认科学发现的客观性及其科学价值的内在性,就应该认识到青蒿素制品的药效并不会随获奖与否而发生变化。因此,当教师获得校外各级、各类获奖同一成果,但并没有新的科研劳动投入,没有增加其科学价值或经济价值,学校若再对其给予奖励,同样会形成奖励内容的重复,是不合理的。另外,在公立高校科研奖励政策的实施过程中,还存在奖励次数的重复。如在公立高校科研获奖奖项的实施中,往往存在教师同一科研成果在最低的二级院系和校级获奖后,又获得市厅级、省部级、教育部再到国家级和社会力量设奖的相关科研奖励,在学校科研获奖奖项中多轮回、先后反复获得最高可达七八次的现象。

---

① 武书连:《挑大学,选专业——2019 高考志愿填报指南》,中国统计出版社 2019 年版,第 13—27 页。

第八章　中外科技奖励制度与高校
教师薪酬制度比较分析

　　我国公立高校科研奖励政策作为教师薪酬制度中科研绩效津贴的一种补充，虽然与科技奖励制度具有本质区别，但它们还是有一定的内在联系和共性，都是用来激励科研人员科技创新的制度安排和政策措施。因此，有必要在以上章节对我国公立高校科研奖励政策实证研究和理论分析基础上，总结分析国内外主要国家科技奖励制度与高校教师薪酬制度的经验教训及启示，为进一步完善我国公立高校科研创新激励政策提供有益借鉴。

第一节　中外科技奖励制度比较分析

一　人类最有影响力的科技奖励——诺贝尔自然科学奖的启示

　　在科学技术建制出现以前，国外科技奖励以非制度化的形式进行。随着现代科技革命的开始和科技建制的出现，科技奖励也成了科技建制的重要内容，科技奖励制度化便开始逐步形成；且在20世纪以后，数量剧增，并进一步完善。

　　其中最具权威的当属20世纪初设立的诺贝尔自然科学奖。作为一种重要的社会科技奖，它是诺贝尔在1896年逝世前签署的遗嘱中规定其遗产作为基金以奖励在科技上做出巨大贡献的全球科学家从而设立的。诺贝尔自然科学奖1901年正式颁奖，每年颁发一次，颁发一定奖金、一枚金质奖章和一张荣誉奖状。诺贝尔自然科学奖（包括物理学奖、化学奖、生物学或医学奖）是全球科技界"奥运会"的桂冠。100余年来，随着获奖精英辈出和获奖成果对推动人类文明进步的巨大贡献，诺贝尔奖已成为最具权威性的国际大奖。在诺贝尔自然科学奖设立 100 周年时，全球已有 28 个国家的 475 名科学家获此殊荣。2015 年，我国科学家屠呦呦获诺贝尔医学奖，成为国内第一个诺贝尔自然科学奖获得者，也是第一个获得诺贝尔自然科学奖的中国籍女性。

诺贝尔自然科学奖的诞生，标志着科技奖励进一步规范化、国际化，推动了科技奖励制度在全球范围内的发展并不断走向成熟。梳理总结 100 多年来诺贝尔自然科学奖的成功经验，为我们提供了以下深刻启示：

启示一：重视吸收和借鉴世界一流研究型大学的办学理念，塑造我国大学自由探索的科学精神。

从 1901—2017 年诺贝尔自然科学奖获奖情况看，无论是获奖者获奖时工作所在机构，获取最高学位所在的大学等都集中在大学尤其是世界一流研究型大学。其中获奖者获取最高学位所在大学排名前 10 位的分别是剑桥大学（59 人获奖）、哈佛大学（54 人获奖）、加州大学伯克利分校（32 人获奖）、巴黎大学（27 人获奖）、慕尼黑大学（27 人获奖）、哥伦比亚大学（26 人获奖）、伯林洪堡大学（26 人获奖）、麻省理工学院（24 人获奖）、芝加哥大学（20 人获奖）和加州理工学院（20 人获奖），主要分布在美、英、德、法等经济、科技发达国家。在总计 641 人的获奖者中，大学、科研机构和企业分别为 525 人、97 人和 19 人，占比分别为 81.90%、15.13% 和 2.96%，大学所占比例最高。

大学尤其是世界一流研究型大学之所以成为诺贝尔自然科学奖的摇篮，其在基础科学研究和世界一流人才聚集及其高质量研究成果等方面占有突出的主体地位发挥了重要作用，即这些一流研究型大学的作用不仅体现在科学精英人才培养，更体现在对促成诺贝尔自然科学奖成果产生的关键作用。这些世界一流大学、一流人才的聚集效应和创新文化生态效应在科学研究中占据重要地位。

比如剑桥大学和哈佛大学之所以成为诺贝尔自然科学奖获奖的人数最多的大学，其根源就在于它们一代一代不为外部环境所左右，不以功利心态取舍知识，始终如一地保持着自己独特的自由教育的传统，这一传统使不同的学科能够按照内在的逻辑发展，能够相互汇通、结合、渗透，逐渐形成博大恢宏、兼容并蓄、视野广阔、富于综合创新的科学精神或品格。这使得它们的教师的学术造诣、学术素养、学术意识，它们的学生的理论基础、知识体系、思维模式等都超越其他大学。也即任何一所大学要想获得真正重大辉煌的成就，产生自己杰出的大师，就必须具有一种超然物外的求知精神，只追求真理和科学而不问其实际功利的氛围和品格以及多种学科广泛会通与交叉的知识底蕴，而这是我国高校在发展过程中存在的弱点。

我国现代高等教育体系在形成和发展过程中，取得了举世瞩目的成就，目前已进入高等教育大众化的阶段。但社会主义市场经济体制建立后，我们在强调高等学校为社会服务时，却忽视了对大学理性精神的追求，忽视了对市场经济进行理性思考，出现了急功近利、实用性凌驾于学术性，学术目标不高等倾向。表现在如一些高校对待学科发展和科研的态度是功利的，甚至丢弃自己的学术传统与学科、科研发展的内在规律；相当一部分教师的科学研究都属于"常态"，有成功的案例可效仿，以便以快速地产生更多的"常态"科研成果；更注重"热门"的学科和应用性研究，急功近利已成为一些人的科研行为取向。这种重"术"轻"学"的功利性态度，不仅造成了我国高校重大基础研究成果少、一流大师匮乏、科研质量不高等泡沫现象，更为严重的是，它严重地侵蚀了大学之所以为大学的那种"学术自由"的品格与精神，而这恰恰是一流大学的内在本质属性。因此，我国在建设世界一流大学和一流学科的过程中，要实现诺贝尔自然科学奖零的突破，首先必须从铸造新的大学精神和品格开始，并以此确立自己科研创新激励政策的指导思想。

启示二：注重精神奖励，而不要只看重物质利益。

进一步考察世界一流大学诺贝尔自然科学奖得主共同的精神特质与境界，可以发现他们具有一种非功利性的、"为科学而科学"的精神。他们从事科学研究并不是冲着物质奖励，否则难以获得这一崇高荣誉。因此，科技奖励必须坚持物质奖励与精神奖励相结合，以精神奖励为主的原则。

科研工作者最需要崇尚真理、超越功利、耐得住寂寞，如果立志获奖和过分关注物质利益，反倒不可能获此殊荣。如2000年有3位诺贝尔自然科学奖得主到复旦讲学，被许多同学密集地追问，你们是怎样获得诺贝尔奖的？问得几位十分尴尬，甚至还有点恼火，在他们看来，这个问题好像与你怎么这样走运差不多。① 其实科学史上一多半重大的科学发现（及其获奖）都具有"追认"的性质，不是哪位科学家立志要获得什么奖就能得到的。虽然不排除特别有运气的成分，但大都是炉火纯青、水到渠成的事，是可遇而不可求的。非功利性的研究和超越功利的人更容易获奖，它是"为科学而科学"的人准备的礼物。

诺贝尔自然科学奖只钟情于在科学研究上有重大突破的英杰，最易光顾在科学研究中能够沉下心来做学问，不断开拓新的科研领域或在已经相对成熟的原有体系上形成新的突破的科学家。日本诺贝尔物理学奖获得者江崎于玲奈说："科学就是理解自然的本质，创造新的知识。自然界本来都具有合理的结构，要带着理性去探索它，要带着疑问进行逻辑思考。"② 因此，在开创性的科学研究中，要耐得住寂寞。正如 1997 年诺贝尔化学奖得主约翰·沃克所讲的：我所在的英国医学研究委员会，自 1929 年以来之所以 20 多次摘取诺贝尔奖桂冠，"我们的主要经验就是潜心研究，不急躁"③。同样，奥地利动物学家佛星希在 1973 年获得诺贝尔生理医学奖是他长达 40 年研究的结果。如果没有静心研究的精神，没有耐心，是难以取得成功的。

为使诺贝尔自然科学奖经得起时间的检验，从出成果到获奖之间往往要经历很长时间。如 1959 年基尔比和克勒默参与发明了集成电路，却一直等到 42 年后，才获得 2000 年的物理学奖。④ 显然，如果科学家抱着功利的目的从事研究，是难以熬过这么漫长时光的。

我国高校对待学校发展、科研创新不仅存在上述功利化倾向，而且对待诺贝尔自然科学奖抱有明显的功利主义心态，如有"集体攻关""冲击诺贝尔奖"等说法，这是不科学的。诺贝尔自然科学奖不是靠一时的冲击可以取得的。将科学研究的副产品——科技奖励作为追求的目标，本身就是一种异化现象。要想早一点获得诺贝尔自然科学奖，就要"多一点好奇心，少一点功利心，抱一颗平常心"。

这种功利主义心态在我国高校科研管理政策中表现得相当明显。长

---

① 王晓勇：《科学精神与诺贝尔奖》，《自然辩证法研究》2001 年第 9 期。
② 王晓勇：《科学精神与诺贝尔奖》，《自然辩证法研究》2001 年第 9 期。
③ 王晓勇：《科学精神与诺贝尔奖》，《自然辩证法研究》2001 年第 9 期。
④ 王晓勇：《科学精神与诺贝尔奖》，《自然辩证法研究》2001 年第 9 期。

期以来，各公立高校在分配制度改革、职称晋升等政策中，都规定教师每年必须完成多少科研分，拿到多少省部级及国家级课题，拿到多少科研经费；必须获得多少省部级以上科技奖；必须在核心期刊或统计源期刊上发表多少篇文章。这种急功近利、念紧箍咒的做法，使得教师难以甘于寂寞、甘坐冷板凳，难以坚守"只问耕耘不问收获"的科研信念，只能将科研视野和精力局限在"短、平、快"项目上，以早点评上教授、博导或多拿奖金。心态浮躁、急功近利，自然难出重大成果。这是我国高校在重构科研创新激励政策体系中必须克服的问题。

启示三：正确看待国外期刊主导的以 SCI 论文为首的指标体系在科研评价中的作用，不要盲目崇拜 SCI 论文等并与利益挂钩。

日本科学家赤崎勇、天野浩和中村修二（美国籍）凭借在蓝光 LED 基础研究及工程化技术研发取得的成就，摘取 2014 年诺贝尔物理学奖的桂冠，这一成就堪称基础研究和工程化技术开发的完美组合。如果我们考察以上三位诺贝尔物理学奖得主发表的论文，就会发现他们的论文集中发表在日本的 *Japanese Journal of Applied Physics*（JJAP）和美国的 *Applied Physics Letters*（APL）上。APL 的影响因子为 3.515，JJAP 更低，甚至不属于高影响因子期刊。不可否认，在影响因子高的期刊上发表的论文有许多益处；论文发表和引用对科研的促进、对大学和科研机构提高国际学术地位和影响力具有重要作用。我国在改革开放、与国际接轨、建设世界一流大学的过程中，阶段性地强调 SCI 论文发表和影响因子的重要性无疑是必要和合理的。但任何事情都不能绝对化，当前，我国建设世界一流的高水平大学已经有了十多年经验，并已经成为 SCI 论文发表第二大国，高校占其中 80% 以上。[①] 在此背景下，上述问题就必须重新思考。从半导体科学技术这样的应用物理领域看，论文发表是科研成果表现的主要形式之一，但不是唯一形式，所研究的材料和器件的技术指标、发明专利等也同样是科研成果表现的形式，甚至在某些情况下比论文更重要。即使在以论文发表为成果主要表现形式的基础研究领域，由于不同领域研究者人数不同、领域进入门槛不同以及发表论文的机会不同等因素，简单地以 SCI 论文为首的指标体系评价科研创新的水平高

---

① 搜狐网：《中国 SCI 论文连续 9 年世界第二，高校占比 80% 以上》，2019 年 6 月 14 日，https：//www.sohu.com/a/320602628_ 773043，2021 年 6 月 23 日。

低也会产生很大的偏差。总之，什么是科学的学术评价体系？这是一个很复杂的问题，如果加上功利的因素就更为复杂。但有一点是肯定的，学术评价应该主要以所解决的科学问题以及解决这些问题的原创性和应用价值大小为核心标准，而不是以是否为 SCI 论文及期刊影响因子高低等为评价标准，要切断 SCI 的利益链条。诺贝尔自然科学奖无疑在这方面给了我们深刻的提醒和启示。这是我国高校在完善科研创新激励政策体系时必须注意的。

二 中外主要国家科技奖励制度的比较及启示

（一）文化差异比较分析

我国与美国、英国、法国等西方国家具有不同的文化和政治、经济、科技体制，经济和科技发展水平也有差距，这就决定了我国与西方国家科技奖励制度的诸多不同。而不同的文化和文化传统是中外科技奖励制度差异的决定性因素。文化泛指由人类所创造的物质财富和精神财富的总和。可分为价值观、制度和物质三个层面，价值观是文化的核心，起着决定性作用，制度、物质是其载体和物化形式。对中外主要国家科技奖励制度的差异也大体可从以下三个层面进行分析。

一是从价值观层面看。科技奖励按奖励对象不同可划分为人物奖和成果奖。重点奖励有突出贡献的科技工作者本人，是国外科技奖励制度一个突出特点。如美国的国家总统科学奖、国家总统技术奖等欧美发达国家的科技奖大都是奖人。在这些科技奖的评审中，把科学家个人贡献作为评价的重要依据；宣传时也把重点放在获奖人上，而不是项目本身。当然，国外科技奖励中也有项目奖，如美国的政府创新奖、总统绿色化学奖等，但项目奖总数不超过全部科技奖的 10%。与之相反，我国科技奖励则是以项目（成果）奖为主，虽然新增的国家最高科学技术奖以科学家个人为奖励对象，但尚不能从根本上改变成果奖与人物奖两者相差比例悬殊的状况。据统计，从 2000—2006 年国家科学技术奖获奖数量来看，以科学家个人名义获奖的奖项仅 39 项，占总奖项的 1.93%；而成果奖总数达到 1968 项，占总奖励的 98.07%[①]。之所以出现这种巨大差

---

① 钟书华、王炎坤：《国家科技计划与科技奖励》，人民出版社 2007 年版，第 148 页。

异，是由于我国传统文化是集体主义，在每项工作中都强调组织，导致在某种程度上忽略了个人的作用。强调集体的作用，表现在科技奖励制度上就是成果奖多，人物奖少；西方文化是个人主义，非常强调个人的作用，表现在科技奖励制度上更是提倡个人对科技贡献的承认，故人物奖多，成果奖少。奖励对象是人，不仅体现了"以人为本"的价值观，还凸显了杰出科技人员的角色地位，强化了获奖人的荣誉感，从而增强了科技奖励激励作用。

观念方面，我国传统文化素以价值理性、工具理性见长，欠缺纯粹理性的品格。科技奖励按设计奖主体不同可划分为政府奖和社会力量奖。国外社会力量设奖即民间奖已经发展得较为成熟、完善，且占科技奖励总数的绝大部分，声望较高；政府奖数量较少，但坚持"少而精"，发挥重要的引导作用。从民间奖的设置来看，有的以政府名义设奖，但由社会力量出资，专业咨询机构评审；有的由社团或企业设奖并出资。如美国的"总统绿色化学奖"虽以总统名义设立，但由美国化学协会组织专家评审。受我国传统文化的影响，政府奖具有权威性，容易得到人们的承认，相反，社会力量所设奖项则"师出无名"，"名不正、言不顺"，从而导致了政府奖比社会科技奖多，声望比社会科技奖高的结果。调查显示，1879 名被调查对象中，有 1843 人更愿意选择政府科技奖，占总人数的 98.1%，只有 9.9% 的人更青睐社会科技奖。[①] 西方文化历来就有崇尚科学的传统，企业和个人兴之所至就可设奖，设立科技奖被看作是一件非常崇高的公益事业。由于公众关注科技，企业设立企业外奖也可产生较好的广告效应。因此，在西方，社会力量设奖比政府科技奖多，声望也很高，除诺贝尔自然科学奖之外，世界主要国家社会力量设奖都占本国科技奖总数的绝大部分。

20 世纪后半叶以来，即使世界主要国家为推进国家创新体系建设，纷纷设立政府科技奖，特别是中央政府奖，但还是逐步形成了以"国家科技奖为象征，社会科技力量设奖为主体"的局面。

科学传统方面，我国科学传统是"重术轻学"，即重视实用的技术，忽视理论性的基础科学，人们往往把以抽象的知识和深邃的智慧为特征

---

① 钟书华、王炎坤：《国家科技计划与科技奖励》，人民出版社 2007 年版，第 139 页。

的科学，混同或等同于以实用性见长的技术。我国最著名的、堪与《几何原本》相媲美的数学巨著《九章算术》，并不太注重逻辑推理，而是中国算法技术机械化的光辉典范，并因此成为中国近代以前数学乃至整个科学发展的杰出代表。显然，与西方主要国家引比，我国基础研究的经费投入明显偏低，"重术轻学"的价值观表现在科技奖励方面就是重科技进步奖、轻自然科学奖。

西方历来就有重视科学理论的传统，古希腊的欧几里得完成了《几何原本》，近代的牛顿建构了力学体系就是其中的典型代表。在英国和法国，自然科学奖要多于发明奖。总的来看，西方主要国家对这两种奖励是并重的。

二是从制度层面看。由于我国与西方主要国家在经济、科技体制上存在不同，我国在科技奖励体制与西方国家科技奖励体制和制度也不同，我国是混合型科技奖励体制，而西方主要国家是相互独立型科技奖励体制。由此决定了我国与西方主要国家科技奖励制度的诸多不同。

三是从物质层面看。我国仍属发展中国家，尽管我国改革开放40多年来，经济发展速度较快，已成为世界第二大经济体，但与发达国家相比，人均国民生产总值仍有较大的差距。但由于多年来，政府出于科技创新快速追赶的思维情结，以及不少科技创新人员过多追求奖项和获奖的物质利益，使得我国尽管科技奖励绝对强度低于西方国家，相对强度与西方国家相近，奖后派生待遇很多。一个科技人员获得了政府科技奖，往往能使工作和生活条件得到很大改善，如直接分配新的住房、加薪、给予获奖成果奖励，等等，形成获奖成果物质奖励并派生待遇日渐增多的"马太效应"。

相比之下，西方国家尽管人均国内生产总值较高，设立奖项较多，但始终坚持"少而精"的原则，各种奖项设置并不重复，且非常重视精神奖励，不少奖项仅为纯精神奖励；有些奖项虽给予一定的物质奖励，但并无获奖后的派生待遇。

（二）奖励对象、形式比较分析

一些国家政府科技奖励除了奖励已经做出突出贡献的科学家外，还非常注重奖励有发展前景或正处于事业发展上升时期的科研成果或人才。如本章第一节所述，在印度，绝大部分科技奖励都是针对35岁或45岁以下的青年科学家设立的。从奖励形式看，西方国家同时侧重于奖励一定的经费以供后续科研工作使用。如德国的莱布尼兹奖、英国的实现潜力奖等都是如此。这种侧重奖励科技持续工作的奖励形式，不仅能够充分发挥科技奖励的激励效应，而且在资金保证方面起到积极的作用。还有一些科技奖励不颁发奖金，是以资助科研经费的形式进行奖励。如美国的"总统青年科学家和工程师奖"，获奖者可得到 50 万美元的科研经费[①]。这样既肯定了获奖人已做出的重要贡献，又为他们的未来研究提供了资金支持。这种奖励形式对培养和鼓励青年科技人才的成长、增强科技发展的后劲具有积极的推动作用。

而在我国国家科技奖励体系中，至今未设立专门的针对青年科技人才的国家级奖项，仅有上海等个别省市设立青年科技奖励奖项；奖励形式中各级科技奖中也未设立科研经费资助奖。据 2004 年国家科技奖励办公室对获得 2000—2003 年国家自然科学奖、国家技术发明奖和国家科技进步奖的研究人员和成果进行的我国科技奖励改革建议问卷调查结果，在包括完善评奖评价制度、奖励配套研究费用等 9 项内容中，有 43.2% 的人认为要进一步加大奖励配套研究费用，在 9 项内容中列 3 位。[②] 可见我国国家科技奖获奖人员对设立科研经费资助奖、加大科技奖励配套研究费用支持力度呼吁强烈。中外科技奖励制度的主要区别如表 8.1 所示。

表 8.1　　　　　　　　　中外科技奖励制度的主要区别[③]

		中国	西方国家
价值观层面	文化传统	集体主义	个人主义
	科学传统	重术轻学	重视科学理论
制度层面	科技奖励体制	混合型科技奖励体制	相互独立型科技奖励体制
	政府奖与社会科技奖比例	政府奖较多	社会科技较多
	成果奖与人物奖比例	成果奖较多	人物奖较多
	奖励学科领域	发明奖比自然科学奖多	自然科学奖与发明奖并重

① 姚昆仑：《现代科学技术奖励综论》，科学出版社 2000 年版，第 151 页。
② 钟书华、王炎坤：《国家科技计划与科技奖励》，人民出版社 2007 年版，第 148 页。
③ 笔者参考成良斌等《中外科技奖励制度的主要区别》一文中的表 1 制定，参见《科学技术与辩证办法》1994 年第 5 期。

续表

		中国	西方国家
物质层面	奖励绝对强度	低	高
	奖励方式	精神、物质奖励相结合	多元化,以精神奖励为主
	奖后派生待遇	强	弱

（三）中外科技奖励制度比较的主要启示

启示一：继续坚持物质奖励和精神奖励相结合，以精神奖励为主的原则，淡化奖后派生待遇，引导科技人员追求真理。

科技奖励是国家和社会对为科学技术发展做出创造性贡献的科技人员的一种承认，根据贡献大小，给予不同的荣誉，从已取得的成就看，是种表彰；从科技发展看，是为了调动科技人员的积极性，从而建立起一种竞争机制。同时，科技奖励也反映了一个国家和一个民族尊重知识、尊重人才和尊重劳动的程度。因此，国内外科技奖励制度都坚持物质奖励和精神奖励相结合，以精神奖励为主的原则，这不仅充分体现了科技奖励的本质要求，而且精神累积效应能有效激发民族科技创新精神和创新文化的形成。

在国外科技奖励制度中，虽然采用纯精神奖励的奖项不占多数，但采用纯物质奖励的奖项是没有的。如英国女王奖，只奖励荣誉证书、奖旗，不发奖金；新西兰以该国著名核物理学家、诺贝尔奖获得者卢瑟福命名的"卢瑟福奖章"，只授予一枚金质奖章，没有奖金，却成为新西兰的最高科技荣誉；又如前民主德国的科技奖励体系中，有100多种有影响的科技奖励不颁发奖金。[1] 说明科技奖的地位和影响并不是由奖金的多少来决定。法国科技奖励一个突出特点是纯精神奖励很多，如法国国家科研中心的"科学研究奖章"，其奖励没有任何物质奖励，仅仅是荣誉性的，但由于评选出的获奖者研究贡献巨大，被法国学术界认为代表的是国家最高科研水平。作为一个以浪漫闻名于世界的国家，设置一些纯精神奖励或基本相当于纯精神奖励的奖项，很大程度上反映了法国对科技奖励制度引导的期望：科研人员对科学研究需保持纯粹和高尚的

---

① 姚昆仑：《现代科学技术奖励综论》，科学出版社2000年版。第183页。

心态，撇开利益，寻找真理。

同样，尽管美国是一个追求实用主义的国家，其科研奖励也是以精神奖励为主。他们认为，科技奖励的目的是激励科技人员在从事科学技术活动中不断取得新的突破和新的成就以及成果的应用。获奖不与职称、项目资助等科技资源和物质待遇挂钩。在美国科学家看来，科学家的天职是探索和创造知识，揭示自然界的奥秘和追求人类的福祉，而不是为了获奖，更不是以获奖谋取私利，获奖不过是"无心插柳柳成荫"。即使那些诺贝尔自然科学奖的获得者，也往往心态平静，不乐于炒作或频频在公众媒体上露面。

同时，这些国家与我国一样，还通过科技奖励的肯定作用和能力标尺，建立了科学院院士、工程院院士制度，被选为院士的科学家一般代表该国某学科的最高学术水平，有很高的荣誉和知名度。并采取"命名法"奖励，即以科学发现与技术发明者的名字来命名新科学原理与技术成果的形式进行精神奖励。19世纪前有"牛顿定理"、"笛卡尔坐标系"、"拉格朗日方程"、"门捷列夫元素周期表"、库仑定律等，在20世纪西方这种荣誉命名已形成规范化和制度化。这样，学者名字便成为某一科学理论的代名词，并通过教科书等形式，使这些著名的科学家流芳百世。

我国在科技奖励制度中，也能坚持物质奖励和精神奖励相结合，以精神奖励为主的原则，有效发挥了科技奖励制度的激励作用。尤其在改革开放前一些时期和改革开放后的初期，我国坚持以精神奖励为主，充分体现了科技奖励的本质，有效发挥了科技奖励的激励作用。如获1982年国家自然科学一等奖"哥德巴赫猜想研究"的陈景润，以超人的勤奋和顽强的毅力，多年来孜孜不倦地致力于基础数学研究，废寝忘食，每天工作12个小时以上；即使在遭受疾病折磨时，他都没有停止过自己的追求，为数学事业的发展做出了重大贡献。他的事迹和拼搏献身的精神在全国各地广为传颂，成为一代又一代青少年心目中传奇式的人物和学习楷模。"两弹一星"和"载人航天"等重大自主创新获奖成果所形成和反映的我国科技创新队伍的"两弹一星"精神——"热爱祖国、无私奉献、自力更生、艰苦奋斗、大力协同、勇于攀登",① "载人航天精神"——"特别能吃苦、特别能战斗、特别能攻关、特别能奉献"② 等，都极大地增强了广大科技创新人员的荣誉感和社会地位，激发和提高他们的自主创新能力，焕发全民族的科技创新精神和创新文化，产生了极为深远的影响。

科技奖励目的既是肯定科技人员已做出的贡献，也是对其科学发现和技术发明优先权的承认。因此，美国等西方国家及以印度等发展中国家对科技奖的获奖者除颁发奖金和荣誉外，并没有奖后派生待遇——如晋升、加薪等，但获奖在科学共同体中会潜移默化地产生优势积累效应，形成科技人员的社会分层。而我国科技人员获奖成果不仅获得物质奖励和精神奖励，之后还会获得一系列派生待遇。如我国科技获奖人员在获奖后不仅赴国内外机构公费进修访学或应聘机会大大增加，并易于流动到更有声望的研究机构中，同时科研设备、科研经费等方面都会得到不同程度的提高③。而且在我国特有政治经济体制下，国家及各级政府科技奖获得者往往能获得一系列的奖后派生待遇（工资、奖金、住房、职称、聘任等），从而形成政府科技奖物质待遇的"马太效应"。据1997年国家科技奖励办公室组织对国家科技奖主要获奖者的调查，在获得国家级科技奖励后，81.6%的科技人员声称科研条件得到了改善，近六成的认为在物质待遇方面有直接的改善④。由此可见，国家科技奖对获奖者其后的科研生涯、物质待遇和所属科研机构科研能力的提高虽产生了积极影响，但其后派生待遇太多；而社会科技奖虽然基本上都是一次性奖励，没有奖后派生待遇，可一些奖项并没有因此降低其声誉，如"何梁何利"奖。我国政府科技奖派生待遇太多，实际是进一步强化了物质奖励，淡化了精神奖励，也即尽管我国科技奖励绝对强度低于西方国家，相对强度与西方国家相近，但由于政府科技奖后派生待遇太多，致使我国政府科技奖励在很大程度上被物质化了，严重偏离科技奖以精神奖励为主的原则，异化科技奖励本质，扭曲了政府科技奖的功能。因此，在

---

① 邹秀春：《载人航天精神的弘扬与培育》，《兰州学刊》2006年第8期。
② 邹秀春：《载人航天精神的弘扬与培育》，《兰州学刊》2006年第8期。
③ 姚昆仑：《中国科学奖励制度研究》，博士学位论文，中国科学技术大学，2007年。
④ 国家科技奖励工作办公室：《"八五"期间获国家科技奖励主要完成人的问卷调查分析》，《科技奖励》1998年第3期。

我国科技奖励中，要借鉴国外和我国科技奖励的经验教训，继续坚持精神奖励和物质奖励相结合，以精神奖励为主的原则，重视精神奖励，降低一部分政府科技奖奖项的物质奖励额度，切实淡化政府科技奖的派生待遇，这不仅可以引导科技工作者的科研趋利心态、追求真理，还可以净化科研氛围，减少无科研贡献者侵害知识产权、伪造科研数据等各种学术不端现象。

总之，在科技奖励激励效果明显，但在典型反面教材也不断出现的当下，如何平衡好物质奖励与精神奖励的关系，以及治理政府科技奖派生待遇太多的问题，将是今后一段时间科技奖励工作的重点，也是清理和整改公立高校科研奖励政策必须着重考虑的问题。要注意到，高校科研奖励政策中的科研获奖奖项与一般科技奖有本质区别，它作为政府科技奖励后外加的物质待遇，仅是科技奖励中物质待遇的外延和补充。

启示二：重视基础研究和基础研究成果奖励，克服心浮气躁、追逐名利的不良风气。

科研经费及其投入结构与科技奖励数量及其结构一般是一个相互作用的正相关关系。据统计，在我国 2008—2017 年连续 10 年获得政府科研经费排名前 10 名的高校，也大致是获得国家科技奖前 10 名的高校。同时，每个国家所投入的科技奖励资源都是有限的，有限的奖励资源如何来配置，配给谁？配多少？这在中外科技奖励制度中，主要体现在研究类别的差异上。科学研究与发展可分为基础研究、应用研究和试验发展，基础研究是应用研究和试验发展的基础和源头，正因为基础研究的这一特殊地位，世界各国以及一流研究型大学都非常重视基础研究，给予基础研究更大的经费投入。

在欧美国家高校与科研院所中，其科研经费主要来源于各级政府拨款、校友资助或通过签订合同等方式提供，政府科研经费比例比较高。而这些国家对科研的投入不仅在国内生产总值（GDP）中占有较大的比重，而且其基础研究经费投入所占比例很高。如以色列、瑞典、日本、德国、法国、加拿大、英国等国就投入了大量的财力进行科学研究，其中以色列居第一。并且，在基础研究经费投入中，高校投入基础研究经费占 R&D 经费比例最高。如在 2000 年，美国、日本和法国高校 R&D 经费内部结构中，基础研究、应用研究和试验发展三者占比分别为 74.4：

21.8：3.9、53.6：37.3：9.1、87.5：10.3：2.2,① 而同年我国高校三者占比却为23.23：52.13：24.64，高校用于基础研究经费投入的比例明显偏低②。这些国家的基础研究经费在 R&D 总经费投入的比例，尤其是高校投入比例较高，这种情况的出现，尽管原因很多，但这些国家在科技奖励资源配置上更注重向基础研究倾斜，在其中发挥了重要作用。

事实上，世界上第一个具有制度化的科技奖——科普利奖章，就是奖励在物理、生物等基础学科和基础研究方面做出突出贡献的科学家。其后，在这些发达国家科技奖励的奖项设置中，国家最高奖不一定设置应用奖，但一定设有基础研究奖，而且基础研究奖数量远高于应用研究奖。据统计，美国1991—2000年间，共有102位科学家获国家科学奖，获科技奖仅有70位科学家和12家企业③。这些国家政府对应用奖没有给予特别的重视，应用奖主要由企业实施。如美国 IBM 公司设立的杰出创新奖，就是对企业新技术、新产品的开发研究进行奖励。

相比之下，我国的基础研究在整个国家的奖励体系中所占的比重非常低。据统计，2002—2007年间，国家自然科学奖、技术发明奖、科学技术进步奖三大奖共计1802项，其中自然科学奖177项，占9.82%；技术发明奖215项，占11.93%；国家科学技术进步奖1410项，占78.25%。基础研究奖与应用研究奖之间的比例为1：8。④ 这种国家科技奖励资源的分配，违背了国际科技奖励资源配置的惯例。同时，科技成果奖励体系既包括取得突破性重大发现的单一型成果奖（即以一本专著、一项发明、一个实验、系列论文及其作者为奖励对象），也包括需要长期努力与探索才能出成果的累积型成果奖励。国际上通常是单一型成果奖少，累积型成果奖多，我国目前则偏重单一型成果奖。

我国这种国家科技奖励"珍稀性"资源的不合理分配，不仅使不同类型科研成果质量区分不明显，使作为科技创新源头的基础研究在政府科技奖励资源更加稀缺，使基础研究这种需长期积累、长期艰苦研究才

---

① 任珂：《新建本科院校教学与科研关系的制度分析——以 N 学院为例》，博士学位论文，华中科技大学，2017年。

② 任珂：《新建本科院校教学与科研关系的制度分析——以 N 学院为例》，博士学位论文，华中科技大学，2017年。

③ 姚昆仑：《中国科学奖励制度研究》，中国科学技术大学，博士学位论文，2007年。

④ 钟书华、王炎坤：《国家科技计划与科技奖励》，人民出版社2007年版，第151页。

可能取得的累积型成果得不到应有的重视；而且导致一些高校、科研院所和教师、科研人员等创新主体科研功利化倾向严重，刺激其追求一些"短、平、快"项目，催生一些科研人员心浮气躁、追逐名利的陋习，败坏科学精神和大学精神。因此，如何确保国家科技奖励发挥正确的激励导向作用，如何平衡好科技奖励在基础研究、应用研究和试验发展内部的结构关系，是我国科技奖励制度在进一步完善中亟待解决的问题，也是高校建立完善科研创新激励政策体系着重解决的问题之一。

启示三：采用科研资助计划实施科技奖励，为科技创新人员继续科研提供精神动力和资金保障。

采用科研资助计划实施科技奖励，是科技奖励的有效方式。如德意志研究联合会的莱布尼茨奖就是通过科研资助计划实施科技奖励的典型代表，规定奖金只能用于继续研究工作，不能用于个人消费，其奖励目的是为处于创新高峰期的科研人员提供动力，给予精神激励，为其再出重大创新成果提供资金保障，很好地体现了科技奖励的本质，取得了相当大的成功。再如英国皇家学会的微软奖，被建议提名获奖者除他们在相关领域的科研成就外，主要由所提交的未来研究报告的实力最终决定是否获奖，即由候选人填写的概述研究方案，以及他们如何保障研究方案的实施来决定，并对奖金用途做了明确规定，与我国国家最高科学技术奖奖金使用类似（奖金 500 万元，其中 50 万元可由获奖人支配，450 万元用于科研工作），绝大部分奖金须用于他在研究方案概述的研究上，要专款专用，并作为下一次申请奖励和所监督复查的依据，这些行之有效的做法，也获得了相当大的成功。这为破解我国公立高校既要加快清理科研奖励政策、取消 SCI 等论文奖励，又要充分调动教师科研创新积极性的难题以及完善科研创新激励政策体系提供了成功案例和可资借鉴的经验。

启示四：坚持科技奖励"少而精"的原则，降低政府科技奖数量，规范社会力量奖。

根据科技奖励的一般原理，奖励声望与奖项和获奖者数量之间呈负相关。因此，如上所述，国外发达国家科技奖励数量一直都坚持"少而精"的原则，尤其是政府科技奖数量非常少，而我国政府科技奖奖项和数量较多。据统计，从国家科技奖到省市、部委、地市等，各级政府部门层层设立有科技奖励，每年授奖的数量就达到 12000 项左右，不仅在奖励活动方面耗费的人力财力巨大，而且由于国家科技奖和省部级科技奖数量偏多，造成政府科技奖声望下降，激励作用弱化。

与此同时，社会科技奖管理不够规范、严格，造成大部分社会科技奖质量不高，又引致一些行业领域和基层单位在相关政府科技奖制度外，变相地设立与政府科技奖、社会科技奖有本质区别的本单位科技奖励政策。公立高校科研奖励政策便是其中一种表现形式。它虽然在我国社会主义市场经济条件下，在高校科研外延发展、规模扩张阶段发挥了一定的积极作用，但却带来严重的负面效应，已不符合我国高校高质量发展和科技成果的本质属性，偏离科技奖励本质，必须加以治理。

第二节　中外主要国家高校教师薪酬制度比较分析

一　美国高校教师薪酬制度的特点及其启示

美国作为当今世界高等教育最为发达的国家之一，其成功的高校教师激励机制值得我们去学习和借鉴。美国建立了以"非升即走制"和终身教授较高年薪制为核心的高校教师层级制度和薪酬制度体系。这套体系所营造出的高度发达的学术劳动力市场是对经济理性理念的彰显，而学术共同体的强大力量与终身教授制又显示了学术自由理念的力量，美国高校教师制度的变迁史是两种理念相互博弈的过程，正是在这种激励机制的主导作用下，美国高校才能持续焕发勃勃生机。

具体地讲，美国高校在对教师实行"非升即走"的淘汰制、教授终身制、学科"后位淘汰制"的基础上，形成了较为完善的薪酬激励制度。[①]

（一）尊重教师劳动特点，创造宽松的学术环境

高校教师的劳动是一种复杂的有创造性的脑力劳动，他们往往对自己的精神生活和发展空间有更高的追求和标准。这些劳动特点和心理需求决定了他们更希望在一种较为宽松、自由的环境下进行自主性的思考、

---

① 陈艺波：《中美德高校教师制度理念探析》，硕士学位论文，华中科技大学，2007 年，第 79—83 页。

创造性的工作。美国高校教师薪酬制度正视教师群体的这一特性，充分尊重教师主体的学术自由与学术创新规律，创设了教授终身制这一制度，使教授尤其是学术和教育教学表现优异的副教授和讲习教授有不断进取的动力。这启示我们，可在合适的条件下适当引入或者借鉴终身教授制，开发出适合我国国情和学校自身条件灵活的聘任方法，促进教师学术职业发展。如可考虑依据岗位性质和贡献大小，对少数教学科研表现特别优秀的教师在目前年薪制的基础上试行终身教授制。

（二）严格考核激励制度，保持不断创新的活力

美国高校教师考核制度中的"非升即走"的规定与"后位淘汰制"的动态管理制度和机制，有效保证了教师群体不断创新的学术活力。美国高校教师聘任期满续聘与否，要视其教学、科研成绩而定，而且续聘期限有严格限制。这对青年教师来说既是压力也是动力，迫使众多助理教授和副教授全身心投入工作并不断取得新的成绩，否则无法晋升就会面临着走人的危险。而"后位淘汰制"更是激励着全体教授为所在院系的学术地位和自己的学术荣誉而不懈努力，这不仅有利于师资队伍建设，而且对于学科发展更有着积极的促进作用。

在这方面，我国一些研究型高校也做出了颇有力度的激励机制改革的尝试。如北京大学"非升即走"的择优和分流机制、学科的"末位淘汰"制，都为我国高校教师考核和薪酬管理制度改革与西方大学先进管理经验的有机结合做出了积极的探索。但是，我国高校虽也实行聘任制，往往流于形式，出现"干好干坏一个样"的严重弊端。这是我国高校教师薪酬改革必须下决心解决的重大难题。

（三）薪酬水平较高，保持高水平的外部竞争力

高校教师从事的是智力密集型劳动甚至是高智力密集型劳动，具有价值创造能力的乘数效应和巨大的社会公益性。根据按劳分配理论和按要素分配理论，高校教师应获得双重价值分配，即劳动收入（物化劳动与活劳动的价值之和）和资本收入（高智力资本作为生产要素而应获得相应的投资收益）。因此，只有保持高校教师职业高而稳的薪酬水平和外部竞争力，才能吸引广大智力密集型人才安心于本职工作。美国高职称、高水平教师的高待遇保证了其高校的人才竞争优势就是一个有力的佐证。

美国高校教师薪酬水平整体上有较强的外部竞争力。据统计，2005—2006 学年最低职称的高校教师的平均工资达到全国各行业总平均工资水平，而副教授、教授的平均工资分别是各行业总平均工资的 1.5 倍和 2 倍左右。① 也就是说，美国高校教授的收入已经列入全美高收入职业行列，即使是普通教师的收入也有一定的市场竞争力。其薪酬设计理念主要有两方面：一是保证教师衣食无忧，保证他们有充分敞开思想的学术自由环境；二是收入不算太高，避免趋利者进入高等教育领域。

而在我国，高校教师的总体薪酬水平较低。与美国同期相比，根据 2005 年国家统计局公布的国有单位分行业工资水平统计数据，医疗、工程技术研究、信息软件和金融业的平均工资水平都远高于高校教师。在全国平均工资前 15 位的行业中，高校教师位于第 10 位，国家公务员、公共事业单位等许多其他行业人员的工资收入水平都是高校教师的 1.8 倍以上，最高的达 2.5 倍。② 可见，提高我国高校教师薪酬收入已势在必行。

但也要注意到，在美国，学校内部不同学科之间的教师待遇相差悬殊，这不利于各学科协调发展。美国高校教师不同职称之间薪酬的较大差距增强了高校人才内部的竞争力度，在一定程度上有利于高水平人才脱颖而出。这也是我国高校教师薪酬制度改革中必须重视的问题之一。

（四）力戒基于教师绩效评价的市场调节的负面效应

在美国高校，无论是签约体系薪资制还是单一固定薪资制，教师工作的绩效评价是其薪酬待遇的最根本依据。绩效评价决定着教师职称的晋升进而制约着薪酬水平。面对高校教师绩效评价这一世界性难题，美国高校采取科研定性与定量相结合的方法，进行相对的事实判断和价值评价，从而取得较好的效果。

而在我国高校中，尽管一直都在强调要实行定性与定量相结合的科研分类评价，但现实中"一刀切"的做法以及单纯追求显性科研可量化指标的量化评价，还在高校教师科研评价中盛行。把本来就不太可靠的

① AAUP, "Faculty Salary Survey", 2006 年 12 月 16 日, http://chronicle.com/stats/a au p/aaupresults. Php? Year = 2006 & Keyword = Keyword & state-, 2021 年 6 月 23 日。

② 国家统计局人口和就业统计司等：《中国劳动统计年鉴》，中国统计出版社 2005 年版，第 41—43 页。

科研评价结果简单地与教师奖惩挂钩，这是对评价结果的滥用，将误导教师的科研行为。而以此为依据进行的市场定价势必异化教师科研的本质。其竞争的结果便是多数教师科研行为的功利主义倾向和教师收入的两极分化。这正是我国高校教师薪酬制度改革中应该引以为戒的方面。

二 英国高校教师薪酬制度的特点及其启示

与美国和我国高校教师薪酬制度相比较，英国高校尤其是研究型高校教师薪酬制度具有显著的特点。以下仅以罗素集团成员为代表的英国研究型高校为例作一简要说明。罗素集团成立于 1994 年，包括牛津大学、剑桥大学、曼彻斯特大学等 24 所大学。以罗素集团成员为代表的英国研究型大学享誉世界，这与其拥有大量高水平的教授和科学家不无关系，而合理的教师薪酬体系和增长机制在其中发挥了重要作用。

（一）薪酬体系表现出明显的均等化倾向，教师校际之间的流动相对较小

由于英国研究型大学教师薪酬的结构、水平、增长机制和幅度既受国家薪酬结构和标准的约束，又统一参照执行大学和学院雇主协会协商制定的薪酬标准，因此各校教师薪酬结构和水平虽略有差异，但以罗素集团为代表的研究型大学的教师薪酬体系表现出明显的均等化倾向；薪酬水平的校际差异和区域差异较小，相比英联邦其他国家教师的薪酬更为均等，不同学科教师之间的薪酬水平也差异较小。英国学者梅勒妮·沃德的研究表明，同性别不同学科教师的薪酬差异不大。自然科学学院教师的薪酬平均约为 23000 英镑/年，工程学院教师的薪酬平均约为 22000 英镑/年，社会科学学院教师的薪酬平均约为 23500 英镑/年，艺术学院教师的薪酬平均约为 23500 英镑/年，[①] 较好解决了世界各国高校普遍存在的工程、技术、经济、管理等学科教师薪酬远高于其他学科教师薪酬的问题。相对均衡的薪酬结构和水平，决定了各研究型大学较少发生"高薪挖人"的人才恶性竞争和流动。这是我国目前治理各高校在人才强校战略驱使下和在国家及地方各类人才项目竞争的推波助澜下"高薪挖人"、竞相抬高科研奖励力度乱象，也是进一步完善我国高校科研创新激

---

① Melanie Ward, "The Gender Salary Gap in British Academia", *Applied Economics*, Vol. 33, No. 13, Oct 2001.

励政策体系必须借鉴之处。

（二）稳定薪酬中的弹性设计，为教师职业发展带来活力

为防止均等化带来教师职业发展缺乏活力的问题，近年来，英国高校通过绩效薪酬改革，进一步增强对教师成就感和荣誉感的激励。从教师总体薪酬中拿出 15% 的比例进行绩效激励，通过 Performance Related Pay 薪酬评价体系，由校长根据教师教学、科研和管理方面的发展状况、进步程度、贡献大小进行量化考核，确定绩效薪酬分配[①]，以有效促进教师的职业发展。

这种稳定薪酬结构中的弹性设计保留了薪酬的激励作用，是对均等化倾向可能带来的负面效应的矫正，使薪酬体系更具合理性。这也是我国公立高校设计合理的教师薪酬结构体系，完善科研创新激励政策必须借鉴之处。

三　日本高校教师薪酬制度的特点及其启示

近代日本在学习借鉴西方大学制度的同时，也逐步建立起以终身雇佣、年功序列、稳定保障为特征的大学教师人事制度。历经百年发展，这种传统的教师人事制度在重建高等教育体制、发展精英教育、实现高等教育大众化方面发挥了积极作用，使日本的高等教育水平能够长时期在世界范围内保持领先。

具体而言，一是在高校教师的薪酬制度中，日本明显地体现了年工序列的特点。论资排辈的多，因绩效而改变的少。正如一位学者所说："如果一位教师获得诺贝尔奖也不会改变他的工资。"[②]

二是无论哪个级别，档次越高，档差越少。尤其是教授的工资，达到一定档次以后的档差仅为 100 日元，几乎等于不再上涨，仅是象征意义。[③] 为改变这种缺乏竞争的保障性高校教师薪酬制度，以及 20 世纪 90 年代以后，随着日本经济发展的持续低迷，受公务员工资下调的影响，高校教师的工资也开始进入调整改革的阶段。

[①]　贾莉莉：《英国大学教师工资制度的新变革》，《比较教育研究》2004 年第 7 期。

[②]　张荆：《日本高校体制及薪酬制度的研究与思考》，《北京联合大学学报》（人文社会科学版）2004 年第 1 期。

[③]　张荆：《日本高校体制及薪酬制度的研究与思考》，《北京联合大学学报》（人文社会科学版）2004 年第 1 期。

从改革的实施情况来看，改革的过程相对平稳，并没有引起大的争议和反对浪潮，主要原因在于改革并没有显著降低教师的收入待遇。日本厚生劳动省 2016 年调查统计数据显示，改革后的大学教授平均年收入为 1122 万日元，副教授平均年收入为 871 万日元，讲师平均年收入为 754 万日元，分别处于日本各职业收入排行榜的第 3、第 4、第 11 位[①]。可见，改革后的教师薪酬制度仍然是高薪聘用制，并在教师既有优厚待遇不降的前提下，根据业绩和贡献大小适当拉开同行间的收入差距。由于追求高水平的业绩成果可以显著提高教师收入待遇，所以这项改革得到了绝大多数教师的拥护和认可。

由此可看出，日本 21 世纪以来的高校教师薪酬制度改革是相当成功的，这一改革体现了竞争和激励，实现了薪酬制度从年功序列到差别给付的转变，在鼓励教师追求卓越、提高教师工作积极性方面起到了十分积极的作用。这为我国高校教师薪酬制度改革提供了有益的启示。

（一）合理拉开教师间薪酬差距，有效调动各层次教师工作积极性

我国高校以教师薪酬制度为核心的人事制度改革时间节点和频幅与日本大体相同。与日本高校教师薪酬制度改革相对应，我国近年来所实施的高校教师绩效薪酬改革，其积极意义不容置疑，但其中存在的问题也不容忽视。绩效薪酬改革应在总体提高教师薪酬的基础上，适当拉开收入差距，但是，当前我国高校教师之间的收入差距已逐渐超越了合理阈值。

2013 年张荆课题组对北京、江苏、云南等地高校的调查统计发现：高校教授中薪酬收入最高的 10% 与收入最低的 10%，收入差距达到 5.9 倍；副教授中的这一差距为 4.5 倍；讲师中最高收入者是最低收入者的 3.9 倍，不同职称教师之间的收入差距十分明显。而日本高校教师薪酬构成中的竞争性工资仅仅只是一小部分，这样，既能有效调动各层次教师的工作积极性，且教师之间的收入差距也不会被过分拉开。如在日本，最高级俸教授与最低级俸教授之间的收入差距仅为 1.4 倍，副教授为 1.5 倍，收入差距较为合理。

---

① 张荆、赵卫华：《高校教师收入分配与激励机制改革研究》，社会科学文献出版社 2014 年版，第 32 页。

（二）调整教师薪酬构成，拓展绩效薪酬改革

比较日本和我国高校教师薪酬改革经验教训，我国高校教师薪酬制度改革应逐步调整薪酬构成，拓展绩效薪酬改革。

2006年以来，我国高校开始推进绩效薪酬改革，高校教师的薪酬要素中绩效所占比重越来越大。虽然绩效与薪酬联动被证明是激励的有效手段，但其前提是有科学合理的绩效评价体系。在教学绩效"难量化"实际操作困难重重，而在科研"易量化评价"且被异化的情况下，传统意义上教师的绩效又有"教学"和"科研"两大效标，因而在实践中必然形成"科研绩效"一边倒现象，因此盲目推进高校教师的绩效薪酬改革并不妥当。绩效薪酬联动在我国当下大多数公立高校中演化为"一篇论文的价格""一个科研项目的奖金"等有奖科研，"一节课的计件"等等这样的尴尬局面，"重科研、轻教学""看数量、拼级别"的窘境广泛存在，这样的绩效薪酬无疑丧失了其初衷，使教师盲目追求可量化的科研绩效津贴部分和科研奖励金，从而使绝大多数公立高校以"量化绩效"为付酬要素的各类津贴和科研奖励在教师薪酬结构中所占比例较大，岗位薪酬与薪级薪酬所占比例较小。有调查显示，2010年高校教师基本薪酬仅占总薪酬的23%，2013年这一比例更是降低至14%，[①] 名目繁多的各类津贴补贴和科研奖励金的比例则在绝大部分公立高校呈上升之势。

基本薪酬所占比例较低并不断降低，不仅不利于高校教师投入教学和真正的科研创新工作，而且许多世界一流高校基本薪酬是高校教师收入的主要来源的国际趋势不相符合。鉴于此，为有效解决我国公立高校中一些教师为了获取更高科研津贴和科研奖励"计件"活动的问题，在目前我国公立高校教师绩效评价体系尚不完善的条件下，不能盲目加大科研绩效薪酬所占比例，切实治理科研奖励活动，以提高基本薪酬在公立高校教师总薪酬所占比例，争取达到50%—60%。

总之，尽管美国、英国和日本等高等教育发达国家教师的薪酬制度特点各不相同，但这些国家都在不断提高教师薪酬水平，建立在较为科学、完整的定性与定量相结合的教学、科研工作绩效评价基础上

---

① 张荆、赵卫华：《高校教师收入分配与激励机制改革研究》，社会科学文献出版社2014年版，第138页。

的高校教师绩效薪酬制度以及严格的考核激励机制和制度，较为合理地拉开了不同层次教师的薪酬差距，从而既保障了高校教师队伍的稳定，并有体面的生活，又使其保持不断竞争和创新的活力。这些都是进一步完善我国公立高校教师薪酬制度、科研评价制度，以及科研创新激励政策体系可借鉴之处。同时，也要学习和借鉴这些国家的一些高校注重对教师，尤其是优秀教授进行精神激励的做法。在英国学术声望较大的少数老牌大学中，一些荣耀讲座教授不增加薪水，只增加声望。最著名的就是剑桥大学的"卢卡斯数学教授"讲席，早期由牛顿、狄拉克领此衔，当今是世界著名天文物理学家霍金荣任。因此，代表经济报酬的薪酬所反映的只是提供生存的基本需求。教师晋升意味着教师的工作质量能在更高的层次上得到承认，对于一部分科研表现优异的高校教师而言，其在国际学术界同行中的认可和荣誉及发挥的作用可能比薪酬的价值更大，正是有了这种激励，他们对学术卓越的追求才有了永无止境的动力源。

黄金有价，师道无价。精神上的价值或许比物质上的价值更高。物质只是显性表现形式，精神才是真正的价值体现。所以，同是教师或教授，一些人远比另外一些人头衔的品牌效应和声誉价值高得多。这也是我国公立高校进一步完善教师薪酬制度，切实加大对教师精神激励，加快科研奖励政策清理和整改，不断完善高校教师科研创新激励政策体系的方向。

四　我国高校教师薪酬制度的特点及其经验教训

改革开放以来，我国高校教师薪酬制度经过 1985 年以前的工资制度改革、1986 年至 1993 年的教师专业技术职务等级薪酬改革、1994 年至 2006 年的校内津贴制度改革、2007 年至今的岗位绩效薪酬制改革四次重大改革。目前，我国高校教师薪酬呈现出如下主要特点，也折射出存在的问题和教训。

其一，大量研究表明，当前我国高校教师的薪酬存在结构性矛盾。一方面，高校教师薪酬水平较低，教师收入在很大程度上取决于科研、社会服务等非教学行为等外部报酬。美国波士顿学院国际比较教育中心开展的"学术薪资的国际比较研究"数据显示，我国高校教师的平均薪资不仅低于美、英、德、日等高等教育发达国家，甚至低于亚美尼亚、哈萨克斯坦、墨西哥等发展中国家，在 28 个国家中排名最低，而且起始薪资和顶层薪资之间的差异最大，达 4 倍之多。又如我国"千人计划"入选者与美国教授的收入水平大体相当，其他高层次人才收入达到美国教授的 60%。普通教师与美国相比，正高职称相当于美国教授 30%，副高职称相当于 25%，中级仅相当于 20%，收入差距非常显著。在薪酬绝对水平上，与欧美发达国家差距太大。①

由于教师薪酬整体水平较低，致使中国高校教师薪酬水平在事业单位中处于较低位次，外部竞争力不足，不仅会引发高校教师的职业不满，导致教师离职流失选择其他知识密集型专业机构就业；更为严重的是，导致未来博士毕业生选择非学术领域发展等问题的出现。这又将会引发国家整体学术职业老化，后续力量接续不足的现象。2011 年我国博士毕业生就业去向中，进入教育科研学术机构的比例仅为 54%，进入政府机关事业单位、企业单位等其他非学术劳动力市场的比例已高达 34%。②且由于教师薪酬的可变部分在很大程度上取决于科研奖励、非教学行为等外部报酬，致使一些教师对教学采取应付性策略获取基本教学津贴外，把主要精力投入可量化见效快的科研工作，以及科技成果转化等社会服务，学校教学工作被边缘化，一些长线基础研究、人文社会科学研究的教师难以专心从事教学和科研；甚至一些教师把主要精力放在与高校教学、科研和科技服务毫无关系的工作上。

另一方面，尽管我国不同地区间高校科研奖励力度差距较小，但不同地区间高校教师薪酬差距却较大。1995—2013 年，我国高校教师薪酬不仅呈低增长态势，而且从 2013 年我国不同地区高校教师人均年薪状况可看出，高校教师人均年薪与区域经济发展水平相对一致，薪酬区域分布也明显呈现出沿海发达地区高，而内陆经济落后地区，特别是中西部欠发达地区最低的结构性特征。薪酬最低的是黑龙江高校教师（年均薪酬为 45431 元），而高薪酬地区分别为上海 116618 元、广东 109602 元、北京 100547 元、浙江 100044 元，③ 最高是最低的约 2.57 倍。

---

① 陈艺波：《中美德高校教师制度理念探析》，硕士学位论文，华中科技大学，2007 年。

② 张荆、赵卫华：《高校教师收入分配与激励机制改革研究》，社会科学文献出版社 2014 年版，第 121—122 页。

③ 鲍威、吴红斌：《象牙塔里的薪资定价：中国高校教师薪资影响机制》，《北京大学教育评论》2016 年第 2 期。

　　由于高校教师总体薪酬水平较低，且地区间差距较大，尤其是中西部经济欠发达地区高校用相对较多的资金奖励教师科研，不仅降低了薪酬对教师工作绩效的激励效应，而且引发了人才资源争夺等高等教育发展不均衡现象等一系列严重问题。这直接拉大了高校之间师资队伍质量的差距，导致高等教育体系地区分层格局固化，持续削弱了人才流出地区和高校的发展能力，有悖于"让每个学生都能享受到有公平有质量的高等教育"理念。

　　同时，由于二级院系收入状况也对教师薪酬水平的高低起着重要作用，从而驱动其成为具有自身经济利益诉求的办学主体，增大了利用手中教育、科研资源从事"创收"活动的压力和动机，这必然会扭曲院系的正常办学行为，使其应有的学术标准和价值追求在一定程度上让步于最大化经济利益的追求。致使一些基础学科、人文学科等学科和院系的发展不可避免地陷于艰难，滑向边缘。这种基于院系、学科的资源筹措能力差异所形成的教师薪酬差距，已经成为院系办学行为功利化的内在驱动因素，进而成为学校推动整体教学质量的提高、学科相对均衡发展、追求一流的严重障碍。

　　其二，目前，我国高校教师薪酬制度已形成以"市场驱动"为主、"财政保障"为辅的二元化定价机制。随着近年来教师薪酬制度改革的不断推进，我国高校教师薪酬制度已从传统高度统一模式逐步向市场驱动模式薪酬体系转化，教师薪酬已具有"财政保障型薪酬"与"市场驱动型薪酬"并存的二元化结构特征。高校科研奖励便是"市场驱动型薪酬"结构中"科研绩效津贴"的一种补充。这种结构既能够保障高校教师的基本薪酬，又能使其具有一定的弹性，有效调动高校教师的工作积极性和创造性。但同时它却会加剧学术资本主义和市场化驱动机制在高校教师学术劳动力市场薪酬定价制度中的渗透，从而扭曲教师学术劳动的性质和取向。默顿认为，科学不仅是一种独特和不断进化的知识体系，而且也是一种具有社会规范的"社会制度"。科学规范的核心是"现代科学的精神特质"，即科学共同体应当遵守包括普遍主义、公有性、无私利性、有组织的怀疑四大共同价值规范。[①]

[①]　［美］R. K. 默顿：《科学社会学》（上），鲁旭东、林聚任译，商务印书馆 2011 年版，第 381—396 页。

　　必须明确，即使当前知识生产模式已从学院科学转化为后学院科学，默顿科学规范也并未过时，并应成为高校学术劳动的重要范式。然而目前公立高校科研奖励政策的盛行，向市场薪酬定价机制渗透，会使默顿所强调的科学规范被瓦解，使得一些教师的学术行为出现趋利取向，忽视学术探究的真正要义而片面追求物质利益的最大化。

第九章　重构公立高校科研奖励政策体系设计

在国家进一步破"五唯"、取消高校 SCI 论文等奖励政策的背景下，如何坚持"破""立"结合，重在"立"，"立"什么，即如何在"奖"与"不奖"之间找到平衡，在国家、高校科技创新共同的价值追求与教师个人利益诉求中寻求三方的平衡点，提出破解长期困扰我国公立高校既要取消 SCI 论文等奖励，又能有效调动教师科研创新积极性这一必须直面难题的激励政策体系，这是本章努力探索的问题。

为此，本章在破"五唯"的视域下，在梳理分析公立高校科研奖励政策现实困境的基础上，按照国家《深化新时代教育评价总体方案》的基本精神要求和科技部、教育部新规，将解决问题的关键聚焦于重构公立高校科研创新激励政策体系的路径和内容。

第一节　公立高校科研奖励政策的困境

一　公立高校科研奖励政策存在的合理性分析

评价一项政策的合理性，可以从科学性和效率两个维度考虑，两者最好能够兼备。如果两个方面只能优先满足一个，则需要进行权衡——两害相较取其轻，两利相较取其重。对公立高校科研奖励政策的合理性评价也是如此。如前文所述，尽管公立高校科研奖励政策在一定程度上体现着客观、公平，能够减少争议，提高科研效率，促进科研产出数量的快速增长。但如上文所述，这种效率增长，并未使高校原创性研究成果数量和质量的同步提高；甚至由于违背了科研创新规律，损伤了科研创新生态系统，制约科研创新质量的提升，往往会在数量增长的同时，质量反而下降。显然，这样的现象在我国科技创新已进入高质量发展的新阶段，高校已进入内涵式发展的条件下是有害的。因此，即便目前对公立高校科研奖励政策的存废还有争议，反对者担心取消了奖励会影响公立高校科研创新发展。但是，从科研创新规律、从我国及高校科研创新发展所处的阶段和历史使命来看，以及从要"把科技自立自强作为国家发展的战略支撑"，建设世界科技强国的长远目标来看，从世界一流大学的通行做法和我国公立高校科研奖励政策的实践来看，高校科研奖励政策已脱离了我国及高校科研创新内涵式发展的实际需求和科研成果创新性的基本属性，弊大于利。应按照国家进一步破"五唯"、取消高校 SCI 论文奖励等相关要求，走出仅"以 SCI 为首量化指标体系评价、激励高校及教师科研创新"的认识误区，下决心克服"便利行政"的懒政行为，加快清理和整改公立高校科研奖励政策，积极改革创新，创建基于原创性研究价值导向的公立高校科研创新激励政策体系，以从根本上破解目前公立高校科研奖励政策的现实困境。

事实上，一个国家及其高校用什么方式激励科研创新，与这个国家的总体科研创新的发展阶段有关，也与该国特殊的国情和经济、科技体制有关，同时更是由科研创新规律及这所高校在世界一流大学竞争中所处的地位以及自身的师资队伍结构、科研资源占有、教师学术习性等科研创新要素构成及能力状况即发展水平所决定。中华人民共和国成立后，在科技创新整体落后的计划经济时期，高校和科研院所，对教师和科研人员实行相对统一的薪酬分配政策，对其学术论文、专著等成果没有实施目前高校特有的科研成果奖，更没有科研项目等奖励，主要是进行精神激励，但在这种情况下，也运行良好，广大科技创新人员仍能坚守科研为人民、为祖国、为科学奉献终生的初心和使命；坚持科学的本真，坚守科研规范和科研人员的基本职责与高尚情操，默默无闻地工作，为我国科技创新事业发展奠定了良好的基础，并创造了以"两弹一星"和"胰岛素"为代表的一系列世界一流重大科技创新成果。因此，这种相对统一的薪酬分配政策，更符合科研创新规律，更适合高校尤其是研究型高校科研创新的实际。

而在社会主义市场经济条件下，尽管自 20 世纪 90 年代末以来，我国公立高校普遍推行科研奖励政策，且一些高校奖励金额越来越高，客观上促进了我国高校科研外延式快速发展，尤其是 SCI 论文的数量快速增长，高校教师 2000 年以来发表的 SCI 论文数量占全国 80% 以上，是 SCI 论文生产的主力军，使我国 SCI 论文数量连续 10 年居世界第二位，科技论文数量列世界第一，在高校外延式发展中发挥了重要作用，但它已难以适应当前高校内涵式发展的要求。

现阶段，我国科技创新整体处于从过去的以"跟跑"为主，逐步转向在更多领域中"并跑""领跑"的转型时期。在我国加快建设世界一流大学和一流学科的背景下，正如有学者所指出的，可粗略地将我国高校用"国际一流""国际二流""国际三流"和"国际不入流"来划分。① 在我国特有的社会经济文化条件下，目前一些"国际不入流"和"国际三流"高校（即本书所讲的教学型高校）同行评议机制不完善，官本位、人情关系等非学术因素在科研评价和科研创新激励中占据重要的地位；尤其是大部分教师尚没有良好的学术习性，尚需要外在力量的推动，现实中容易出现取消了"唯论文"，迎来了"唯关系"和"说你行你就行，说你不行你就不行"，以及"学校考核奖励什么，我就做什么，学校不奖什么我就少做或不做"的情况；反过来，"你为学校有什么样的科研产出及其数量、层级，学校就为你奖励相应的奖金"的状况，尤其是一些高级职称已到手的教授及科研做得较好，已达到职称评审基本条件的一些教师更是这样。因此，至少在目前基于原创性研究价值导向的高校科研创新激励政策体系尚未建立之前，这类高校现阶段适当对科研进行奖励有其现实的合理性，这也是当下这类高校科研奖励政策中奖项内容更多、层级更低、奖金额度更高的一个重要原因。但是，对正在建设"国际一流"，尤其是已跻身"国际一流"的高校而言，学校学术资本、文化资本较为丰裕，科研创新要求更高，竞争更激烈，教师只有通过不断的学术努力，才能确保自己已有的学术身份认同及较高的学术分层地位与学术荣誉；且大部分教师已有良好的学术习性、更希望在同一学术领域深耕细作逐渐建立学术话语权的客观条件下，如果继续实施我国公立高校特有的、与世界一流大学通行做法相悖的科研奖励

① 刘立：《破除"唯论文"痼疾的现实路径》，《中国科学报》2018 年 10 月 29 日第 7 版。

政策，就既不需要也没有必要。因此，现实中，国内一些已跻身"国际一流"的高校以及公办创新型高校如南方科技大学、公助民办高校如西湖大学都未实施特殊的科研奖励政策，其科研创新水平在国内同类院校中仍处领先地位。同时，作为事业单位的国内大多数一流公立科研院所，在并未设立专门的科研奖励政策的条件下，其科研活动也能很好发展。这充分说明在没有实施目前公立高校科研奖励政策的条件下，国家一流高校、科研院所科研活动也能按其内在规律良好运行。

进一步讲，我国公立高校科研奖励政策作为社会主义市场经济发展特定阶段高校教师薪酬分配从平均主义走向绩效主义的产物，就其产生发展的认识论基础和制度根源而言，它迷信客观性的科学实证主义，强调奖励体系的行为化和可测性，突出奖励结果的客观性和精确性，是锦标赛制在高等教育领域的应用和泛化的结果。其"指标—量化—奖励"政策模式和行为，是违背高校立德树人和教师科研创新活动特点的。对此，学者们已有基本一致的看法，即认为高校作为一个教育机构和学术机构的统一体，具有组织目标模糊、结构松散、运行过程非线性等特征；教师科研创新活动除具有其他组织科研创新活动的共性特征外，还有立德树人、科研育人等需求多样、内容丰富、师生智力互补性强、性质复杂、成果识别周期长等特点。因此，在当下国家进一步破"五唯"，加快建设世界"双一流"高校，高校已进入内涵式发展的新阶段，公立高校科研奖励政策是否适用于高校科研管理和教师科研创新激励工作，其存在的合理性备受拷问也就不可避免。且在当下国家进一步破"五唯"，取消 SCI 论文等奖励政策的条件下，尽管公立高校尤其是教学型高校存在"奖"与"不奖"的两难，但其合规性也应受到质疑。

二 公立高校科研奖励政策的现实困境

（一）"奖"与"不奖"的两难选择

是否实施公立高校科研奖励这一特殊的政策，尽管在学理上能够说清楚（即在高校这种集教学、科研、社会服务和文化传承于一体特殊的社会组织中，不应该实施科研奖励这一特殊政策；在实践中弊大于利；国家进一步破"五唯"，也一直明确强调要清理和整改高校科研奖励政策，取消 SCI 论文等奖励），但基层高校在自身的科研创新管理实践中，也有自己的难处。若"不奖",难以调动一些教师的科研创新积极性。如何平衡好基础研究、应用基础研究与试验发展和科技成果转化两者之间的关系,令高校决策层很是头痛,不实施更偏向于基础研究教师科研创新发展的科研奖励政策,在国家更加重视激励教师科技成果转化政策的条件下,一些从事技术开发类教师的科研收入很高,其他群体教师不满。若"奖",实施科研奖励政策,又与国家破"五唯"及科技部、教育部新规不相一致,伤害科研创新生态系统。

但从国家层面来讲,"五唯"顽瘴痼疾,已严重背离高校立德树人的根本方向,阻碍国家自主创新能力的提升,不利于科技创新健康长久发展。"五唯"错在"唯"字,错在单一量化。因此,破"五唯",破的是"唯"。但不"唯"不等于"不要",清理和整改高校科研奖励政策时,"不奖"也不等于"不要"。

进一步讲,破"五唯",是为了新时代教育、科技创新战略目标的实现,破的是"方向偏离"的问题、科研激励功利化的问题等。如果因破"五唯"什么都"不要",导致一些教师不重视科研创新,不做原创性研究,不发表学术论文、论著,不追求高质量科研创新成果。如果将"不奖"变成了什么都不要的"无激励",高校科研创新激励中没有了硬标准、硬指标的考核要求,只有软性和弹性的"重创新""重贡献"等说法,仅靠弹性要求进行激励,则"说你好(行),你就好(行),说你不好(不行),你就不好(不行)"的问题很难解决,人情关系带来的软腐败问题很难杜绝,这些都会成为重构公立高校科研创新激励政策体系的新问题和新矛盾。因为任何激励都是人对人的激励,激励标准和体系一旦出现模糊地带,在现实中很可能出现科研创新优秀人才被逆淘汰的风险,由此带来的后果也必然难以预估。

因此,在公立高校科研管理的实践中,到底是"奖"还是"不奖",是"取消"还是"保留",以及如何"立",如何"激励",各利益相关者往往站在自身的立场上,争论不休,使公立高校决策层左右为难,难以取舍,常会陷入顾此失彼的困境,具体表现在:

1. 理性经济人与学术人的矛盾

公立高校科研奖励政策以理性经济人假设为前提。理性经济人教师认为,高校教师也要食人间烟火,需要物质奖励。他们通过个人努力获得相对丰厚的经济回报，合情合理；况且获奖者很可能将其奖金用于科研活动，乃至下一个科研活动周期的储备经费；这种奖励政策以物质的方式存在，具有精神的内涵。其实施结果也确实满足了一部分理性经济人教师的科研需求和物质利益诉求，使他们的物质生活水平得到改善，也使他们从科研中看到了某种"快乐"和实现了一部分"人生价值"，从而成为他们不断从事科研追求的动力。他们认为这就是他自己心中的科研及动力。这确实是事实。当然，他们中的不少人，尤其是还有科研初心的一些青年教师对这种科研奖励政策往往存在一种矛盾心理：一方面，较多受访的青年教师感到，由于基本工资太低，难以购房立足于大城市，希望通过自己的科研努力，从学校科研津贴、科研奖励中获得更多的收入，改善自己的生活状况；另一方面，他们对这种奖励政策有一些反感，认为会干扰正常的科研活动，弊大于利，会使人奔着奖金从事科研，而忘却自己的学术兴趣和初心。政策认同的差异导致其科研行为呈现不同的类型：从政策获益并认同政策的人承载着学校科研创新突破发展和获利的希望，他们有机会顶着"优胜者"的光环，继续冲击更多的奖励，想方设法发表更多学术论文和申请科研课题，以符合奖励政策要求获得更多科研资金；不认同者中的一部分人为了生计不可避免地受奖励政策利益的裹挟，在继续从事这种有奖科研的同时，仍坚持从事真正的科研创新活动。

另一部分人则仍能始终坚守自己的科研初心和使命，不受奖励政策的影响，心无旁骛地从事科研创新活动。在公立高校、包括教学型高校，存在不少学术人，他们把科研视作为祖国和民族、为科学奋斗终生的崇高目标，坚守科研初心和使命，不断追求，把科学研究、科研育人当作一种快乐、幸福的事业，以从中实现自己的人生价值，即把科学研究主要当作一种精神的追求和满足。他们非常看重自己在科学共同体分层角色中的地位与表现以及学术荣誉；把学术论文在学术期刊发表当成展示自己的科研成果从而以与国内外同行交流、并和"高手"同台竞争的方式，至于科研给不给予奖励，他们并不在乎。相反，如果从科研中得到了奖金，他们会很不自在，不愿被别人误认为自己是冲着科研奖金而来的。

同时，这里还存在多数人与少数人的矛盾。到了每年学校科研奖金发放季，高校科研奖金分配也遵循着各行各业绩效分配的"二八"定律，即20%的教师获取了全校80%的年度科研奖金，得到和多得者欢喜，明年更加努力，他们拥护学校科研奖励政策；相比之下，大多数未得或少得者自感低人一等，觉得在同事、家人面前没有面子，自尊心受到伤害，进而认为公立高校科研奖励政策用量化指标催生科研产出，而这些产出中"水分"很多，甚至还认为存在学术造假的"成果""项目"，他们认为应取消这种政策。因此，公立高校决策层若按照理性经济人教师要求，实施科研奖励政策，会伤害学术人的自尊心；反过来，若顾及学术人，不实施科研奖励政策，一些理性经济人教师则会放弃科研；职称到手的一些高级职称教师甚至不再继续从事科研，或达到了科研基本考核要求后不再做更多的科研。这种情况在高校尤其是教学型高校确实大量存在。这种情况下，高校教育教学、科学研究、社会服务、文化传承的功能将难以实现，高校的存在意义将被消解，高校教师教而不研将成为常态；高校也不能完成各种教学、学科评估、大学排名及上级管理部门各种科研考评指标。因而，学校决策层左右为难，进退维谷。

2. 按劳分配与科研创新本质的矛盾

在公立高校科研管理实践中，管理人员认为，一线教师都是本校在职人员，他们已经从学校领取了自己的工资和津贴，这些本身已包含了其所有的科研工作量。因此，科研不应再予以奖励，否则就是重复领取科研劳动报酬；此外，从科研创新本质和科研创新规律来讲，在高校这种特殊的学术场域中，更适合采用相对平均、相对统一的薪酬分配政策，而实行量化、计件式的科研绩效主义奖励政策，反而违背科研创新规律，尤其对于需要长期探索，主要从事重大基础研究，承担国家更多原创新性研究使命、解决"卡脖子"问题的研究型高校更是如此。但从事科研的教师，尤其是一些科研搞得好、科研成果数量多、层级高的教师则认为，这些高质量的成果和高层次的科研项目、获奖是自己科研水平高、能力强、对学校科研贡献大的表现，是自己额外的科研劳动付出得来的，这也符合马克思按劳分配、多劳多得的劳动价值论原理，因而是对自己智力劳动的一种肯定，而别人没有搞科研，或科研搞得少，成果数量少、层级低，科研付出少，没有像自己一样产出高质量的科研成果、获取高层级科研项目和科研奖项，都拿一样多十分不公平，并认为这是科研分配中的吃大锅饭、走了平均主义的老路。同时，他们认为，如果科研创新激励中不使用这种显性的科研量化指标、标准衡量，那用什么标准呢？难道纯粹采用"重创新""重贡献"之类软性标准吗？

高校决策层有意采用管理部门的意见，但却会伤及从事科研，尤其是科研做得好这部分学校科研创新主力教师的既得利益，影响学校科研创新发展，故只好做出退让，继续实施科研奖励政策。这实际涉及一个更本质的问题，即一些教师所强调的按劳分配、多劳多得，在高校这样的知识育人、知识生产学术场域中还应慎重考虑——如果实施科研奖励政策，无论是从政策的设计，还是从实施结果看，实际都是量上的按劳分配，量上的多劳多得。因为无论是在理论上，还是在实践中，对于真正的科研创新来讲，能够量化的东西往往并非科研创新的本质，不能量化的东西却往往更是科研创新的本质。公立高校科研奖励政策"指标—量化—奖励"模式，实际仅奖励了能够量化的科研，对更本质的科研创新并未完全进行奖励。政策实施中，发表在 SCI 一区期刊的一篇学术论文并不一定比《数学学报》期刊上的一篇学术论文质量高、投入的科研劳动量大；同样，一些冷门学科的教师科研产出数量少，并不一定就比一些热门学科产出数量多的教师科研劳动付出少、质量低。这实际上是一个显性公平与隐性不公平的问题。

3. 目标与手段的矛盾

在调查和半结构访谈中，无论是学校决策层、管理者还是教师，都认为如果要实施科研奖励政策，最好只对真正高水平、高质量的科研成果以及上级、社会考评要求的相关论文引用、科研项目和科研获奖等给予奖励，这也是各方的共识，公立高校科研奖励政策也确实想达到这一目标。但这又存在目标与手段的矛盾：一方面，科研劳动过程复杂多变和科研成果表现形式复杂多样，只是由于科研论文相对其他科研表现形式较易量化操作，故当下公立高校便形成了基于科研论文量化奖励的强大氛围，尤其是 SCI 论文便成了公立高校科研奖励政策的最主要奖项；另一方面，一个学校每年全校仅教师发表的学术论文，少则数百篇，多则上千篇，甚至更多。如此之多的论文如何区分哪些是高水平、高质量的论文，这是公立高校科研奖励无法回避也无法解决的技术操作难题：若采取逐篇论文进行同行评议，即"以文评议"显然做不到，也没有必要在奖励评议这一项工作上付出这么大的学术管理成本。于是，为了便于操作，也为了相对客观、公平，减少争议，就只好借助于国际"三大检索平台"和国内"三大核心期刊"数据库等平台手段，采取"以刊代评""以刊评文"与科研项目、科研获奖的级别相结合这一简便、成本较小的方法，区分各篇论文、各种项目获奖相对质量的高低，给予不同奖金额。但是，这一看似客观、公平的做法，实际可能隐含着更大的不公平。难道级别、层级高的科研项目、科研获奖就一定比级别、层级低的质量高吗？是否科研项目、科研获奖也有"行政级别"呢？

同时，在高校学科生态系统中，还存在不同学科的体容量特征、门槛高度与临界点质量辩证关系不同的问题。如天文学相对于数学的体容量要小得多；而数学学科中的应用数学如"人工智能""数据科学"等领域的门槛要比纯数学中的如"数论""拓扑"等领域的门槛低许多，因而在数学学科中，前者有关学术论文的数量及引用频次比后者要大得多，也即不同学科因体容量特征、门槛高度与临界点质量辩证关系不同，论文产出的数量、层级与被引频次多少也不同。同样也是因为技术操作手段存在困难，就只好在公立高校科研奖励政策设计和实施中，划分出本校的顶级、权威等不同层级的学术期刊，对所有学科统一以论文的数量、层级、被引频次给予相应的科研奖金。然而难道一篇学术论文未被引用或引用频次低，就一定比一篇被引论文或引用频次高，或 ESI 高被引论文的质量高吗？

4. 目标与结果的矛盾

从政策设计的初衷看，公立高校力图通过实施科研奖励政策，激励教师的科研创新工作为国家科技创新产出更多、更高质量的科研成果，赢得更多的科研创新资源，提升本校的科研声誉，推动学校高质量发展，这在样本公立高校科研奖励的政策文本中开宗名义的第一条都有类似的表述。但从政策实施结果看，往往事与愿违：本来政策设计的目标是激励高质量科研创新成果，但却出现一些教师尤其是理性经济人教师从利益出发，通过一些"短、平、快"的常态科研活动，采取以量取胜的策略，形成不少低水平重复的科研成果，偏离国家科技自主创新、自立自强的战略导向；政策设计的目标之一是引导、规范教师的科研行为，但实施的结果，却变成了一种诱惑，加剧了一些教师为谋取私利而产生的学术不端、学术腐败的行为，甚至还被披上奖励政策"合法"的外衣；

政策设计的目标是调动广大教师的科研积极性、创造性，但结果却严重干扰了正常的科研创新活动，使一些学术人因自尊心受到伤害，积极性受到打击，如果没有这种特殊的科研奖励政策，他们更会遵从自己的科研初心和使命，按照科研创新规律从事自己感兴趣、国家又需要的原创性研究；政策设计的目标是通过对各种科研产出形式进行多样性奖励，以最大限度地满足教师各方面的科研需求，达到学校需求与教师满意"双赢"的目的，但政策实施的结果却出现"田忌赛马"的功利化现象，一些教师的科研活动并非根据自己的学术兴趣、学术积累和专长进行选择，而是依据学校科研奖励政策的奖项内容及变化选择，首先考虑如何将自身的科研获奖利益最大化，采取学校奖励什么就做什么，政策有什么变化就做出相应调整的策略，选择最容易获取利益的科研奖项，以在学校科研奖励这场智力游戏中获得最好的博弈结果。这种权衡利弊的选择非但没有达到学校奖励政策的多样性目标，而且还出现了"驱赶效应"和"磁吸效应"，即一些教师放弃本可为国家科技创新、学校科研创新发展做出更大原创性贡献的科研活动，而转向相对容易获取更多科研奖项奖金的科研活动；类似地，公立高校科研奖励政策作为教师科研管理的重要形式，本应具有评估、诊断和反馈功能，但由于只是简单地依据教师科研产出的数量结果，简单地奖或不奖，造成实施的结果是教师只按照自己对科研的认知或效仿别人是怎么获取那么多科研奖金的做法，照样画瓢地从事一些科研活动。这种科研奖政策目标与结果的矛盾，最终往往就表现为学校组织激励科研创新的初衷和目标与结果不一致，即既偏离学校组织调动教师科研创新积极性、创造性、激励高质量科研创新成果的目标，又在很大程度损害整个科研创新生态系统，败坏学术风气，偏离甚至完全背离国家科技创新目标。这种目标与结果的矛盾，显然是公立高校决策层和大部分教师不想看到的。

5. 量化指标与质量标准的矛盾

公立高校科研奖励政策无论是从设计还是实施，都以简单量化指标的形式呈现，包括政策设计的奖项内容以及教师的科研产出，并将两者一一对应。数量多、层级高，则奖金数额就高，反之则同量级减少。言外之意，科研产出数量越多，层级越高，则其科研能力就越强，水平就越高，科研产出质量也就越高；相反质量就低。即把量化指标当成质量标准。但是，如上文所述，量化指标并不能完全反映质量，更不能代替质量标准；量化指标有时还会偏离质量标准。这里涉及科研评价这一世界性难题，科学的科研评价功能之一在于判断什么样的科研才算高质量的，在没有确定恰当、科学的科研质量标准之前，也即在没有解决科研评价质量标准之前，这种科研奖励政策的数量指标与质量标准的矛盾是难以解决的。况且，公立高校科研奖励政策的设计和实施本身就没有进行科学的科研评价，即公立高校科研奖励政策的实施本身，并没有也难以解决这种量化指标与质量标准之间的矛盾。

6. 教学奖励与科研奖励的矛盾

在"奖励"科研还是"不奖励"科研的两难选择中，事实上还存在由"奖励科研"引发的教学奖励与科研奖励是否平衡的两难选择：公立高校决策者清楚对高校教学与科研不应厚此薄彼，若高校不实施科研奖励政策，则完全可以不实施教学奖励政策；反之，若奖励科研则必须同时奖励教学，且两者奖励内容、幅度应大体相当，做到相互平衡。这是高等教育教学与科学研究必须相统一、协调发展的规律所要求和决定的。但若平均用力，或科研奖励力度小于其他同类院校，则会影响一些教师科研积极性，势必使学校在政府和社会评估、评价中科研量化指标数量下降，进而使学校在公立高校经济资源配置竞争市场中处于弱势地位。2019 年教育部直属高校中，学校经费预算在 100 亿元以上的有 8 所，最高接近 300 亿元，而经费预算 20 亿元以下的有 15 所。[①] 数倍甚至十几倍的经费预算差距，主要取决于所获科研经费的差距和重点项目的投入，因为生均财政拨款一般每年仅万余元，加上每生每年数千元学费，纵有几万学生，所获经费也仅在 10 亿元左右。

也就是说，公立高校之间每年经费预算的差距主要取决于科研经费贡献的差距，而教育教学的经费来源则是相对固定的，对学校事业发展经费贡献较小。在如此的竞争格局面前，公立高校决策层就只好将学校有限的事业经费更倾向投于科研奖励，科研奖励的内容、力度远大于教学奖励。造成公立高校科研奖励场域下教学奖励与科研奖励事实上的不平衡。这种不平衡加剧了当下高校教师普遍流传者"教学是公家田、科

---

① 冒荣：《大学评价的双面刃效应与符号暴力》，《江苏高教》2020 年第 12 期。

研是自留地"和"教学说起来重要，其实不重要"的状况。

（二）同质化与差异性的困境

制度结构是行动主体表现各种行为的具体场景，那些竞争能力强的组织往往试图把自身的目标和程序作为一种规则，吸引其他行动主体进入该制度框架；而那些竞争能力弱的组织为提高自己的竞争力，便主动融入该制度框架，并进行相互模仿，以在效仿中获得学习性发展，并实现跟随发展并获得自身利益的最大化，从而形成我国公立高校科研奖励政策在奖励形式、奖项内容指标设定和权重等方面严重地同质化。除单一的物质奖励形式一致性、奖励量化指标的统一性外，还表现在奖项内容的相似性与奖金额度提高的一致性。在奖项内容方面，只要政府学科评估、大学排名等相关科研评价，把什么样的量化指标作为统计评价内容和依据，各类型公立高校便将其作为主要奖项内容，一旦有所变化，便会做出相应调整，表现出很强的一致性和同步性。如笔者调查的某样本高校科研奖励政策文本中对于科研获奖奖项"部级科研获奖奖项"做了这样的界定："部级科研成果奖是指教育部社科统计中明确的部级奖，包括中宣部'五个一'工程奖、全国教育科学研究优秀成果奖、钱端升法学研究成果奖、司法部法学优秀成果奖、孙冶方经济科学奖、吴玉章人文社会科学奖、陶行知教育理论与实践成果奖、安子介国际贸易研究奖等。同时包括由国家部委颁发的哲学社会科学研究成果奖。"教师只有取得这些奖项才能得到认可，方可获得本校科研奖项中的部级科研奖励。其他各类高校也大体依此认定部级科研获奖奖项。

在科研奖金额度方面，相关量化指标所对应的奖金多少，虽在各高校间并无统一标准，随意性很大，但由于各类型高校尤其是教学型高校把科研奖励政策作为吸引人才、稳定人才队伍的一项重要政策，它们相互模仿，竞相抬高相关奖项奖金额度，这一现象具有普遍性。也就是说，虽然各高校会充分考虑自身的经济条件和科研水平状况，科研奖励政策的相关奖项奖金额度不同，但总体的发展方向和趋势却是一致的：在相关奖项奖金额度提高的同时，逐渐体现出"高层次"，对标高位学校和高大上指标体系，哪个学校高，就向哪个学校看齐，普遍重奖高影响因子 SCI 论文、大项目、大奖项，改变以往大面积"撒胡椒面式"的奖励。

这无论是从高校之间横向比较及某一高校科研奖励政策修订的不同版本纵向来看，其变化都体现了这一典型特征。

学界一些有识之士和政府管理部门认为，公立高校这种相互模仿、大体相同的奖励政策的同质化，会抹杀不同类型、层次和处于不同发展阶段高校科研创新的多样性和差异性，违背激励差异性的基本原理。但公立高校决策层也有苦衷，在当下公立高校普遍推行科研奖励政策且同质化加剧，尤其是高校人才争夺战愈演愈烈的环境下，也不得不这样做，否则就会因科研奖励政策不到位而落后于其他同类高校，大学排名、学位点申报、升格更名及资源分配受到影响，贻误学校发展机遇，会成为学校发展的罪人。于是，学校决策者也只能和其他高校实施大体相同的科研奖励政策。

第二节　破"五唯"清理和整改高校科研奖励政策的重要举措

鉴于公立高校科研奖励政策相关奖项内容与"五唯"的内在关联，清理和整改公立高校科研奖励政策，探讨其去留进路，须首先梳理分析国家及各方相关政策和坚定行动，为清理和整改公立高校科研奖励政策提供实践和国家政策依据。

一　国家相关政策措施

高校教师考核评价改革是高校教师人事制度改革的重点和难点，也是建立中国特色现代大学制度的重要内容。科学合理的考核评价，不仅为高校教师的入职、晋升、聘任、培训、奖惩等激励提供了基础和依据，也有助于调动高校教师的积极性和创造性，促进高校教师教学、科研水平和工作效率的提高，从而整体提升高校教师队伍的素质和水平。同时，高校"五唯"问题，虽然是政府、社会、高校等多种因素共同作用的结果，但政府有关学科评估、人才评选等科研评价指挥棒导向是主要原因。党和国家一直高度重视科研评价治理工作。2004年，《中共中央关于进一步繁荣发展哲学社会科学的意见》第20条明确提出，要建立和完善哲学社会科学评价和激励机制。① 之后有关科研评价的研究有了很大发展，主要内容包括学术期刊和学术图书评价、学术论文评价、学者评价、大学评价、创新能力评价、学术评价体系和机制研究、学术评价理论分析、学术评价管理、评价指标研究、学术评价的规范研究等。同时，国家有关部委根据中央精神颁布了许多与人才评价和科研评价有关的文件。

2016 年 3 月，中共中央印发《关于深化人才发展体制机制改革的意见》，提出改进人才评价考核方式，明确要"坚持德才兼备，注重凭能力、实绩和贡献评价人才，克服唯学历、唯职称、唯论文等倾向"。② 作为"当前和今后一个时期全国人才工作的重要指导性文件"，该文件所提出的有关深化改革的指导思想、基本原则和主要目标对教育部出台有关高校教师考核评价的指导意见有着直接的影响，有关"克服唯学历、唯职称、唯论文等倾向"的表述也在后续文件中一再被提及。

如人力资源和社会保障部与工业和信息化部《关于深化工程技术人员职称制度改革的指导意见》也进一步明确提出，要坚持科学评价，以职业分类为基础，以品德、能力、业绩为导向，分类制定评价标准，破除"唯学历、唯职称、唯论文、唯奖项"倾向，突出技术性、实践性和创新性，鼓励工程技术人才多出原始性高水平成果。在克服"三唯"倾向的基础上，增加了唯奖项内容。但客观而言，我国高校在教师考核、评价和科研奖励等方面存在的问题由来已久，一旦形成制度并长期实施，其巨大的运行惯性就不是短期内可以彻底改变的。或者说，经过近 3 年的政策实施，包括教师评价在内的人才评价中的"四唯""五唯"现象并没有实质性改变，仍存在各种问题。正是在这样的背景下，2018 年以来，党中央、国务院和相关部门又密集发布多个文件，均与科研评价和清理整顿"五唯"顽疾有关，强调要把破"五唯"、改革科研评价制度作为一项政治任务来完成。这说明国家最高层和各有关部门非常重视科研评价问题，拟下大功夫解决这一疑难问题。同时也说明各部门接受了

---

① 中共中央：《关于进一步繁荣发展哲学社会科学的意见》，2004 年 1 月 5 日，http：//www. gov. cn/test/2005-07/06/content_ 12421. htm，2021 年 6 月 23 日。

② 中共中央：《关于深化人才发展体制机制改革的意见》，2016 年 3 月 21 日，http：//www. gov. cn/xinwen/2016-03/21/content_ 5056113. htm，2021 年 6 月 23 日。

学界的一些有益建议，将建议固化在有关文件中，希望更合理地评价、掌握和分配各种学术资源。

随着破"五唯"的不断深化，在国家和相关部委政策文件中，一再强调相关高校要取消 SCI 论文奖励政策，清理科研成果奖励、科研项目奖励等。相关具体内容详见表9.1。

表9.1　2018 年以来破"五唯"、取消 SCI 论文等奖励相关政策文件①

序号	文件名称	清理和整改高校科研奖励政策相关内容的重要举措	发布时间	发布方
1	《关于深化项目评审、人才评价、机构评估改革的意见》	树立正确的人才评价使用导向，使人才称号回归学术性、荣誉性本质，避免与物质利益简单、直接挂钩	2018 年7 月 3 日	中共中央办公厅、国务院办公厅
2	《关于优化科研管理提升科研绩效若干措施的通知》	开展"唯论文、唯职称、唯学历"问题集中清理，建立以创新贡献为导向的绩效评价体系	2018 年7 月 18 日	国务院
3	《关于开展清理"唯论文、唯职称、唯学历、唯奖项"专项行动的通知》	教育部重点清理学科评估、成果奖励、人才项目等活动中涉及"四唯"的做法	2018 年10 月 15 日	科技部、教育部、人力资源和社会保障部、中国科学院、中国工程院
4	《关于开展清理"唯论文、唯帽子、唯职称、唯学历、唯奖项"专项行动的通知》	清理本单位内部管理文件中有关论文奖励，国家、省部级配套奖励支持等 11 项重点事项	2018 年11 月 8 日	教育部办公厅
5	《关于进一步弘扬科学家精神，加强作风和学风建设的意见》	大力弘扬淡泊名利、潜心研究的奉献精神等，反对浮夸浮躁、投机取巧等	2019 年5 月 28 日	中共中央办公厅、国务院办公厅
6	《关于提升高等学校专利质量促进转化运用的若干意见》	高校要停止对专利申请的资助奖励，大幅减少并逐步取消对专利授权奖励	2020 年2 月 3 日	教育部、国家知识产权局、科技部

---

①　表9.1 所列内容为笔者收集整理的 2019 年以来中共中央、国务院及国家相关政委发布的有关政策要求。

序号	文件名称	清理和整改高校科研奖励政策相关内容的重要举措	发布时间	发布方
7	《关于规范高等学校SCI论文相关指标使用，树立正确评价导向的若干意见的通知》	要取消直接依据SCI论文相关指标对个人和院系的奖励	2020年2月18日	教育部、科技部
8	《关于破除科技评价中"唯论文"不良导向的若干措施（试行）》	不将论文发表数量、影响因子等与奖励奖金挂钩，对存在奖励论文发表的相关高校……予以处理并责令整顿	2020年2月23日	科技部
9	《关于进一步压实国家科技计划（专项、基金等）任务单位科研作风学风科研诚信主体责任的通知》	不将论文数、影响因子等与奖励奖金挂钩，不使用国家科技计划（专项、基金）专项资金奖励论文发表	2020年7月29日	科技部、国家自然科学基金委
10	《深化新时代教育评价改革总体方案》	不得将论文数、项目数、课题经费等科研量化指标与绩效工资分配、奖励挂钩	2020年10月13日	中共中央国务院
11	《关于破除高校哲学社会科学研究评价中"唯论文"不良导向的若干意见》	不得将SSCI、CSSCI等论文收录数量、引用率和影响因子等指标与物质奖励等简单挂钩，防止高额奖励论文	2020年11月17日	教育部
12	《关于加强新时代高校教师队伍建设改革的指导意见》	不将论文数、专利数、项目数、课题经费等科研量化指标与绩效工资分配、奖励直接挂钩，切实发挥收入分配政策的激励导向作用	2020年12月24日	教育部
13	《关于正确认识和规范使用高校人才称号的意见》	不将人才称号与薪酬待遇等物质利益简单挂钩	2020年12月30日	教育部、中央组织部、中共宣传部、财政部、人力资源社会保障部、住房和城乡建设部

资料来源：作者整理。

从行政部门本身来看，教育部要求相关司局和直属单位根据《关于规范高等学校 SCI 论文相关指标使用，树立正确评价导向的若干意见的通知》等文件，提出具体落实举措。其他高校和地方教育行政部门结合自身实际参照执行。同时，为确保党中央、国务院和国家相关部委通知精神的落实，教育部将通过督导等方式对各单位清理和整改情况进行检查，对不认真清查、拒不整改、问题严重的单位，要采取约谈、通报批评等，并追究领导责任，从而为各地、各部门和高校改革创新和实践提供了基本思路、总体框架与政策措施。整体来说，严厉地指出了问题，比较详细地给出了负面清单，也明确了解决问题的指导思想，关键在于各地、各部门和高校改革创新和具体落实。

二　地方、部门和高校的重要举措

（一）相关学科的重要举措

为切实落实国家破"五唯"专项行动的相关政策，不同学科根据自身发展的现实需求提出科研评价改革方案。例如数学研究作为一门基础科学，追求思想的突破和方法的创新。由于数学学科的特殊性，结合国内实际情况，中国数学学会提出科研评价如下改革措施：[①]

一是按照国际惯例，数学论文合作者署名通常以姓名字母顺序排列。如果按此顺序，所有作者应视为贡献等同。

二是数学成果评价，通常不以论文篇数、引用率和基金额度为主要指标。数学成果的评价应尊重同行专家公开意见和学术影响。

三是按照国际惯例，数学工作者的学术评价应主要基于国内外在本专业有学术影响的同行专家公开意见。在评价过程中，评审专家的选择是重要环节，可以考虑学术委员会提名和个人推荐相结合的方式。

另外，人文社会科学相关学科，也根据本学科的特点，提出相应的科研评价改进措施。[②] 这些改革创新，从评价角度出发，为清理和整改公立高校科研奖励政策提供了一定的基础和前提。

（二）地方、高校的重要举措

为切实贯彻落实国家及教育部、科技部等相关部委破"五唯"专项

---

① 王丽娟：《破"五唯"，多方步履坚定》，2020 年 11 月 29 日，http：//heri. xiyou. edu. cn/info/1013/10106. htm，2021 年 6 月 24 日。

② 王丽娟：《破"五唯"，多方步履坚定》，2020 年 11 月 29 日，http：//heri. xiyou. edu. cn/info/1013/10106. htm，2021 年 6 月 24 日。

行动政策措施，多个省市区、教育行政主管部门和不少高校制定了破"五唯"、清理和整改高校科研奖励政策的相关具体政策措施。

如 2020 年 9 月，四川省出台《四川省破除科研评价中"唯论文"不良导向的具体措施（试行）》，明确提出不允许将论文发表数量、影响因子等与奖励奖金挂钩，对违反规定的，追回奖励资金和相关项目结余资金。[①]

与此同时，一些高校也按照有"破"有"立"，重在"立"的思路，推出了本校破"五唯"、改革科研评价的具体措施。如清华大学发布了《清华大学关于完善学术评价制度的若干意见》。《意见》明确指出，教书育人是教师的第一学术责任，要根据学科发展规律、发展目标和发展现状，制定与之相符合的成果认定、人才引进、职务晋升等方面的评价标准，把教书育人的投入与成效纳入教师学术评价体系。《意见》强调，要坚持正确导向，克服学术评价中的"五唯"倾向，建立重师德师风、重真才实学、重质量贡献的评价导向。《意见》作为全校完善学术评价的统领性文件，涉及全校相关制度 60 多项。清华大学还同步制定了落实《意见》工作方案和工作计划，提出了"改革本校科技奖励制度"等七大任务。

为破除高校"五唯"顽瘴痼疾，近两年来，南京大学科研工作秉承倡导原创、追求卓越的理念，坚持内涵为重、质量为先的发展导向，强调"做问题导向的原创研究"，构建"三位一体的原创驱动式"科学研究新模式，深入推进"三评"（深化项目评审、人才评价、机构评估）改革，这些理念和科研创新新模式，决定了该校的科研评价与激励的形式和内容必然不以 SCI 论文或量化指标为圭臬。

值得一提的是，南京大学强调人才队伍建设与 SCI 论文脱钩。比如，在聘期考核中，加强对师德师风、社会服务和科研质量的要求，不再对论文等有明确要求。[②] 另外，山东省农业科学院提出破"四唯"的十条意见在科技界和高校引起热议，被认为是全国科研单位中首个破"四唯"的实施细则。这十条意见的核心可归纳为两点，其中一点就是"明

---

① 四川省科学技术厅：《关于〈四川省破除科技评价中"唯论文"不良导向的具体措施〉（试行）》，2020 年 9 月 11 日，http：//kjt. sc. gov. cn//kjt/notice/2020/9/11/b9fa122c1d664cf1a171228f09b0ee18. shtml，2021 年 6 月 23 日。

② 转引自王丽娟《破"五唯"，多方步履坚定》，2020 年 11 月 29 日，http：//heri. xiyou. edu. cn/info/1013/10106. htm，2021 年 6 月 24 日。

确论文发表和授权专利一律不再奖励"。①

　　破"五唯"、取消 SCI 论文等奖励的难点和重点在于"立",一些高校在如何"立","立"什么进行了有益的探索。如南开大学为资助基础和应用基础原创性研究,于 2019 年出台《南开大学科技创新基金管理办法》。《办法》规定,基金限于与项目研究内容直接有关的支出,不得提取管理费,不得用作工资及附加费、奖金和福利费等。② 此后,2020 年 12 月出台《南开大学文科发展基金管理办法》,规定学校每年筹集 1000 万元经费,设立"南开大学文科发展基金"专项基金。所有项目面向全校教师开放,由校内外专家评审择优资助,每个项目可获 10 万元、15 万元、20 万元不等的资助,其中青年项目占整个基金项目的 40%,主要用于资助学校人文社会科学领域基础性、前瞻性、前沿性、原创性基础理论研究以及与国家重大经济社会发展战略需求密切相关的应用对策研究③,以激发教师积极性、增强自主创新能力、构筑人文社会科学学术高地。项目结题研究成果坚持多元认定,突出质量导向、学术影响力、社会贡献、文化传承与创新,强化对人文科学与社会科学的分类评价。需要强调的是,与现有的公立高校科研奖励政策仅依据科研量化结果简单地给予物质奖励不同,"南开大学文科发展基金"更加注重科研成果的原创性和科研过程,更加尊重教师个体和团队的创造力和智慧,基金项目人员费占比 60%。

　　需要指出的是,尽管国家和教育部及地方教育行政主管部门已明确要求各高校要取消 SCI 论文等奖励,不将论文数、专利数、项目数、课题经费等科研量化指标与绩效工资分配、奖励奖金挂钩,但在笔者目前能够查找到的公立高校相关公开资料中,至今尚未有一所高校明确表示要停止上述奖励。可见,取消 SCI 论文等奖励,清理和整改高校科研奖励政策作为破"五唯"最难啃的"硬骨头"之一,还任重道远。因此,教育部部长陈宝生亦直言,要把破"五唯",深化教育评价改革作为

　　① 转引自王丽娟《破"五唯",多方步履坚定》,2020 年 11 月 29 日,http://heri.xiyou.edu.cn/info/1013/10106.htm,2021 年 6 月 24 日。

　　② 南开大学:《南开大学科技创新基金管理办法》,2020 年 7 月 9 日,http://www.doc88.com/p-30659476107306.html,2021 年 6 月 23 日。

　　③ 南开大学:《"南开大学文科发展基金"管理办法》,2021 年 1 月 8 日,http://news.nankai.edu.cn/ywsd/system/2021/01/08/030043800.shtml,2021 年 6 月 24 日。

"最硬一仗来推进"。①

第三节 重构公立高校科研奖励
政策体系的路径

"有什么样的社会管理、治理意识，自然就形成相应的社会管理、治理的行为后果。"② 同时，国家系列文件的出台，已表明最高层及相关职能部门对改革科研评价体系，破除"五唯"顽瘴痼疾，取消高校 SCI 论文等奖励政策的坚定决心。国家风向标和政策要求的变化，必将从上游切断 SCI 等量化指标体系崇拜的利益驱动链条，在公立高校必将带来科研奖励的"空洞效应"，倒逼科研奖励政策体系进行重构。因此破解公立高校科研奖励政策困境，寻求重构公立高校科研奖励政策的路径，从高校视角，应在坚持中国特色社会主义办学方向、办学体制，坚持从"中国之制"到"中国之治"的基本方略和构架内，最为关键的是要进一步强化立德树人和科研创新导向，调整科研奖励政策理念；深入推进高校治理结构现代化，优化科研奖励政策体系；深化高校科研评价改革，完善科研奖励政策内容。确保公立高校为党育人、为国育才和国家科技创新根本目标的实现，最大限度地实现国家目标与社会、高校和教师等各方利益的平衡。

一 强化公立高校立德树人和原创新研究激励导向

立德树人是高校的根本任务，原创性研究是高校的重要使命。因而它们是实现国家目标和平衡各方利益、重构公立高校科研奖励政策的根本遵循。

国无德不兴，人无德不立。习近平总书记指出，"高等教育必须坚持正确的政治方向，高校立身之本在于立德树人"③，并在全国教育大会上

---

① 施雨岑、胡浩：《教育部部长陈宝生：把教育评价改革作为"最硬的一仗"推进》，2019 年 1 月 18 日，http://www.gov.cn/xinwen/2019-01/18/content_ 5359157.htm，2021 年 6 月 23 日。

② 刘国章：《辩证系统思维与社会治理及其治理能力现代化关系探究》，《阅江学刊》2015 年第 7 期。

③ 《习近平在全国高校思想政治工作会议上强调 把思想政治工作贯穿教育教学全过程 开创我国高等教育事业发展新局面》，《人民日报》2016 年 12 月 9 日第 1 版。

强调，"要坚持把立德树人作为根本任务"①。

深刻领会习总书记的一系列讲话精神，必须充分认识到，立德树人是高校的立身之本，是对人才培养的根本要求，也是我国高等教育改革发展的本质要求。这就决定了立德树人是高校的根本任务，是高校教师的神圣使命。"立德"就是确立培养崇高的思想品德，"树人"即培养高素质人才。

"立德树人"体现了"立德"和"树人"的辩证统一关系。"立德"强调的是道德养成，"树人"强调的是能力培养，"立德"是"树人"的前提，"树人"是"立德"的目标。

在教育科研评价激励上突出立德树人，旨在引导教育回归根本。从这个意义上看，"立德树人"的基本内涵至少包括四个方面的内容，即有德行、有才学、有根基、有格局。② 这就要求作为高等教育管理与学校教育教学及科学研究主体的教师更要把立德树人作为自己的根本任务，包括教育教学和科学研究的各个环节和各个方向。同时，在新时代，高校必须在把科技自立自强作为国家发展的战略支撑中发挥更大作用，全面提升原创性研究成果质量。为此，高校科研创新管理要适应立德树人和科技创新高质量发展这一新时代的必然要求，将破"五唯"作为高校科研创新管理的重要指向，重塑教育、科研政绩观，在干部选任考核、院系评价等各项工作中，构建一套科学合理的评价体系；调整教师评价理念，切实改变过去单纯地以"师能"这"一俊遮千丑"的评价管理理念，更加重视师德建设，树立师德师风和师能高度统一的新型评价观；调整科研创新激励理念，把教师立德树人、科研育人及培养学生品德的成效摆放到更加突出的地位；创建基于原创性研究价值导向的激励政策体系，更加重视原创性研究成果质量；更加重视科研创新成果对教育教学的支撑，将教育教学实际成效和科研创新质量渗透到教师教育教学、科学研究考核评价、激励的各个环节和各个方面。全面纠偏纠错过去单一偏执的科研量化绩效观，下决心克服科研短视行为和功利化倾向。作为教师，也要适应新时代我国高等教育和科技创新的战略转型，进一步

---

① 《习近平在全国教育大会上强调　坚持中国特色社会主义教育发展道路　培养德智体美劳全面发展的社会主义建设者和接班人》，《人民日报》2018 年 9 月 11 日第 1 版。

② 靳诺：《坚持立德树人　培养优秀人才》，《光明日报》2017 年 4 月 10 日第 7 版。

调整自己的教育教学和科学研究理念，牢固树立自己的第一身份是教师，教书育人是自己的第一学术责任，科研创新是自己的根本职责及人才是高校最大的效益的新型教育、科研观，把为党育人、为国育才、不断追求原创性研究成果作为自己科学研究的根本任务和奋斗目标，坚决摒弃追求科研论文数量等科研绩效主义的科研观，自觉抵制科研功利化的侵蚀。

二 深入推进公立高校治理结构现代化

公立高校科研奖励涉及政府、社会和学校及教师等多个行为主体，因此，要平衡好相关利益者的关系，必须进一步深入推进公立高校治理结构现代化。

高校治理作为"治理"在高校这一特殊领域内的实现方式，必须吻合治理的特殊实质。高校治理必须符合高校的教育教学和科学研究的特殊性，育人和学术性是高校这一社会组织最核心的特性，它界定了高校的根本属性，构成了高校区别于其他社会组织的基本内涵和边界。高校自主权的核心是学术权力的彰显与学术制度的建立。没有学术权力及学术制度，高校也就不能称之为高校，高校的发展也就失去了保障。作为育人和学术组织的高校，教师在高校治理中发挥着重要作用。因此，高校治理作为国家治理体系的有机组织部分，实现高校治理结构现代化，必须遵循正确合理的价值逻辑，必须坚持中国特色社会主义道路和办学体制，遵循大学之道的基本原理和高校办学规律，融通"制"与"治"，按照时代要求探索中国特色的高校治理结构现代化。

高校治理体系由组织体系、制度体系、运行体系、评价体系、激励体系等构成。其中，组织体系是主体，制度体系是依据，运行体系是路径，评价体系是标准，激励体系是目标。它们既相对独立，又相互联系，从而架构起高校治理和能力建设的互为前提、互相制约与相互推动的治理网络体系。

高校组织体系是以权力为基础的组织机构设置、职能布局和权力配置。我国高校组织体系最为根本的是确立了"党委领导下的校长负责制"这一领导体制，同时确立了校学术委员会是学校学术最高决策机构；制度建设是高校治理体系的重要方面，高校制度体系可分为基础制度、基本制度和具体制度三个层面；治理运行体系主要由依规有序治理、监督和问责机制、协商合作治理、保障个体权益四种形态构成。治理体系的内涵则更为丰富，只有在高校制度体系得到有效实施之后，才能形成治理体系；高校制度转化为治理实践，必须要依靠治理体系的完善，依靠制度的依规有效运行，依靠科学合理的评价引导制度来完善和促进治理运行。

由此可见，制度体系居于关键地位。而公立高校科研奖励政策作为学校内部制度体系的一种制度安排，属于公立高校制度体系中的具体制度。清理和整改公立高校科研奖励政策，构建科学的公立高校科研创新激励政策体系，必然成为完善公立高校治理体系、建立现代大学制度题中应有之义和重要内容。

本书实证研究和理论分析已经表明，我国公立高校科研奖励政策，无论是其产生发展、生成机制，还是内在属性抑或积极作用和负面效应，都是我国社会主义市场经济发展特定阶段经济、政治、科技和文化多种因素交织，及政府、社会与高校和教师等多主体博弈的结果。因此，推动公立高校治理结构现代化，清理和整改公立高校科研奖励政策，重构公立高校科研创新激励政策体系，应从以下方面着手。

首先，协调好公立高校外部治理结构与内部治理结构之间的辩证统一关系，协同推进公立高校科研创新激励政策体系的优化。武汉大学前校长顾海良认为，高校治理结构分为外部治理结构和内部治理结构。外部治理结构表现为作为独立法人主体的高校本身与政府、组织、团体、企业等外部主体共赢面临的权力配置与利益平衡关系；高校内部治理结构主要是指高校内部利益相关者之间各种权力的分配、制约，以及利益实现的体制安排、制度规定和机制设计，集中体现高校管理的结构、运行及其制度的主要特征和基本要求，科研创新激励正是高校内部治理结构问题之一。

我国公立高校作为国家高等教育和国家创新体系的有机组成部分，在各级党委的领导下，实行党委领导下的校长负责制，这一组织体系和领导体制，就决定了推动公立高校治理结构现代化，必须将公立高校治理结构的外部治理结构与内部治理结构有机结合起来，共同推进和完善公立高校科研创新激励政策体系。

其次，完善公立高校外部治理结构，引导科研创新激励政策体系的重构。

第一，各级党委要加强对公立高校的领导，政府要正确履行管理职责，要按照新时代高校立德树人、高质量发展的要求评价、考核和任用高校领导干部，督促其树立正确的政绩观；要切实平衡好作为独立法人主体的公立高校本身与政府和社会组织等各种外部主体的合作共赢面临的权力配置与利益关系。作为我国公立高校投入主体的政府，具有依法管理、监督公立高校办学行为的重要职能。因此，国家和地方政府要切实履行职责，运用《中华人民共和国高等教育法》《大学章程》等法律政策工具，正确履行行政管理职能，规范作为公立高校法人代表校长包括使用学校事业发展经费奖励教师科研等的行政权力，做到既不缺位也不越位；推进公立高校管理体制改革完善，尤其要重视运用科学的教育教学评估、学科评估、人才评价等教育、科研评价手段，引导、监督和促进公立高校不断改革完善科研创新激励政策体系。

第二，要进一步加强和完善科学共同体的自律和运行机制，重振科学的"精神气质"，推动公立高校治理结构现代化，促进公立高校科研创新激励科研政策体系的优化。科学共同体内部管理功能未能很好发挥是我国目前高校科研评价尚不完善的根源之一，其自治文化尚未形成。因此，要加强科学共同体的自律和他律，建立一套相应的约束机制来规范科学共同体的行为。也就是要建立有效的科学共同体成员的职业化市场，在充分交流的前提下，将高度分散的信息汇集成为科学共同体成员的职业声誉，并通过社会化机制构建其职业声誉，从而形成声誉管理和行政管理相互独立又相互促进的局面；要建立科学规范的制度体系，对科学共同体、政府官员等在促进科研创新活动中的行为、责任和义务进行明确的规范，对行政权力干涉或控制科研创新活动的行为、边界等进行规范约束，并在法律法规制度上确保科研创新活动的自主性，共同促进科学共同体的建设；实现科学共同体的同行评议与政府科研评价的协同性。同时要充分发挥同行评价运作机制对科学社会的分层、科研创新精英的权威、道德规范的形成与职业标准的维护作用，从制度、政策等各个方面强化科学共同体的自主性和约束性，以确保和加强同行评价的有效性、权威性和公正性；要建立健全科研评价公示制度和事后责任追究制度，促进公立高校科研创新激励政策体系的优化。

最后，完善公立高校内部治理结构，充分发挥公立高校组织体系在重构科研创新激励政策体系建设中的主体作用。要协调好公立高校内部治理结构各要素的辩证统一关系，正确处理和规范公立高校行政权力与学术权力、作为学校领导机构法人代表校长与学校学术委员会的权力与义务的关系。

高校组织体系是以权力为基础的组织机构设置、职能布局和权力配置。韦伯认为，任何组织都必须以某种形式的权力作为基础，没有这种形式的权力，任何组织都不能达到自己的目标。[①]

第一，要坚持我国公立高校组织体系"党委领导下的校长负责制"这一根本领导体制，充分发挥其在公立高校科研创新激励政策体系重构中的领导作用和学校行政的决策执行作用。

第二，要切实落实教师在公立高校治理结构现代化中的主体地位，充分发挥其在高校科研创新激励政策体系建设中的主体作用。作为育人和学术组织的高校，教师在高校治理结构现代化中发挥着重要作用。高校治理应该依靠教师，现代高校治理的核心问题就是如何对教师进行选聘、激励和监督的制度安排，如何激励教师提高教育教学质量和学术生产力。要严格遵循《高等学校学术委员会组织规程》的各项规定，确保其在教授治学、学术治理主体作用的发挥，特别要发挥好其在学校科研创新激励政策制定、执行中的主体作用。

第三，要充分发挥院系在公立高校科研创新激励政策体系建设中的基础作用。要切实改变在科研创新激励政策制定方面二级院系组织层面的各个要素往往只有执行权而很难有话语权，严重挫伤院系和教师的科研创新积极性的体制机制弊端。要按照高校组织耦合特征要求，切实落实二级院系在办学中的主体地位；按照高校的学术组织特点任命院系领导班子，加强院系一级的学术委员会建设，推进教授治学，充分发挥其在科研创新激励政策的制定、执行中的基础作用。

第四，要加强学校职员队伍的服务能力建设，充分发挥其在公立高

---

① ［德］马克斯·韦伯：《新教伦理与资本主义精神》，彭强、黄晓京译，陕西师范大学出版社2002年版，第98页。

校科研创新激励政策体系建设中的决策参谋和服务作用。我国高校的"去行政化"并非不要行政管理、不要行政管理服务，而是转变职能，从管理转向服务，为教师和学生服务，为科研创新服务，确保科研创新激励政策的落实。

三 深化公立高校科研评价改革

公立高校科研奖励政策，是政府学科评估、社会组织大学排名等科研评价引致和公立高校参与共同作用的结果。因此，要进一步深化科研评价改革，正确引导公立高校科研创新激励政策内容的优化。

评价是个系统过程，它涉及评价指标、标准、工具以及如何为各级各类教育、科技等不同主体基于不同目的提供反馈等多方面的信息。科研评价对于科学研究发展具有风向标作用，具有导向、诊断、激励功能。它实际是对高校科研创新活动及其成果进行的价值判断、水平衡量和效益评价，也是确立公立高校科研创新激励政策内容和实施的基础，因此，有必要探讨科研评价这一科研创新激励政策的元问题。作为一个世界性的难题，长期以来，我国学界、政府和社会各界对此进行了不懈的研究、探索和实践。2018 年破"五唯"专项行动以来，党中央、国务院及相关部委先后出台了多份改革教育、科研评价体制的总体方案和实施意见。尤其是 2020 年 10 月 13 日，中共中央、国务院发布《深化新时代教育评价改革的总体方案》，对我国今后深化教育、科研评价改革进行了顶层设计和总体部署。《方案》提出了"改进结果评价，强化过程评价，探索增值评价，健全综合评价"的总体要求。[①] 标志着后"五唯"时代，改革科研评价体制、完善科研创新激励政策进入一个新时期。

首先，以破"五唯"为突破口，进一步完善公立高校科研评价指标体系。

第一，在当前，政府尤其要带头以破"五唯"为突破口，完善公立高校科研评价体系，正确引导公立高校改革完善科研创新激励政策内容。这不仅是政府的职责所在，而且从评价主体来看，"五唯"主要是过去

---

① 中共中央、国务院：《深化新时代教育评价改革总体方案》，2020 年 10 月 13 日，http://www.gov.cn/zhengce/2020-10/13/content_ 5551032. htm，2021 年 6 月 23 日。

各级教育、科技行政管理部门重视的要素，而不一定是高校、教师或者学术的内在追求，奖项多半是指政府奖，"帽子"也是以政府授予为主，否则不被纳入评价体系。当下的教育、科研评价更重视和采信政府的指标要素，且政府教育、科技行政部门各项考评资源分配政策设计的初衷是考虑效率、简化、客观与公正等因素，因此，尽管"五唯"和公立高校科研奖励政策的产生是多种因素导致的，但从直接原因看，它们是教育、科技行政管理部门为了绩效管理与问责结出的"意外"结果，也即伴随绩效管理与问责而来的是评价标准与评价体系的"五唯"化，和公立高校科研奖励政策的设立及其同质化，并引发严重的负面效应，尽管这是政府管理部门不愿看到的。既然如此，各级政府尤其是教育、科技行政管理部门要带头以破"五唯"为突破口，深化教育、科研评价改革，加快清理和整改公立高校科研奖励政策，促进公立高校改革完善科研创新激励政策内容。重点做到评价主体结构要进一步丰富，应在当前以政府为主导、第三方机构参与的基础上，更多地强调院校自评、同行互评、教师自评和学生参评；评价维度要进一步拓宽，在新的评价体系中重视科研创新质量的同时，将立德树人、师德师风作为重要考量，尤其应以立德树人成效作为根本评价标准，增加导学思政、课程思政、实践育人的落实、学生在学体验、学习收获与能力增值以及毕业生去向与职业发展等软性指标内容。评价方式要进一步优化，必须改变当前以"一把尺子量所有"的统一排名的评价方法，实行凸显院校特色、学科特色和科研创新特色的分类评价。

第二，作为社会组织如大学排名等第三方评价机构，也要遵循我国高校的根本属性和基本内涵，科学设计评价指标体系，坚决克服"五唯"倾向，正确引导公立高校健康、内涵式发展，共同促进公立高校科研创新激励政策体系的不断完善。尤其要加强对公立高校发展状况和办学质量具有话语权，在相当程度引导、控制，对其社会声誉产生直接影响的大学排名机构的监督和治理。一方面，设定大学排名的准入门槛，建立排名机构的资质审核制度，不通过资格认证就不得从事和公开发布排名。另一方面，在通过资格准入制度过滤和取消部分大学排名后，还要对剩余大学排名的过程与结果进行监管。要对排名的主体进行规范和限制；政府要出台专门针对大学排名机构的制度政策文件，并加强监管和落实。

其次，遵循高校科研基本规律，构建科学的科研评价标准。高校的根本出发点是服务于人才培养，根本任务是推动科技创新发展。这一功能定位决定了各类高校科学研究的基本任务和目标应主要体现提高原创新性研究成果质量以及对教育教学成效不断提升的支撑上，研究型高校和研究教学型高校更应主要体现在基础研究和解决关键核心技术与"卡脖子"问题的重大突破上，体现在培育新兴学科、建设创新团队和创新人才（包括教师和学生）的成长体系上。

这就决定了高校科研评价标准的构建必须要更加突出科研育人的教学性与科研成果的原创性。关于在科研评价中更加注重成果的原创性，英国 2019 年最新修订的针对大学的"卓越科研评价框架"（REF）进行了有益的探索，取得了良好的效果，值得我们借鉴。

REF 将学术工作分为物质科学、工程和数学类、社会科学类等四个大类学科，运用"专家同行评议"和"分类评价"方式，分类对科研成果的原创性提出了可操作性的界定，对不同大类学科的科研成果的原创性（含科研成果的重要性、严谨性）进行评价，划分为四星、三星、二星、一星四个层次；如果科研成果质量未达到星级标准，则归入"忽略不计"行列。并形成了一套可完整执行的科研成果原创性评价标准。评价总体要求是采取同行专家评议方式，重视科研成果的原创性，突出科研成果的实际价值，不得考虑发表成果期刊的影响因子或期刊级别区分，慎看引用数，坚持定量数据仅作为同行评议专家的参考。[①]

英国"卓越科研评价框架（REF）"的有益探索启示我们，在高校科研评价中，应在更加重视原创性研究成果质量的基础上，运用同行专家评议方式，坚持分学科、分层次、分阶段的分类评价原则。要破除科研研究"唯论文"评价机制，不以论文数量替代对科研创新能力的评价，不以期刊影响因子替代对论文质量的评价。考虑到目前我国大多数高校与国际一流高校还有很大差距的实际和不平衡状况，对学术论文评价而言，在注重论文原创性的同时，参考期刊

---

① 刘立：《科研评价要突出"唯原创性"标准》，《中国科学报》2019 年 3 月 20 日第 6 版。

影响因子、引用数有其一定的必要性和合理性；但随着我国科技和高校科研水平的提高，要分阶段逐步淡化影响因子评价，提高基于同行专家评议的原创性评价；尤其是对已跻身国际一流或已接近国际一流的高校，要进行原创性评价，不得考虑发表成果期刊的影响因子，慎看引用数。

同样，国内一些组织机构和高校在科研评价，尤其是全国第五轮学科评估工作在这方面也进行了积极改革创新，并在进一步突出立德树人、科研育人方面有新的突破。针对我国以往科研评价、高校评价、学科评估中"重科研、轻育人""重国外发表论文，轻国内中文期刊论文"，热衷追逐"学术GDP"等严重问题，第五轮学科评估按照"改革结果评价、强化过程评价、探索增值评价、健全综合评价"的总体要求，进一步强化高校落实立德树人根本任务的成效，进一步破除"五唯"顽瘴痼疾，进一步强化师德与师能相统一，进一步突出质量、贡献和特色。与全国第四轮学科评估相比较，第五轮全国学科评估在工作方案与指标和标准设置的主要变化如表9.2、表9.3所示。

表9.2　　　　第四轮与第五轮全国学科评估工作方案变化情况对比

	第四轮	第五轮	变化情况
指导思想	习近平新时代中国特色社会主义思想	习近平新时代中国特色社会主义思想	无
基本原则	提高质量；优化结构；鼓励特色；协同创新	聚焦立德树人突出诊断功能；强化分类评价 彰显中国特色	修改
主要举措	坚持把人才培养放在首位；改革师资队伍评价方法；改革学术论文评价方法；强化社会服务贡献评价；强化分类评估	强化人才培养中心地位 坚决破除"五唯"顽疾 改革教师队伍评价 突出质量、贡献和特色 提升数据可靠性和评价科学性多元呈现评估结果	修改

资料来源：作者整理。

表 9.3　　第四轮与第五轮全国学科评估指标和标准变化情况对比

一级指标	二级指标	第四轮	第五轮	变化情况
人才培养	思政教育	无	思想政治教育特色做法，思想政治教育主要成效	新增
	培养过程	出版优秀教材（原属科学研究水平）	出版教材质量	移动
		导师指导质量	科研育人成效	修改
		学生国际交流情况	联合培养情况	修改
	在校生	授予学位数	招生与学位授予情况	修改
		优秀在校生	学生在学成果	修改
	毕业生	优秀毕业生	毕业发展质量	修改
师资队伍与资源	师资队伍	无	师德师风建设成效	新增
	支撑平台	重点实验室、基地、中心	国家级教学与科研平台数	修改
科学研究	科研成果	论文、专著、专利情况	学术论文、著作质量（部分学科）	拆分
			专利转化情况（部分学科）	拆分
		出版优秀教材	无	删除
	科研获奖	科研获奖情况	科研奖励情况	无
	科研项目	科研项目情况	人均科研经费	修改
	创作设计	创作表演水平	创作表演与设计水平	无
社会服务与学科声誉	社会服务贡献	社会服务特色与贡献	社会服务贡献优秀案例	修改
	学科声誉	国内声誉	国内声誉	无
		国际声誉	国际声誉	无

资料来源：作者整理。

再次，结合科研评价目的和内容，科学制定科研创新激励政策。高校科研创新激励政策本身是一个非常复杂的问题，这里仅从科研评价的角度，提出一些总体思路，即公立高校科研创新激励政策的制定应做到如下"三结合一脱钩"。

一是科研评价目的与科研创新激励内容相结合，确保公立高校科研创新激励内容的多元性。科研评价过程中，评价期望达到的目标从一定程度反映了评价的目的和所依据的价值标准，同时也对评价主体、评价方法、评价对象及评价结果的运用做出相应限定。科研评价的目的会贯穿评价活动与运用的始终，影响评价的整个过程。但当下公立高校科研评价的目的一般并不明确，存在为评价而评价的严重问题；还存在仅为了确定报酬薪资简单依据外部科研量化评价结果，从而导致评价目的与激励内容相脱节。为此，必须做到评价目的与激励内容相结合，确保公立高校科研创新激励内容的多元性，切实改变当下一些公立高校把科研创新激励内容片面地认为就是单一的科研物质奖励的认识误区，更加重视精神激励。

二是"主动"与"被动"相结合，注重教师的主动参与。从制度角度来看，科研评价制度涉及三个维度：第一个维度是作为规则和规范的制度，第二个维度是作为认知和认同的制度，第三个维度是作为行为与执行的制度。类似地，公立高校科研创新激励制度（政策）也涉及这三个维度，并据此设计和实施。

总体而言，科研评价制度、科研创新激励政策如果只依靠作为规则和规范的强制性制度，是无法实现其目的的，其关键是使广大教师从内心深处认知和认同学术事业，认同科研评价的目的、意义和价值。为此，无论是科研评价制度，还是公立高校科研创新激励政策的制定、实施，都要做到主动与被动相结合，即无论是在科研评价，还是在科研创新激励中，都要做到教师主体的积极参与，不能缺位，不能简单奖罚，要让教师参与科研评价和科研创新激励政策制定、实施的全过程，在评什么、激励什么、规范什么，让教师都有充分的话语权；强化科研评价的诊断功能，让教师从其中寻找、发现自己的科研优势和不足，明确今后的努力方向和具体改进措施，而不只是简单的奖罚了事；学校也要积极引导，尤其在科研创新激励政策内容中，做出必要的规范要求，以确保学校组织科研创新目标的真正实现。从而使科研评价和科研创新激励真正达到教师自我总结、反思与提升，学校不断修正完善，形成良性循环的科研创新激励机制。

三是科研成果的"量"与"质"相结合，注重对"质"的考量。由于单一的量化评价指标会促使教师科研始终以最高量化得分为工作目的，忽视研究工作的原创本质，而科研评价的考评指标从一定程度上反映了评价的价值导向。因此，结合评价的目的，在实际考评和公立高校科研创新激励政策制定时，应在重视对科研过程考量的基础上，要强调对科研成果的重视，主要体现在将科研成果的"质"和"量"相结合，加强对科研成果"质"的重视和激励，淡化对"量"的要求，从本质上减少单纯追求数量的投机取巧行为。

四是实现科研评价结果与高额物质奖励脱钩，回归精神激励的本质。如上文所述，公立高校科研奖励政策把"客观"量化评价结果简单地与物质奖励联系起来，产生各种负面效应，这在某种程度上败坏了学术风气和学术环境。因此，公立高校应在给予教师较高的工资薪酬以保障教师有体面生活的基础上，把科研评价结果与高额物质奖励脱钩，回归科技奖励以精神激励为主的本质。

最后，正确运用科研评价结果，确保科研创新激励政策的实施效果。科研评价结果决定科研创新激励的内容和实施效果，包括"精神激励""报酬薪资""经费资助"等，分别与精神激励与物质激励相对应。因此，应按照上述基本要求，构建科学的科研创新激励内容，确保科研创新激励内容尽可能符合高校科研创新目标和科研规律，确保公立高校科研创新激励政策的落实，以切实克服当下由于一些公立高校科研评价单纯奉行"客观"量化指标，科研创新激励实行单纯物质奖励的量化绩效主义，缺少精神激励的严重弊端。

第四节　重构公立高校科研奖励政策的对策建议

破解公立高校科研奖励政策困境，重构公立高校科研奖励政策，从根本上讲，需要政府、社会、高校和教师等各行为主体共同努力，需要及改革各方面政策制度来保障。面对这样一个复杂的问题，这里仅从改革完善公立高校内部管理制度的侧面，基于本书研究结论，借鉴波特—劳勒综合型激励模式，① 提出重构公立高校科研奖励政策内容的一些措施。

---

① 韩卫群、刘炫、黄金火：《管理学原理》，南京大学出版社 2018 年版，第 121 页。

波特—劳勒综合型激励模式是在弗隆的期望模式的基础上建立起来的。弗隆在 1964 年首先提出了激励过程的期望理论，之后又做出了简化的期望模式。

这一模式提供了一个综合性的、较有应用价值的理论框架和分析思路。

弗隆模式的基本观点是，激励的强度取决于个人通过努力达成组织期望的工作绩效（组织目标），然后再根据工作绩效，组织给出奖赏，由此而达到的满足与个人需要的奖酬（个人目标）相一致、相关联的程度。一致程度或关联性越大，则效应就越大，反之亦然。[①]

根据弗隆的期望理论，波特和劳勒推导出了更为完备的综合型激励模式，如图 9.1 所示。

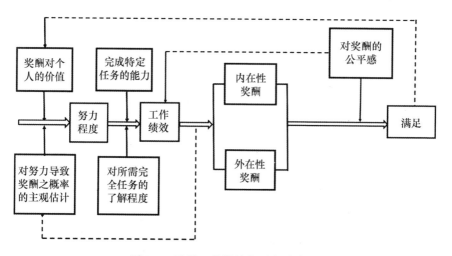

图9.1　波特—劳勒综合型激励模式

资料来源：韩卫群、刘炫、黄金火《管理学原理》，南京大学出版社 2018 年版，第118 页。

一　重视外在奖酬及其差异：提高保健层，试行较高年薪制和科研项目基金管理制

根据波特—劳勒综合型激励模式，激励的强度取决于组织所制定的

---

① 韩卫群、刘炫、黄金火：《管理学原理》，南京大学出版社 2018 年版，第 116 页。

目标与由此而得到的奖酬（个人目标）相一致、相关联的程度。也就是说，只有当组织目标最大限度地与个人目标相吻合时，才能达到最大的激励作用。那么，根据不同教师的科研能力、贡献大小不同，及年龄、职称不同等差异，提供价值相当的可选择性奖酬，最大限度地满足其对奖酬的要求，从而增加激励效果。

为此，这里提出公立高校教师奖酬结构保健层的概念。强调在公立高校科研创新激励政策的内容中，应重视外在奖酬及其差异，试行较高年薪制和科研基金项目管理制。即在教学、科研评价的基础上，对业界和校内外公认的部分科研创新能力强、贡献大的优秀教师试行较高年薪制；同时，面向全校教师实行科研基金项目管理制。以达到激励先进鼓励公平竞争的目的，使公立高校组织目标最大限度地与个人目标相吻合，与其科研创新水平和能力及贡献相匹配，增强工作满意感，提高激励效果，节约学校激励成本。

具体来讲，保健层这一层次的奖酬主要是提高其工资、住房保障和职业地位、职业能力与职业声望等。其主要功能是保证公立高校教师基本薪酬收入在社会各行业中具有较高的地位，满足和保障他们较高生活水平的需求，稳定教师尤其是优秀教学科研队伍；保障教师教学、科研资金需求和职业发展需求；保证高校未来教学科研人员的供给量。

第一，结合聘任制和岗位管理制度改革，试行部分教师较高年薪制。年薪制，一般作为高层管理人员使用的薪资方法，是一种"完全责任制"薪资。从人力资源的角度看，年薪制是一种有效的激励措施，对提升绩效具有很大作用。年薪制突破了薪资机构的常规，对高层管理人员来说，年薪制代表身份和地位。能够促进人才队伍建设，也可以提高教师的积极性。

高校教师实行年薪制是欧美等发达国家高校普遍推行的薪酬政策，并未有我国高校特有的科研成果奖，以及科研项目、论文引用和科研获奖奖励等本书所界定的科研重复奖。我国一些研究型高校对本校部分院所也已实行了较高年薪制并取消特有的科研奖励政策，大多数高校对本校的个别拔尖人才也实行了这一制度，且相当成功。

随着我国和地方政府对高等教育投入力度的不断加大，以及各高校通过产学研结合从企业和社会获取较高的收益，公立高校实施对外具有较强竞争力、对内具有较强激励性的年薪制在财务上已没有压力，并具有充分的财力保障。同时，在我国目前公立高校教师的薪酬结构中，校内岗位津贴在个人货币薪酬中的平均比例已超过一半，达到八成至九成，扣除校内津贴和地方补贴在个人货币薪酬中的比例后，国家基本工资所占比例仅为25%左右。[①] 况且，在国家人力资源和社会保障部于2020年8月开始组织的人才服务专项行动中，明确提出进一步落实高层次人才工资分配激励政策，鼓励事业单位对高层次人才实行年薪制等多种分配形式。[②] 因此，在我国公立高校教师中实行年薪制，以从根本上解决公立高校科研奖励政策的现实困境及引发的各种负面效应，不仅是十分必要的，而且是可行的。考虑到目前在公立高校普遍推行较高年薪制，与国内其他行业领域及中小学教师薪酬待遇平衡问题，可首先在公立高校少部分教学科研业绩突出的优秀教师中率先试行。要借鉴上海交通大学在教师分类评价基础上，对大多数教师实行较高年薪制以及国内许多公立高校对学术领军人才、拔尖人才已实行较高年薪制的经验教训，在各类型高校，尤其是研究型高校，在进一步完善教学、科研评价的基础上，除对个别优秀拔尖人才实行较高年薪制外，进一步扩大覆盖面，对经过严格科学考评的优秀教师也试行较长聘期的较高年薪制，率先取消现有的高校科研奖励：在聘期内尽量少评或不予评价，以保障他们有体面的生活待遇，使其心无旁骛地从事一流的科研创新，培养一流的人才，在追求突破性、颠覆性发现和发明中为国家科技创新做出贡献，以提高激励的针对性和有效性。这既是高校教师实行年薪制的基本要义，使他们从过多的评价、不断追求SCI论文数量的桎梏中解脱出来，更是完善公立高校科研创新激励政策的基本内涵和根本目标。

同时，进一步完善考核评价机制，给予优秀教师不断晋升和加薪的机会，并对在聘用期内实在达不到年薪制考核标准要求的教师采取转岗或降薪，促其不断进取。

需要强调的是，公立高校试行部分教师较高年薪制，并获得良好的

---

① 刘宇文、夏靖：《关注需求多样性：高校教师激励的基点》，《国家教育行政学院学报》2015年第9期。

② 人力资源和社会保障部：《关于开展人力资源服务行业促就业行动的通知》，2020年8月14日，http://www.mohrss.gov.cn/SYrlzyhshbzb/jiuye/gzdt/202008/t20200814_382710.html，2021年6月23日。

效果，根据国内外高校的成功经验，其前提和关键是要有科学的教学、科研评价，并正确使用。同时，这里所讲的较高年薪制，除对部分科研创新表现突出、贡献大的教师外，还包括教育教学成效优秀的教师。否则会导致制度的错配和误用，或者会出现过去一些公立高校实行较高年薪制中仅简单地依据科研量化指标，如科研论文、科研奖项和人才帽子数量多少的行为，进而助推"五唯"导向，或走向科研分配平均主义、"吃大锅饭"的老路，加剧教学与科研不平衡。

第二，将学校目前科研奖励经费的一部分转换为科研基金项目经费，实行科研基金项目管理制。根据波特—劳勒综合型激励模式，科研创新工作过程的复杂性和艰辛是由努力走向绩效的一个重要障碍，同时也容易使人产生对自己完成特定任务能力的怀疑，进一步影响科研工作绩效。这对大部分科研素质和能力有待提升的青年教师更是如此。因此，为使高校组织目标与教师个人目标相吻合，教师科研创新水平、能力与薪酬激励相匹配，针对高校尤其是教学型高校大部分教师的科研创新资源还较为短缺的实际情况，可实行校内科研基金项目管理制。

这一制度的基本内涵是，利用科研基金项目与科技奖励制度的内在联系（科研项目制度作为在科学研究活动之前或进行中的一种资助，是科技奖励制度发展中延伸出来的产物，同时又赋予科研活动本身以更重要的科学价值和意义），可将学校目前科研奖励经费的一部分转换为科研基金项目申报的形式，进行长期稳定的资助和管理，支持教师科研创新活动。也即把原来的简单以量化结果为导向的物质奖励，转换为更加重视科研创新过程，注重能力的提升；面向全校教师开放（除已获取较高年薪制教师外），重视对具有科研创新积极性，科研创新尚起步阶段，能力有待提升的这部分中青年教师的资助；目的在于通过科研创新素质能力的培育，孵化高质量科研创新成果。以促使更多教师在提高科研成果质量的同时，也能达到较高年薪制考核水平的要求，从而获得较高年薪制薪酬，使这部分教师个人目标与奖酬获得最大限度的匹配，增强教师工作满意感，从而进一步扩大科研创新激励覆盖面，最大限度地获得激励。

同时，需要强调的是，这不仅是破解公立高校科研奖励政策现实困境的有效之策，更是符合科研创新规律的应然之举。必须明确，它仅是对科研创新活动的一种资助而并非奖励，更不同于现行公立高校对获取校外各级各类科研项目的奖励。其实施过程类似于一般的校外纵向科研项目管理，但经费使用有别于校外纵向科研项目经费管理。即由学校拿出一部科研基金，全校教师按照科研项目申报的形式申请；由校学术委员会每年度择优评审一次，由于其经费是由学校事业经费支出，经费只能用作科研工作和相关小型设备仪器与资料、数据购买等直接经费支出，不得用于劳务支出和个人消费支出等间接经费支出。区分基础研究、应用研究等不同研究类型，按不同周期进行结题验收，考核合格、优秀方可申请下一周期科研基金项目；结余经费可用于下一个周期科研创新活动。事实上，如上文所述，南开大学已在这方面进行了有益的探索和实践：从2020年开始，该校每年设立1000万元科研基金，通过科研基金项目的形式资助文科科研发展，在全国高校引起热议。

二　注重内在奖酬和精神层面的满足：保障基本承认层，提高声誉奖

就激励效应而言，根据"边际效应"原理——外在激励随着次数和强度的增加而趋于减小，而内在激励即精神激励则能持续地保持其活力。因此，在重视外在激励的同时，要更加重视内在激励。

这里讲的基本承认层主要是完善公立高校教师的专业技术职称晋升机制，给予相应的职称职级等；授予一定的学术称谓或头衔，给予一定的学术权力，拥有一定的学术地位等；给予学术职业学习、进修发展，提高学术能力的机会；给予较强的精神激励。其主要功能是持续地提升其学术职业的发展能力，拥有一定的工作压力和动力；并获得精神上的满足。

第一，保障基本承认层，改善工作条件。一是要完善公立高校教师职称晋升机制。一方面，要在科学评价的基础上，及时授予相关教师相应的职称职级，使他们在立德树人、科研创新的能力和贡献得到应有的肯定，拥有相应的学术地位和学术权力；同时增加晋升层级。因为按照波特—劳勒综合型激励模式，增加晋升层级便增加了激励循环次数，一定程度上降低了层级目标的难度，增强了相关教师对成功的预期，使得努力程度增加。因此，公立高校可通过调整晋升结构来影响教师的科研行为，从而改变学术激励结构。另一方面，建立能上能下的职称动态聘任机制。我国现行的职称评定一评定终身，能上不能下的聘任制度使得激励措施完全取决于正激励，即对内外奖酬的渴望。一旦奖酬的边际效应降低到一定水平，奖酬就不能起到原有的激励作用了。由波特—劳勒综合型激励模式可知，一个人的努力程度还取决于负激励对个人的影响和对完不成此项任务的主观估计。因此高校应建立动态职称聘任机制，设立岗位竞争目标任务，对于一定时间内并没有完成高质量科研创新成果的教师进行降低职称职级的处置，使得激励由正激励适当转向负激励。

二是要进一步改善教师的科研创新条件，完善以人才为本的潜力机制。由波特—劳勒综合型激励模式可知，一个人的努力程度并不能完全决定工作绩效，工作绩效还要受到以下三个因素的影响：①个人能力与素质，也即如果只有工作热情而没有真才实学及必要的能力和素质，也难以实现预期的绩效水平；②工作条件，即必要的人力、物力等环境要素对获得预期绩效也是不可或缺的；③角色感知，即个体对组织的意图和对工作期望的领会与理解。要提高公立高校教师的工作绩效，就不能忽视其中的任何一个因素。由于在这三个因素中，除个人能力与素质及角色感知主观因素外，还与组织提供的工作条件客观因素有关，这就需要高校组织提供必要的科研创新条件与人文关怀。因此，一方面，学校应当为每一位教师营造有利于提升其个人能力和素质的外部环境，构建规范、灵活的国内外培训学习和海外访学交流机会和平台，通过实施职业生涯规划与指导，为教师指供更多的成长机会和更大的发展空间，使访学和进修学习项目成为奖酬可选项；进一步改善教师的工作条件，包括办公、实验设施配备、图书资料、数据库等外部条件。另一方面，学校还应当指导教师正确认识自身的科研优势与不足，以更加饱满的精神状态投入教学和科研创新工作中，使其在完成更具挑战性的科研创新活动中逐步养成良好的学术习性。

第二，提高声誉奖，加大精神激励力度。要保障教师科研劳动价值即知识产权价值和声誉价值得到社会、学校最基本的保障、尊重和承认，使他们获得精神上的满足，激励其做出更多、更高质量的科研创新成果。因此，要进一步在全校树立崇尚立德树人和科研创新、鼓励竞争、宽容失败的创新文化氛围，为广大教师提供不断进行科研创新的精神力量，使教师的科研创新成果在第一时间得到同事的关注、评价和尊重，并将自己的科研创新成果转化为教育教学质量的提高，赢得学生的尊重。在此基础上，要充分利用声誉是实现个体理性与集体理性统一的重合点这一特性，进一步提高声誉奖，加大精神激励力度和范围。可通过举行隆重的年度科研创新表彰大会，褒奖优秀科研创新人员，颁发荣誉证书和奖章，以激发广大教师的科研内驱动力和创新意识并将其"内化于心"。同时通过各种新闻媒体和学术载体，推介和宣传他们的优秀学术成果，赢得同行的承认和社会声誉，以强化教师自我角色的需求和精神满足。对科学研究做出特别重大贡献的本校创新领袖人物，可设立典型人物形象和词条标语等，以激励广大教师的创新行为并拥有"外显"的平台，形成更为基础和持续地起更大激励作用、良好的创新意识和创新环境有机结合的创新文化，促进广大教师创新行为的不断发展。同时，公立高校教师要努力按照默顿所倡导的科学共同体公认的行为规范要求自己，不为利益所累，不为奖励金所惑，以淡然的心态从事科研，最终让科学研究成为广大教师的一种兴趣、爱好和理想、信念追求，使自己成为真正的"学术人"。

三　治理特别奖励层：清理和整改公立高校科研奖励政策

已有的公立高校科研奖励，实际是教师奖酬激励的一种简单的外在物质奖酬。按照国家进一步破"五唯"、取消高校 SCI 论文等奖励政策相关要求，结合本书研究结论，要加快清理和整改步伐。

首先，各行为主体，尤其是公立高校要下决心克服"便利行政"的"懒政"行为。公立高校科研奖励政策确实有其积极作用，但它本身就有很大的局限性和负面效应，其弊大于利。只是因为路径依赖，能够考虑效率，相对客观、公平、公正，减少争议；同时，公立高校管理者又需要这样一套定量的奖励体系。但存在公立高校一些科研做得好、又是学校科研创新主力教师群体科研奖励政策既得利益者的极力反对，以及"枪打出头鸟"的担忧。于是公立高校科研奖励政策一边被批评，一边又无法舍弃它。破解这一现实困境要从以下入手。

第一，公立高校各个层面的行为主体要有政治勇气；要站在我国新时代，把立德树人作为高校的根本任务和"把科技自立自强作为国家发展的战略支撑"的战略高度，按照高校要深度参与创新驱动发展战略和要高度要重视原始创新的总体要求，突破自我思维局限，下决心全面纠偏纠错"五唯"倾向，破除科研短视行为和功利化倾向，切实从思想深处走出仅以客观的 SCI、ESI 等论文量化指标体系为依据评价、激励科研的误区，克服"懒政"，着力破解公立高校科研奖励政策困境，重构科学的公立高校科研评价和激励政策体系。

第二，公立高校领导要深刻反思：到底什么才是真正的科研创新和科研创新激励？是原创、质量还是效率，或是迎合上级和社会的考评？改革开放 40 多年来，我们见证了我国科技体制、教育体制改革取得的巨大成就，那么，在后"五唯"时代，我们必然迎来教育、科研评价激励制度的重要改变，教育、科研会更加强调立德树人、自主创新和价值塑造。在这一新的风向标下，关键是各方的决心和落实。这就需要公立高校各行为主体，尤其是学校决策层下决心克服畏难情绪，克服"便利行政"的"懒政"行为。积极改革创新，有勇气在破"五唯"，要把深化教育、科研评价改革作为"最硬一仗"来推进的进程中做出自己应有的贡献，在清理和整改公立高校科研奖励政策，重构高校科研创新激励政策中有新的作为。

第三，公立高校各行为主体要切实按照中共中央、国务院《深化新时代教育评价改革总体方案》，教育部等六部门《关于加强新时代高校教师队伍建设改革的指导意见》等一系列文件相关要求，深化教师考核评价制度改革，推进教师薪酬制度改革，完善校内收入分配激励机制，突出质量导向，注重凭能力、实绩和贡献评价教师。坚决扭转轻教学、轻育人等倾向，下决心克服"五唯"顽瘴痼疾，规范 SCI 等论文相关量化指标使用，避免 SCI、SSCI、A&HCI、CSSCI 等引文数据使用中的绝对化，坚决摒弃"以刊评文"，破除"SCI 论文至上"；积极探索建立适合高校科研创新和本校教师特点的薪酬制度和校内分配激励政策体系，下决心清理和整改科研奖励政策，在新的科研创新激励政策中，"不将论文数、专利数、项目数，课题经费等科研量化指标与绩效工资分配、奖励直接挂钩，切实发挥收入分配政策的激励导向作用"。[①]

---

① 教育部等六部门：《关于加强新时代高校教师队伍建设改革的指导意见》，2021 年 1 月 27 日，http://www.moe.gov.cn/srcsite/A10/s7151/202101/t20210108_509152.html，2021 年 6 月 24 日。

第四，要明确政策边界，避免出现政策真空地带。《总体方案》是党和国家新时代教育、科研评价方面的顶层设计，高屋建瓴，方向正确。高校如何将《总体方案》贯彻到对教师的具体评价激励中，应该有科学、具体、完善的细则。特别是要从人才队伍建设的规律、人才实际贡献多维要素出发，基于对所有真正高水平、有情怀教师的支持、保护与激励，来准确诠释与使用《总体方案》，而不能出现评价与激励中的政策真空模糊地带。避免出现从破"五唯"，清理和整改高校科研奖励政策，而走向"无激励"的误区。

其次，改革完善公立高校科研评价，建立完善科研评价与教师科研创新激励政策联动机制。一是要改革结果评价，强化过程评价。"五唯"评价问题，主要原因是实行量化结果评价。公立高校科研奖励政策，实际是一种简单的科研量化结果评价和物质奖励。因此，公立高校科研管理要强化过程评价，注重教师科研能力培养，建立以提高教师科研能力、注重科研成果质量为导向的科研评价体系；建立完善科研评价与教师科研创新激励政策联动机制，清理和整改公立高校科研奖励政策，科学制定学校科研创新激励政策。二是要完善质量评价，建立单向替代机制。如为解决公立高校当下科研定量指标偏离质量属性，应加强定量评价方法与质量导向的相互兼容，建立定量指标的质量标准对数量标准的单向替代机制，不能简单地用定量指标标准代替质量标准。切实改变现实中较低质量标准成果与较高质量标准成果的相互等价机制。应根据成果属性，建立高质量成果对低质量成果的单向替代机制，从本质上减少单纯追求数量的投机取巧行为，使"速度""数量"求胜的逐利模式难有立足之地。

再次，清理和整改公立高校科研奖励政策。第一，要准确理解和把握教育部新规。2020 年 2 月 20 日，教育部、科技部印发《关于规范高等学校 SCI 论文相关量化指标使用树立正确评价导向的若干意见》的通知，提出要取消直接依据 SCI 论文相关指标对个人和院系的奖励。该规定要求双一流高校遵照执行，地方高校参照执行。因此，各类型高校尤其是研究型高校要切实按照教育部、科技部的新规，以尽快取消 SCI 论文奖励为突破口，切断科研奖励政策中，以论文等科研成果为首，科研项目、论文引用、科研获奖奖励的源头，遏制相互派生放大的"马太效应"。并在国家进一步破"五唯"专项行动中，加强对本校科研奖励政策的清理和整改，不将科研论文等科研成果、论文引用、科研项目和科研获奖等与物质奖励挂钩，即逐步在这些高校先行取消现行科研奖励政策。这是因为在研究型高校，学校学术规范已基本形成，科研创新文化较为良好，科研评价机制较为完善，教师一般具有良好的学术习性，具有内在科研创新动机和自我激励目标；也有更多的激励手段替代奖金的激励作用，如校外较多激励层级——院士、长江学者、新世纪优秀人才及各级学术职务等学术荣誉头衔，大部分教师更看重和珍惜这种学术荣誉，更看重在科研创新中获取自己的学术话语权。更重要的是，这是由科研创新本质和发展规律及研究型高校的特殊使命决定的。事实上，在中华人民共和国成立初期计划经济条件下，高校教师有稳定的待遇，虽没有这种特有的科研奖励政策，科研创新也能良好运行。所以，计划经济时期我国在数学等基础研究领域中取得的一系列重大成果，是有其激励机制作为基础的。这种激励机制看上去奖罚不分明，似乎是"吃大锅饭"、平均主义，但却比较适合研究型大学的科研创新定位和教师的工作特点。这也充分说明公立高校科研奖励政策，即当下大部分高校采取的这种物质化、即时性的科研短期外在激励措施，无法引导教师进行长周期原创性研究，无法引导教师在提高教育教学质量上下功夫。第二，其他各类高校，也要加快清理和整改本校科研奖励政策。由于一些层级较低的教学型高校，即使在现阶段，似乎"没有它，还不行"，难以调动教师的科研积极性；加上科研创新大都处于起步阶段，学术规范还不完善，同行评议与激励机制较为低劣，容易出现上文指出的"说你行你就行，说你不行你就不行"，以及"你奖什么我就做什么，你不奖什么我就不做或少做"的状况。因此，这类高校现阶段运用奖金激励教师科研创新实属无奈之举，是实然之策。事实上，新规要求地方高校即教学型高校根据实际情况参照执行，也充分体现了教育部对全国高校进行分类指导、分类建设的思想。教学型高校要准确理解新规，在转型期适度对高质量科研成果奖励的同时，积极筹划、做好预案，随时监控发展数据和状态，及时调整完善科研创新激励政策。与此同时，各类型高校尤其是研究型高校要逐步取消科研项目等重复奖。这是因为这种重复奖，特别是其奖项内容中的科研项目，并非科研成果，因而对其奖励是不合理的，并会加剧高校科研重复奖与科研功利化和科研形式化。因而对其取消也会被这类高校及教师所理解和接受，在实践中阻力会较小。同时，其他类型高校都要清理和整改科研奖励政策，尤其要逐步把较为严重的科研重复奖、过度奖与物质奖励脱钩。

另外，从国家政策角度，也要让科研项目资助回归科学研究本身。2016 年，中共中央办公厅、国务院办公厅出台了《关于进一步完善中央财政科研项目资金管理等政策的若干意见》，《意见》中明确了科研项目间接费含间接成本补偿和项目绩效支出两部分，明确规定了间接费占总经费的标准，并对绩效支出不设比例上限。[①] 该文件出台之后，各省市对财政性科研项目的间接费也都作了相应较高比例的规定。因此，既然项目中有了绩效支出这一部分，公立高校就没有必要再从办学经费中额外给予奖励。否则，会出现既在科研项目完成的绩效支出中领取报酬，又对项目本身进行奖励，造成公立高校科研项目额外奖和过度奖。同时，科研论文等本身是科学研究，特别是这里的科研项目活动的附属产品，其劳动付出可能已在科研项目绩效支出中获得了报酬，若再奖励，与科研项目奖励一样，也会造成既在科研项目绩效支出中获得报酬，又获取科研论文等奖金的额外奖励的现象。

复次，切实落实"中国科技期刊影响力提升计划"。要充分利用我国目前高层次科学出版物数量约占世界 20%，SCI 论文数量已居世界第二，被引次数排世界第四，发明专利国内申请量 2011—2019 年连续 9 年位居世界第一的优势，进一步推进落实"中国科技期刊影响力提升计划"，采取更加有效的政策措施。要依托建设世界"双一流"大学，尤其是"一流学科"，进一步加大对传统优势科技期刊和新增科技期刊的专项经费资助力度，努力建设一批世界一流中文和英文科技期刊。以从源头上遏制国外期刊主导的论文奖励，并确保"行动计划"的实施落到实处。

最后，进一步加强引领鞭策和职业规范建设。一是要引领鞭策并举，正确引导、激励教师的科研创新行为。避免公立高校科研创新激励功利

① 中共中央办公厅、国务院办公厅：《关于进一步完善中央财政科研项目资金管理等政策的若干意见》（中办发〔2016〕50 号），2016 年 7 月 31 日，http：//www.gov.cn/xinwen/2016-07/31/content_ 5096421. htm，2021 年 6 月 24 日。

化倾向，既需要正确的外在激励引导和规范，更需要教师自身的内心自觉，需要用热爱科研的情怀和爱国之心来面对。因此，加大教师科研崇高感的引领，造就大批视立德树人、科研创新工作为最高价值追求的教师队伍，这是清理和整改公立高校科研奖励政策，重构科研创新激励政策体系最重要的前提。

同时，对教师行为也应该有更明确的规范和要求。对教师平时科研创新中的负面行为，在激励中应给予更加明确的约束和处置，从而实现将正面引导与负面约束结合起来，努力使所有教师在平时工作中都"把优秀变成习惯"，把追求卓越变成立德树人、科研创新的自觉行动。二是要加强教师职业规范建设。充分利用校学术委员会在科研创新激励中的决策及监督、纠差和处罚等积极作用。同时，为缩小委托人学校决策层与代理人教师之间信息鸿沟这一科研创新激励的难点，要进一步提高代理人教师道德风险的违约成本，建立完善必要的网络主动披露机制；可通过学校科研管理部门正规渠道与第三方对个人的评价所获得信息等，建立教师科研基本信息数据库，并实现信息校内外共享，减少信息不对称的效率损失，降低扼制道德风险市场交易成本。如可充分运用高校教师的"科技身份证"等手段和措施，将其科研成果等与相关学术期刊数据库及成果管理系统相链接；同时将其科研创新激励、科研诚信、学术道德及学术不端行为等信息输入"科技身份证"，使政府、高校科研管理部门、学界及公众都能有效参与评价和管理，确保科研创新激励政策的准确公正，使科研不端等学术腐败行为难有可乘之机。同时加强教师的科研伦理建设，提倡对学术的忠诚，建立良好的学术自由的氛围，让教师养成学术自觉、学术自律、学术自省等良好学术行为。同时，高校教师必须做到严格自律，坚守学术道德底线，抵制不良学术行为，这是解决问题的是最终一步；要保持自醒，增强反思，有意识避免科研功利化对科研初心的侵蚀。也即教师要时刻根据知识生产活动的具体场景，不断反思自己的行为是否符合"文化身份"，是否有辱"学术使命""学术责任"等。

参考文献

一 著作

蔡克勇：《高等教育简史》，华中理工大学出版社 1982 年版。

崔禄春：《建国以来中国共产党科技政策研究》，华夏出版社 2002 年版。

邓心安、王世杰：《现代科技管理》，经济管理出版社 2003 年版。

费多益：《科学价值论》，云南人民出版社 2005 年版。

傅红伟：《行政奖励研究》，北京大学出版社 2003 年版。

郭学武：《科技奖励的理论与实践》，华中理工大学出版社 1996 年版。

韩卫群、刘炫、黄金火：《管理学原理》，南京大学出版社 2018 年版。

蒋国华：《科学学的起源》，河北教育出版社 2001 年版。

教育部课题组：《深入学习习近平关于教育的重要论述》，人民出版社
    2019 年版。

柯武刚、史漫飞：《制度经济学：社会秩序与公共政策》，韩朝华译，商
    务印书馆 2001 年版。

林海亮、杨光涛：《教育心理学》，北京师范大学出版社 2012 年版。

刘大椿：《科学技术哲学导论》，中国人民大学出版社 2002 年版。

刘珺珺：《科学社会学》，上海人民出版社 1990 年版。

刘在洲：《高校科研评价质量标准研究》，科学出版社 2016 年版。

刘泽芬：《国外科技奖励制度》，冶金工业出版社 1989 年版。

马跃如：《高等学校教师激励研究》，中南大学出版社 2007 年版。

马作宽：《组织激励》，中国经济出版社 2009 年版。

庞景安：《科学计量研究方法论》，科学技术文献出版社 2002 年版。

彭江：《中国大学学术研究制度变革》，华中师范大学出版社 2009 年版。

宋旭红：《学术职业发展的内在逻辑》，华中科技大学出版社 2008 年版。

万君康等：《科技奖励学》，科学技术文献出版社 1994 年版。

王炎坤：《科技奖励的社会运行》，华中理工大学出版社 1993 年版。

王炎坤、钟书华：《科技奖励论》，华中理工大学出版社 2000 年版。

吴国盛：《科学的历程》，湖南科学技术出版社 1997 年版。

习近平：《在中国科学院第十九次院士大会、中国工程院第十四次院士大会上的讲话》，人民出版社 2018 年版。

熊小刚：《国家科技奖励制度运行绩效评价》，社会科学文献出版社 2013 年版。

徐顽强、熊小刚等：《国家科技奖励体系中的非政府奖项研究》，中国科学技术出版社 2013 年版。

许庆瑞：《研究发展与技术创新管理》，高等教育出版社 2000 年版。

姚昆仑：《科学技术奖励综论》，科学出版社 2008 年版。

张荆、赵卫华：《高校教师收入分配与激励机制改革研究》，社会科学文献出版社 2014 年版。

张昕竹等：《科研资助的激励机制：理论与实践》，中国社会科学出版社 2012 年版。

张彦：《科学价值系统论》，社会科学文献出版社 1994 年版。

赵万里：《科学的社会建构——科学知识社会学的理论与实践》，天津人民出版社 2002 年版。

中共中央文献编辑室：《习近平关于科技创新论述摘编》，中共中央文献出版社 2016 年版。

中国科协调研宣传部、中国科协发展研究中心：《中国科技人力资源发展研究报告》，中国科学技术出版社 2008 年版。

中国科学院文献情报中心：《中外科技政策评论（第 1 卷）》，北京理工大学出版社 2003 年版。

钟书华、王炎坤：《国家科技计划与科技奖励》，人民出版社 2007 年版。

周寄中：《科学技术创新管理》，经济科学出版社 2000 年版。

周庆行：《现代科技与科技管理》，重庆大学出版社 2004 年版。

［德］卡尔·雅斯贝尔斯：《大学之理念》，邱立波译，上海人民出版社 2007 年版。

［法］布鲁诺·拉图尔、［英］史蒂夫·伍尔加：《实验室生活：科学事实的构建过程》，张伯霖、刁小英译，东方出版社 2004 年版。

［加］弗朗西斯·赫瑞比：《管理知识型员工》，机械工业出版社 2008 年版。

［美］B.F.斯金纳：《科学与人类行为》，谭力海等译，华夏出版社 1999 年版。

［美］B.盖伊·彼得斯：《政治科学中的制度理论："新制度主义"（第二版）》，王向民、段红伟译，上海世纪出版集团 2011 年版。

［美］R.K.默顿：《科学社会学》（上），鲁旭东、林聚任译，商务印书馆 2011 年版。

［美］R.K.默顿：《科学社会学》（下），鲁旭东、林聚任译，商务印书馆 2011 年版。

［美］R.K.默顿：《十七世纪英格兰的科学、技术与社会》，商务印书馆 2000 年版。

［美］埃尔菲·艾恩：《奖励的惩罚》，程寅、艾斐译，上海三联书店 2006 年版。

［美］伯纳德·巴伯：《科学与社会秩序》，顾昕等译，生活·读书·新知三联书店 1991 年版。

［美］弗雷德里克·赫茨伯格：《工作的激励因素》，中国人民大学出版社 1986 年版。

［美］哈里特·朱克曼：《科学界的精英——美国的诺贝尔奖金获得者》，周叶谦等译，商务印书馆 1979 年版。

［美］杰里·加斯顿：《科学的社会运行——英美科学界的奖励系统》，顾昕等译，光明日报出版社 1988 年版。

［美］科尔、S.科尔：《科学界的社会分层》，赵佳苓等译，华夏出版社 1989 年版。

［美］拉塞尔·雅可比：《最后的知识分子》，洪洁译，江苏人民出版社 2002 年版。

［美］欧内斯特·博耶：《学术水平反思——教授工作的重点领域》，吕达、周满生译：《当代外国教育改革名著文献（美国卷三)》，人民教育出版社 2004 年版。

［美］希拉·斯劳特等：《学术资本主义：政治、政策和创业型大学》，

梁骁、黎丽译，北京大学出版社 2008 年版。

［美］亚伯拉罕·马斯洛：《人类激励理论》，中国人民大学出版社 1994 年版。

［英］波特·马金等：《组织和心理契约》，北京大学出版社 2000 年版。

［英］J. D. 贝尔纳：《科学的社会功能》，陈体芳译，商务印书馆 1982 年版。

［英］J. D. 贝尔纳：《历史上的科学》，伍况甫等译，科学出版社 1959 年版。

［英］安尼·布尔金：《智力资本》，东北财经大学出版社 1998 年版。

［英］迈克尔·马尔凯：《科学与知识社会学》，东方出版社 2001 年版。

［英］斯蒂芬·鲍尔：《政治与教育政策制定》，王玉秋、孙益译，华东师范大学出版社 2003 年版。

［英］斯图亚特·里查德：《科学哲学与科学社会学》，中国人民大学出版社 1989 年版。

［英］约翰·齐曼：《真科学：它是什么，它指什么》，曾国屏等译，上海科技教育出版社 2002 年版。

［英］约翰·齐曼：《知识的力量——科学的社会范畴》，上海科学技术出版社 1985 年版。

二 政策文件

中共中央、国务院：《中国教育改革和发展纲要》，1993 年 2 月 13 日，http：//www. moe. gov. cn/jyb_ sjzl/moe_ 177/tnull_ 2484. html，2021 年 6 月 21 日。

国家教委、国家计委、财政部：《高等学校收费管理暂行管理办法》，教育部网站，1996 年 12 月 16 日，http：//www. moe. gov. cn/srcsite/A02/s5911/moe_ 621/199612/t19961216_ 81884. html，2021 年 6 月 21 日。

中共中央、国务院：《关于加强技术创新，发展高科技，实现产业化的决定》，1999 年 11 月 2 日，http：//www. gov. cn/gongbao/content/2000/content_ 60101. htm，2021 年 6 月 21 日。

中华人民共和国：《中华人民共和国专利法》，2000 年 12 月 6 日，http：//www. npc. gov. cn/wxzl/gongbao/2000-12/06/content_ 5004443. htm，2021

年 6 月 21 日。

中共中央：《关于进一步繁荣发展哲学社会科学的意见》，2004 年 1 月 5 日，http：//www. gov. cn/test/2005-07/06/content_ 12421. htm，2021 年 6 月 23 日。

科技部：《社会力量设立科学技术奖管理办法》，科技部网站，2006 年 2 月 5 日，https：//kjt. hebei. gov. cn/www/ztzllb/152162/lntcgxj11/153033/index. html，2021 年 6 月 23 日。

教育部：《关于深化高等学校科技评价改革的意见》，2013 年 11 月 29 日，http：//www. gov. cn/gongbao/content/2014/content_ 2620284. htm，2021 年 6 月 21 日。

中国科协、教育部、科技部、卫生计生委、中科院、工程院、自然科学基金会：《关于印发〈发表学术论文"五不准"〉的通知》，2015 年 11 月 23 日，http：//www. moe. gov. cn/jyb_ xxgk/moe_ 1777/moe_ 1779/20 1512/t20151214_ 224910. html，2021 年 6 月 23 日。

中共中央：《关于深化人才发展体制机制改革的意见》，2016 年 3 月 21 日，http：//www. gov. cn/xinwen/2016-03/21/content_ 5056113. htm，2021 年 6 月 23 日。

中共中央办公厅、国务院办公厅：《关于进一步完善中央财政科研项目资金管理等政策的若干意见》（中办发［2016］50 号），2016 年 7 月 31 日，http：//www. gov. cn/xinwen/2016-07/31/content_ 5096421. htm，2021 年 6 月 24 日。

科技部、教育部、人力资源和社会保障部、中科院、中国工程院：《关于开展清理"唯论文、唯职称、唯学历、唯奖项"专项行动的通知》，2018 年 11 月 8 日，http：//www. moe. gov. cn/srcsite/A16/s7062/201811/t20181113_ 354444. html，2021 年 6 月 21 日。

全国哲学社会科学工作办公室：《关于进一步完善国家社会科学基金项目管理的有关规定》，2019 年 4 月 30 日，http：//www. nopss. gov. cn/n1/2019/0430/c219469-31060172. html，2021 年 6 月 21 日。

教育部、国家知识产权局、科技部：《关于提升高等学校专利质量，促进转化运用的若干意见》，2020 年 2 月 19 日，http：//www. moe. gov. cn/srcsite/A16/s7062/202002/t20200221_ 422861. html？isappinstalled

=0，2021 年 6 月 21 日。

教育部、科技部：《关于规范高等学校 SCI 论文相关指标使用 树立正确评价导向的若干意见的通知》，2020 年 2 月 20 日，http：//www. moe. gov. cn/srcsite/A16/moe_ 784/202002/t20200223_ 423334. html，2021 年 6 月 21 日。

科技部：《关于破除科技评价中"唯论文"不良导向的若干措施（试行）的通知》，2020 年 2 月 23 日，http：//www. most. gov. cn/xxgk/xinxifenlei/fdzdgknr/fgzc/gfxwj/gfxwj2020/202002/W020200716318617342543. pdf，2021 年 6 月 21 日。

科技部、国家自然科学基金委：《关于进一步压实国家科技计划（专项、基金等）任务承担单位科研作风学风和科研诚信主体责任的通知》，2020 年 7 月 17 日，http：//www. gov. cn/zhengce/zhengceku/2020-07/30/content_ 5531151. htm，2021 年 6 月 21 日。

人力资源和社会保障部：《关于开展人力资源服务行业促就业行动的通知》，2020 年 8 月 14 日，http：//www. mohrss. gov. cn/SYrlzyhshbzb/jiuye/gzdt/202008/t20200814_ 382710. html，2021 年 6 月 23 日。

四川省科学技术厅：《关于〈四川省破除科技评价中"唯论文"不良导向的具体措施（试行）〉》，2020 年 9 月 11 日，http：//kjt. sc. gov. cn//kjt/notice/2020/9/11/b9fa122c1d664cf1a171228f09b0ee18. shtml，2021 年 6 月 23 日。

中共中央、国务院：《深化新时代教育评价改革总体方案》，2020 年 10 月 13 日，http：//www. gov. cn/zhengce/2020-10/13/content_ 5551032. htm，2021 年 6 月 21 日。

教育部等六部门：《关于加强新时代高校教师队伍建设改革的指导意见》，2021 年 1 月 27 日，http：//www. moe. gov. cn/srcsite/A10/s7151/202101/t20210108_ 509152. html，2021 年 6 月 24 日。

三 论文

Banlucainiao：《为什么中国长期在科学领域少有重大建树——关于钱学森之问的回答》，2017 年 1 月 11 日，https：//blog. csdn. net/flyfrommath/article/details/54341059，2021 年 6 月 23 日。

白强：《大学科研评价旨意：背离与回归》，《大学教育科学》2018 年第
　11 期。

鲍健强、苗阳：《论后学院时代的科学奖励系统——超越默顿范式》，
　《科学与科学技术管理》2009 年第 4 期。

鲍威、吴红斌：《象牙塔里的薪资定价：中国高校教师薪资影响机制》，
　《北京大学教育评论》2016 年第 4 期。

别郭荣、徐梅：《去行政化改革与回归现代大学的本质》，《中国高教研
　究》2011 年第 11 期。

蔡基刚：《科技论文国内期刊首发环境的现状与思考》，《语言战略研究》
　2020 年第 12 期。

蔡文姝：《我国大学专利实施研究》，硕士学位论文，大连理工大学，
　2010 年。

操太圣：《"五唯"问题：高校教师评价的后果、根源及解困路向》，《大
　学教育科学》2019 年第 1 期。

曹淑江、尹若晨：《我国研究型大学激励机制的误区和解决对策》，《江
　苏高教》2012 年第 3 期。

常蕾：《学术水平的不确定性对高校科研奖励的影响研究》，《中国高校
　科技》2015 年第 12 期。

常青：《学术水平的不稳定性对高校科研奖励的影响研究》，《中国高校
　科技》2015 年第 12 期。

陈光潮、邵红梅：《波特劳勒综合激励模型及其改进》，《学术研究》
　2004 年第 12 期。

陈利敏：《教学型大学教师绩效管理探析》，《高教与经济》2011 年第
　9 期。

陈良雨、汤志伟：《状态—结构—绩效视角下大学学术锦标赛制研究》，
　《东北大学学报》（社会科学版）2019 年第 9 期。

陈屈亮：《高等教育管理人性假设的本质及特征》，《教育教学论坛》
　2016 年第 24 期。

陈先哲：《学术锦标赛制：中国学术增长的动力机制与激励逻辑》，《高
　等教育研究》2017 年第 9 期。

成良斌、钟书华、李晓立：《中外科技奖励制度的文化背景分析》，《软

科学》1999 年第 S1 期。

仇勇、李宝元、董青：《我国高校教师的薪酬制度改革研究——基于历史走势分析与国际经验借鉴》，《国家教育行政学院学报》2015 年第10 期。

邓大营：《论学术道德建设中的隐性知识及其作用》，硕士学位论文，华中科技大学，2007 年。

邓小南：《力度·厚度·深度——学术研究如何兼顾原创性与时代性》，《探索与争鸣》2018 年第 5 期。

董立平、周水庭：《学术人：高等教育管理的人性基础》，《江苏高教》2011 年第 2 期。

董艳：《硕士研究生科研隐性知识、导师有效指导及其二者之间的关系》，《北京师范大学学报》2007 年第 5 期。

杜兴强、雷宇：《企业利益相关者的利益关系：冲突还是融合》，《山西财经大学学报》2009 年第 6 期。

樊向伟、肖仙桃：《科研产出高峰期研究的现状与问题》，《图书情报工作》2015 年第 5 期。

樊小杰：《"委托—代理"关系视域下大学校长遴选机制变革研究》，《高教探索》2015 年第 1 期。

樊秀娣、石雪怡：《英国"科研卓越框架"同行评议制度的改革及启示》，《江苏高教》2020 年第 9 期。

方芳：《从理性和有限理性角度看决策理论及其发展》，《经济问题探索》2005 年第 8 期。

方妍：《高等教育强国背景下政府与大学关系重构研究》，博士学位论文，武汉大学，2011 年。

方阳春：《工作压力和社会支持对高校教师绩效的影响》，《科研管理》2013 年第 5 期。

付八军：《高校"五唯"：实质、缘起与治理》，《浙江社会科学》2020 年第 2 期。

付瑶瑶、吴旦：《美国研究型大学学术人员薪酬管理制度的研究与借鉴》，《复旦教育论坛》2007 年第 9 期。

高建勋：《大学精神的失落及其对策研究》，《中南民族大学学报》（人文社会科学版）2005 年第 4 期。

龚放、曲铭峰：《南京大学个案：SCI 引入评价体系对中国大陆大学基础研究的影响》，《高等理科教育》2010 年第 3 期。

谷贤林：《学术精神与诺贝尔奖——剑桥、哈佛的启示》，《北京科技大学学报》（社会科学版）1999 年第 8 期。

谷志远：《高校青年教师学术产出绩效影响因素的实证研究——基于个性特征和机构因素的差异分析》，《高教探索》2011 年第 1 期。

顾海良：《完善大学治理结构的四个着力点》，《教育文化论坛》2011 年第 1 期。

顾淑霞、刘蔚如：《清华发布〈关于完善学术评价制度的若干意见〉》，《新清华》2019 年 4 月 19 日。

郭鑫鑫：《中国省际人才分布影响因素的实证研究》，《人口与经济》2018 年第 3 期。

郭亚品：《我国大学科研奖励现状研究——基于政策文本的分析》，硕士学位论文，南京师范大学，2014 年。

郝辽钢、刘健西：《激励理论研究的新趋势》，《北京工商大学学报》（社会科学版）2003 年第 5 期。

吴洪富：《大学场域变迁中的教学与科研关系》，博士学位论文，华中科技大学，2011 年。

贺祖斌：《推进高等教育治理体系和治理能力现代化建设》，《中国高等教育》2020 年第 4 期。

胡化凯、胡晓军、邹经培：《国外人文社会科学奖励分析》，《中国科技奖励》2008 年第 5 期。

胡俊：《高校教师科研业绩考核研究》，硕士学位论文，暨南大学，2006 年。

胡婉丽、汤书昆：《基于研发过程的知识创造和知识转移》，《科学学与科学技术管理》2004 年第 1 期。

扈文秀：《对波特劳勒综合型激励模式的分析与评价》，《西安理工大学学报》2001 年第 3 期。

黄静霞：《SCI 收录期刊影响因子评价研究——基于提高高校科学研究水平的视角》，《中国高校科技》2013 年第 4 期。

黄世喆：《科技文件运动规律研究》，《档案学通讯》2005 年第 1 期。

季诚钧：《大学组织属性与结构研究》，《华东师范大学》2004 年第 4 期。

焦贺言：《论我国民间科技奖励与国家科技奖励差异》，《中国科技奖励》2004 年第 4 期。

金凤：《科研质量评价，江苏高校不再"一把尺子量到底"》，《科技日报》2020 年 11 月 12 日。

景丽珍、杨贞兰：《同事关系对高校教师工作绩效的影响》，《高等教育研究》2013 年第 5 期。

孔宪毅：《从百年走势看诺贝尔自然科学奖的特点、作用与启迪》，《自然辩证法通讯》2002 年第 6 期。

邝小军：《高校科研奖励制度运行的实证研究——以 A 大学为例》，《科技进步与对策》2007 年第 4 期。

赖亚曼：《美国高校教师薪酬外部竞争力分析及启示》，《清华大学教育研究》2008 年第 12 期。

李滨江：《高校科研激励机制存在的问题及对策》，《科技进步与对策》2004 年第 7 期。

李炳炎：《从传统"经济人"到"科学经济人"的术语革命》，《南京财经大学学报》2006 年第 4 期。

李炳炎、江皓：《"科学经济人"：现代马克思主义经济学的基本假设》，《学术研究》2005 年第 12 期。

李冲、王前：《高校教师评价中的问题及对策：隐性知识管理的视角》，《科学学与科学技术管理》2007 年第 8 期。

李冲、张丽、苏永建：《薪酬结构、工作满意度与高校教师工作绩效关系的实证研究》，《复旦教育论坛》2016 年第 5 期。

李凤亮、王占军：《现代大学制度视野下的高校哲学社会科学评价创新》，《中国高校科技》2012 年第 8 期。

李怀、邵慰：《高校科研人员激励制度的层级理论分析》，《中国科技论坛》2009 年第 7 期。

李立国：《大学治理的基本框架分析——兼论大学制度和大学治理的关系》，《大学教育科学》2018 年第 3 期。

李立国等：《超越"五唯"：新时代高等教育评价的忧思与展望》，《大学教育科学》2020年10月13日。

李丽丽：《"学术资本主义"中的资本逻辑与文化逻辑》，《云南社会科学》2017年第6期。

李萍：《高校科研回归本真的动因与路径选择》，《高教论坛》2013年第10期。

李全喜：《从导学逻辑到利益逻辑：研究生科研中师生关系异化的生成机理及本质变迁》，《学位与研究生教育》2016年第12期。

李涛：《高校教师薪酬公平与工作绩效相关性研究》，《教育与职业》2011年第9期。

李新荣：《高校科研评价与奖励的导向功能及实现》，《江苏高教》2003年第4期。

李焱：《中美高等院校教师管理制度比较刍议》，《西安建筑科技大学学报》（社会科学版）2008年第3期。

李燕萍、沈夏珏：《高校薪酬体系构建：国内实践和国外经验》，《中国高等教育》2016年第4期。

李志强：《强化基础科学研究的关键所在》，《学习时报》2019年7月4日。

刘帮正：《R&D投入对广东高新技术产品出口影响研究》，硕士学位论文，西北农林科技大学，2009年。

刘彩娥：《把论文写在祖国大地上——国内科研论文外流现象分析》，《北京工业大学学报》（社会科学版）2018年第2期。

刘广、虞华君：《外在激励、内在激励对高校教师科研绩效的影响》，《科研管理》2019年第1期。

刘华海：《高校科研文化异化：负面效应与治理路径》，《科研管理》2015年第S1期。

刘辉、杨忠泰：《破"五唯"背景下高校科研重复奖问题及其治理研究》，《中国高教科技》2021年第12期。

刘立：《科研评价要突出"唯原创性"标准》，《中国科学报》2019年3月20日。

刘名宇、綦佳、马鸿哲：《中国高校教师绩效薪酬制度改革研究》，《中外企业家》2020 年第 1 期。

刘伟、张子健、罗文清：《基于 R&D 类型的项目选择整体架构》，《科技进步与对策》2006 年第 10 期。

刘垠：《南京大学："不唯论文和影响因子"，创新性成果也可评教授》，《科技日报》2020 年 11 月 17 日。

刘宇文、夏婧：《关注需要的多样性：高校教师激励的基点》，《国家教育行政学院学报》2015 年第 9 期。

刘宇文、张鑫鑫：《从外部激励走向内部激励：高校教师科研创新的动力转型研究》，《湖南师范大学教育科学学报》2010 年第 1 期

刘宇文、周文杰：《我国高校科研奖励制度的现状与发展探索》，《高等工程教育研究》2015 年第 4 期。

卢立珏：《地方高校科研转型的路径与策略——基于"三螺旋理论"框架的分析》，博士学位论文，华中科技大学，2018 年。

卢立珏、薛伟：《地方高校科研：外部评价体系重构与内部激励机制改革》，《中国高校科技》2019 年第 4 期。

卢晓中、陈先哲：《学术锦标赛制下的制度认同与行动逻辑——基于 G 省大学青年教师的考察》，《高等教育研究》2014 年第 7 期。

吕途：《关于高校教师管理评价中"唯"问题的初步探讨》，《中国高等教育》2020 年第 10 期。

罗燕：《"五唯"学术评价的制度分析——兼论反"五唯"后我国学术评价的制度取向》，《复旦教育论坛》2020 年第 3 期。

骆品亮、陈祥锋：《研究型大学教师薪酬制度再设计研究》，《科研管理》2000 年第 5 期。

马成功、王二平、林平：《基于行为的绩效评定方法的研究进展》，《心理科学进展》2002 年第 4 期。

马涛、肖绣文：《"经济人"与人文关怀——兼评海派经济学的"新经济人"理论》，《当代经济研究》2004 年第 9 期。

么大中：《科技奖励的级别与声誉》，《科学学研究》1998 年第 1 期。

南开大学：《南开大学科技创新基金管理办法》，2020 年 7 月 9 日，ht-tp://www.doc88.com/p-30659476107306.html，2021 年 6 月 23 日。

南开大学：《南开大学文科发展基金管理办法》，2021 年 1 月 8 日，ht-

tp：//news. nankai. edu. cn/ywsd/system/2021/01/08/030043800. shtml，
2021 年 6 月 24 日。

聂翠云：《世界一流大学教师职称评审政策中的"社会参与"研究》，博
士学位论文，江西师范大学，2020 年。

聂映玉、杜婧、陈天天：《国内研究型大学基础研究生态环境优化探
讨——基于科技创新背景下的视角》，《中国高校科技》2020 年第
12 期。

牛风蕊：《高校教师绩效薪酬制度改革探析》，《南昌师范学院学报》
2016 年第 4 期。

欧翠珍：《核心期刊在广东高校科研奖励机制中的应用及其评价》，《广
东技术师范学院学报》2007 年第 12 期。

欧阳锋： 《默顿的科学规范论研究》，博士学位论文，厦门大学，
2006 年。

彭菲菲：《学术资本化的影响及其对策研究》，博士学位论文，中国科学
技术大学，2019 年。

彭鸿雁、汪文哲：《高校教师工资结构及绩效实证分析——以中部地区某
本科院校为例》，《中国高教研究》2014 年第 7 期。

齐燕：《基于专利引文分析的领域科技关联发展态势探究——以 HCV 为
例》，《图书情报工作》2019 年第 12 期。

邱勇：《建立长效机制努力开创新时代学风建设新局面》，《新清华》
2020 年 1 月 3 日。

饶莉、廖奕：《国家科技奖励导向下的高校科研管理模式探索》，《中国
高校科技》2020 年第 Z1 期。

任珂：《新建本科院校教学与科研关系的制度分析——基于 N 学院的案
例研究》，博士学位论文，华中科技大学，2017 年。

任珂：《新建本科院校科研奖励政策演变的个案研究——以 N 学院为案
例》，《国家教育行政学院学报》2016 年第 8 期。

阮冰琰：《中外科技奖励制度差异及启示》，《科技管理研究》2009 年第
8 期。

阮冰琰：《重构我国科技奖励的社会分层体系》，《科学学研究》2010 年
第 4 期。

尚虎平：《国际论文生产与国家生产力——一个关于中国科学研究悖论的政治经济学解释》，《武汉大学学报》（人文科学版）2017 年第 3 期。

尚虎平、叶杰、赵盼盼：《我国科学研究中的公共财政效率：低效与浪费——来自国家自然科学基金、社会科学基金项目产出的证据》，《科学学研究》2012 年第 10 期。

沈文明：《大学学术人与行政人的文化差异实证研究》，硕士学位论文，江西师范大学，2013 年。

史万兵、杨慧：《高等学校教师科研绩效评价方法的研究》，《高教探索》2014 年第 6 期。

孙政荣：《教学型高校科研可持续发展措施的研究》，《杭州电子科技大学学报》（社会科学版）2005 年第 3 期。

邰双纳：《我国高校高层次科研奖励制度的创新发展研究》，《科学管理研究》2017 年第 3 期。

谭晓斐、杨连生：《超越"五唯"：大学排名的治理与监管刍议》，《大学教育科学》2020 年第 11 期。

唐俊：《高校科研奖励机制中的激励问题分析》，《广东商学院学报》2009 年第 1 期。

田锋社：《地方高校科研激励机制的探索与实践》，《科技管理研究》，2004 年第 3 期。

田晶：《跳槽员工的心理分析与对策》，《人才资源开发》2005 年第 6 期。

田贤鹏：《高校学科专业动态调整：模式、困境与整合改进》，《高校教育管理》2018 年第 6 期。

童顺平：《必要的激励：世界一流大学建设配套政策的理性选择——基于激励契约理论的视角》，《现代教育管理》2017 年第 3 期。

万丽华、王雅敏：《高校论文引用奖励政策的负效应及对策研究》，《科学管理研究》2016 年第 10 期。

万丽华、龚培河：《高校科研奖励与科研实施的关联性及对策研究》，《科技管理研究》2014 年第 17 期。

王崇桃、方德英、王一川：《高校教师科研状况的调查与分析与管理措施研究》，《研究与发展管理》2011 年第 2 期。

王传毅、程哲：《"双一流"建设成效评价如何超越"五唯"》，《大学教育科学》2020 年第 11 期。

王春雷、蔡雪月：《科研奖励政策对高校教师科研合作的影响研究——以
广西大学商学院发表学术论文为例》，《科学管理研究》2018 年第
1 期。

王大明、胡志强：《作为创新文化建设重要组成部分的中国科技奖励制
度》，《自然辩证法研究》2005 年第 4 期。

王海燕、张昕妍：《我国科技评价体系改革的困境与对策》，《中国软科
学》2018 年第 4 期。

王涵镔：《中外科技奖励制度的比较研究》，硕士学位论文，重庆大学，
2010 年。

王立新：《企业创新过程研究》，博士学位论文，上海交通大学，2006 年。

王平：《多维视阈中的大学精神》，《中国高等教育》2013 年第 7 期。

王平：《论大学的人文意蕴》，《上海交通大学学报》（哲学社会科学版）
2003 年第 12 期。

王善平：《"SCI 核心期刊"政策推进还是阻碍了中国科学的发展》，《科
技导报》2011 年第 28 期。

王晓勇：《科学精神与诺贝尔奖》，《自然辩证法研究》2001 年第 9 期。

王炎坤、艾一梅、曾湖萍：《科技奖励的精神奖励与物质奖励影响之比
较》，《科研管理》1997 年第 2 期。

王英伟：《研究与发展对中国经济增长作用的定量分析》，硕士学位论
文，华中科技大学，2005 年。

王志伟、徐琴：《科学奖励研究的默顿范式及其存在问题》，《自然辩证
法研究》2000 年第 11 期。

韦天翼：《我国大学行政权力与学术权力协调共生机制研究》，硕士学位
论文，广西师范学院，2012 年。

吴恺：《我国科技奖励制度研究》，博士学位论文，武汉大学，2010 年。

吴恺：《中外科技奖励制度的比较及启示》，《北京石油管理干部学院学
报》2012 年第 2 期。

吴邵琪、陈千、杨群华：《研究型大学教师薪酬满意度调查》，《科研管
理》2005 年第 5 期。

吴文洁：《"经济人假设"：批判与思考》，《西安石油学院学报》（社会

科学版）2002 年第 1 期。

吴昕芸：《新中国成立以来我国科技奖励制度演变研究》，硕士学位论文，南京信息工程大学，2015 年。

吴艳萍：《基于需求层次理论的科研激励管理研究》，《科技管理研究》2010 年第 21 期。

武晓伟、吴枋泠、牛宙：《学术"锦标赛"制下高校"女青椒"的制度认同与生存选择——一个"女青椒"的个案研究》，《教师教育研究》2019 年第 6 期。

夏鲁惠：《我国高等教育体制改革 40 年回顾与展望》，《中国发展观察》2018 年第 24 期。

夏茂林等：《美国高校教师绩效薪资制度的主要特点、问题及启示》，《大学教育科学》2011 年第 1 期。

肖广岭：《隐性知识、隐性认识和科学研究》，《自然辩证法研究》1999 年第 8 期。

谢文新、张婧：《中、美、德三国高校教师薪酬制度比较与思考》，《高教探索》2013 年第 7 期。

谢玉华、毛斑斑、张新燕：《高校教师科研动机实证研究》，《高教探索》2014 年第 4 期。

熊小刚：《国家科技奖励制度运行绩效评价研究》，博士学位论文，华中科技大学，2011 年。

徐安、傅继阳、赵若红：《中美科技奖励体系的对比研究及启示》，《科技进步与对策》2006 年第 4 期。

徐梦秋、欧阳锋：《科学界的奖励系统与越轨行为——默顿学派对默顿科学规范论的丰富和发展》，《科学技术与辩证法》2007 年第 2 期。

徐炜、杨忠泰：《基于科技奖励理论的高校科研奖励政策同质化与科研异化探究》，《科技管理研究》2021 年第 11 期。

许纪霖：《回归学术共同体的内在价值尺度》，《清华大学学报》（哲学社会科学版）2014 年第 7 期。

闫丹：《高校科研团队奖励制度的设计与完善》，《中国高校科技》2016 年第 4 期。

杨兰、刘毅、王叙红：《高校教师科研态度的调查与分析》，《中国高校科技与产业化》2008 年第 Z1 期。

杨兰、刘毅、王叙红：《高校教师科研态度的调查与分析》，《中国高校科技与产业化》2008 年第 Z1 期。

杨同乐：《基于发展性的高校教师评价体系的研究》，硕士学位论文，中国地质大学（北京），2018 年。

杨永清：《论 SCI 在基础科学研究评价中的作用》，《江南大学学报》（人文社会科学版）2005 年第 3 期。

杨志兵：《高等学校薪酬制度与薪酬战略研究》，博士学位论文，武汉理工大学，2007 年。

杨忠泰：《高校科研分类评价探析》，《中国科技论坛》2011 年第 12 期。

杨忠泰：《公立高校科研奖励过度问题研究——知识发展流程视角》，《科技进步与对策》2020 年第 7 期。

杨忠泰：《陕西科技与经济相脱节内在机理分析》，《科技管理研究》2009 年第 7 期。

杨忠泰、白菊玲：《基于建设世界科技强国的我国建国 70 年创新文化演进脉络和战略进路》，《科技管理研究）2020 年第 9 期。

叶继元：《近年来国内外学术评价的难点、对策与走向》，《甘肃社会科学》2019 年第 3 期。

殷进功、汪应洛：《高校教师激励因素及其相互关系研究》，《科学学研究》2004 年第 2 期。

于洁：《如何实现大学教学与科研并重——一个研究框架的构建》，《北京师范大学学报》（社会科学版）2019 年第 4 期。

袁东、郑中华：《省际收入购买力差异的实证研究——以高校教师为例》，《中央财经大学学报》2013 年第 5 期。

曾贵、王超：《教学型高校过度科研的教学挤出效应研究》，《湘南学院学报》2015 年第 6 期。

曾湘泉、周禹：《薪酬激励与创新行为关系的实证研究》，《中国人民大学学报》2008 年第 5 期。

张桂平、廖建桥、刘文兴：《科研收益预期与高校教师非伦理行为的作用机制》，《高等教育研究》2011 年第 5 期。

张和平、沈红：《薪酬水平对高校教师科研生产率的激励——基于"全国教师调查"的实证研究》,《现代教育管理》2019 年第 7 期。

张红伟:《高校人文社会科学科研奖励办法比较》,《高教发展与评估》2017 年第 2 期。

张慧洁:《从价值取向看美、英、日三国高校教师工资制度改革》,《教师教育研究》2009 年第 7 期。

张晋超、刘理:《地方高校科研奖励与论文产出关系的实证研究》,《湖南理工学院学报》(自然科学版)2020 年第 4 期。

张树娟、梁工谦:《基于团队导向的高校科研激励方案设计》,《科技管理研究》2008 年第 9 期。

张烁:《破除"SCI 至上"评价更科学》,《人民日报》2020 年 2 月 24 日。

张廷君:《绩效结构理论及职业群体新视角:科技工作者三维绩效》,《中国科技论坛》2012 年第 2 期。

张珣等:《高校教师科研压力对科研绩效的作用机理研究》,《科学学研究》2014 年第 4 期。

张焱:《现代大学教师学术人角色的异化与重构》,《江苏高教》2012 年第 3 期。

张振鹏:《基于激励理论完善高校教师激励机制的思考》,《湖北社会科学》2008 年第 11 期。

章翠、张秀荣:《以绩效为导向的高校教师激励机制研究》,《求实》2008 年第 S1 期。

赵德平:《高校教师薪酬激励感知与工作绩效的实证分析——以激励效果为调节变量》,《四川师范大学学报》(自然科学版)2015 年第 6 期。

赵莉:《内隐情景下高校教师之间知识共享与形成机制研究》,《黑龙江高教研究》2013 年第 4 期。

赵士英、洪晓楠:《显性知识与隐性知识的辩证关系》,《自然辩证法研究》2001 年第 10 期。

赵星:《波特劳勒激励模式对我国高校科研激励的启示》,《产业与科技论坛》2014 年第 24 期。

赵延东、邓大胜:《科技工作者如何看学术不端行为——问卷调查的结果》,《科研管理》2012 年第 8 期。

赵治乐、赵汉青：《高校业绩奖励政策的局限和对策》，《教育现代化》2017 年第 36 期。

郑永平、孟宪飞、吴荫芳：《国家科技奖励与研究型大学建设》，《科技进步与对策》2009 年第 6 期。

中国科学技术协会：《第四次全国科技工作者状况调查报告》，2017 年 8 月 28 日，https://www.cast.org.cn/art/2017/8/28/art_ 150_ 23576.html，2021 年 6 月 23 日。

周洪宇：《深化教育评价改革加快推进教育现代化——〈深化新时代教育评价改革总体方案〉解读》，《中国考试》2020 年第 11 期。

周文泳：《论支持改进的科研质量评价》，《科研管理》2012 年第 1 期。

周远清：《高等教育体制的重大改革与创新》，《中国高等教育》2001 年第 1 期。

周志娟：《科学社会学视角中的科技奖励》，《中国科技奖励》2007 年第 3 期。

朱长春、刘萌芽：《简论高校科研奖励制度的设计》，《科技进步与对策》2002 年第 7 期。

朱浩然：《当前我国高等教育发展中存在的问题与对策》，《江苏高教》2009 年第 7 期。

朱剑：《科研体制与学术评价之关系——从"学术乱象"根源问题说起》，《清华大学学报》2015 年第 1 期。

朱军文、李奕赢、李燕超：《英国研究型大学教师薪酬体系及其特点——基于罗素集团的实证研究》，《高等教育研究》2017 年第 11 期。

朱军文、刘念才：《高校科研评价定量方法与质量导向的偏离及治理》，《教育研究》2014 年第 8 期。

朱伟：《高校教师的科研动机变化规律及激发研究》，《科技管理研究》2011 年第 1 期。

朱正一：《基于波特——劳勒综合激励模型的高校教师激励管理探究》，《中国农业教育》2015 年第 5 期。

Amolds, C. A., Boshoff, C., Compensation, Esteem Job Performance, *An Empirical Assessment of Aldeifer's ERG Theory*, International Journal of Human Resource Management, No. 13, 2002.

Bayer, A. E., Dutton, J. E., *Career Age and Research-professional Activities of Academic Scientists: Tests of Alternative Nonlinear Models and Some Implications for Higher Education Faculty Policies*, The Journal of Higher Education, No. 3, 1975.

Binning, J. F., Barrett, G. V., *Validity of Personnel Deci Sions: A Conceptual Analysis of Inferential and Evidential Bases*, Journal of Applied Psychology, No. 74, 1989.

Hardr, P. l., Beesley, A. D., Miler, R. L., Pace T. M., *Faculty Motivation to do Research: Across Disci-plines in Research-extensive Universities*, Journal of Professoriate, No. 5, 2011.

Kasten, K. L., *Tenure and Merit Pay as Rcwards for Research, Teaching, and Service at a Research University*, The Journal of Higher Education, No. 4, 1984.

Seguino, S., *Is more Mobility Good?: Firm Mobility and the Low Wage-low Productivity Trap*, Structural Change and Economic Dynamics, No. 18, 2007.

Semenova, M., Yudkevich, M., and Androushchak, G. V., *Financial Competence of Individual Depositors; The Influence of Institutional Factors on Market Discipline and Depositors Investment Strategies*, Ssrn Electronic Journal, Vol. 12, No. 4, 2008.

附录Ⅰ　A大学科研和科研奖励
调查问卷

尊敬的老师：

您好！本问卷是匿名卷，旨在了解您对高校教学与科研及科研奖励政策等相关问题的认识。请您根据下列描述与您个人工作中实际情况的符合程度作答，在相应的选项上打"√"。谢谢您的支持！

一　基本信息

1. 您的性别：

（1）男　　　　　　　（2）女

2. 您的年龄：

（1）35 岁及以下　　（2）36—45 岁　　　（3）46—55 岁

（4）55 岁以上

3. 您的职称：

（1）助教　　　　　　（2）讲师　　　　　（3）副教授

（4）教授　　　　　　（5）其他

4. 您的最高学位：

（1）学士　　　　　　（2）硕士　　　　　（3）博士

5. 您从事高校教育工作的年限：

（1）5 年及以下　　　（2）6—10 年　　　（3）11—15 年

（4）16—20 年　　　（5）20 年以上

6. 您的学科领域：

（1）人文社会科学　　（2）自然科学　　　（3）艺术类

（4）其他

7. 您觉得自己的个性特征更符合下列哪一个？

（1）外向、多言、乐观　　　　（2）内向、思考者、完美主义

（3）学科知识丰富，善于表达　　（4）含蓄、自控、喜欢独处

二　科研与教学的关系

8. 关于教学，您最认可下列哪一种看法？

（1）教学是教师向学生呈现信息和传递知识的活动

（2）教学是师生互动并通过教学展现自己科研成果以提高学生创新能力的活动

（3）教学是通过师生交流提高学生认识和解决问题能力的活动

（4）教学是立德树人的过程

9. 总体而言，您是否同意要成为一名优秀的高校教师，就必须进行科研？

（1）不同意　　　（2）较不同意　　　（3）中立

（4）比较同意　　（5）非常同意

10. 您是否能够平衡好教学与科研的关系？

（1）非常容易　　（2）一般

（3）比较困难　　（4）非常困难

11. 您认为以下因素在多大程度上影响您对科研和教学工作的精力分配？

	无影响（0%）	较小（25%）	一般（50%）	较大（75%）	很大（100%）
（1）个人兴趣及偏好					
（2）学科性质					
（3）国家政策导向					
（4）教学或科研经费数量					
（5）学校职称评聘制度					
（6）学校津贴分配和科研奖励政策					
（7）学术同行的认可					

12. 2019 年, 您平均每星期在课余以下活动中的时间分配比例是?
(总和为 100%)

(1) 备课、批改学生作业_____%

(2) 自己的科研及学术工作_____%

(3) 直接指导学生的科研及创新创业活动_____%

(4) 社会服务 (给校外机构提供咨询或培训等) _____%

13. 您认为高校教学与科研之间的关系是什么?

(1) 彼此竞争时间、资源等, 负相关　　(2) 相互促进, 正相关

(3) 很复杂, 说不清楚　　　　　　　　(4) 没有内在联系

14. 总体而言, 您的工作精力主要是放在教学还是科研?

(1) 倾向于教学　　　(2) 倾向于科研

(3) 两者兼顾　　　　(4) 两者都不是

三　科研的价值与奖励

15. 下面哪种看法最符合您对 "科研" 的理解 (可多选)?

(1) 科研是运用科学的方法探究世界客观规律的过程

(2) 科研是研究者赋予现象以意义的过程

(3) 科研是研究者之间观点的相互评价与碰撞的过程

(4) 科研是创造新知识与新技术, 并服务经济社会的过程

16. 您认为高校教师从事科学研究的主要目标是什么 (可多选)?

(1) 提高科研创新能力, 创造新知识　　(2) 提高学生创新能力

(3) 服务经济社会发展　　　　　　　　(4) 提高学校声誉

(5) 获取更多科研奖金

17. 您认为本校科研功能的定位应是什么?

(1) 应主要从事基础研究

(2) 应高度重视科技成果转化和技术开发

(3) 应着重服务地方经济社会和文化发展

(4) 基础研究和科技成果转化并重

18. 对科研成果的价值, 您同意以下哪种说法?

(1) 应有理论价值　　　　　　(2) 应有实际应用价值

(3) 兼有理论价值和实际应用价值　　(4) 为了完成工作量

（5）获取科研奖金

19. 您是否同意"总体而言，只有公开发表的作品才能算作科研成果"？

（1）非常同意　　　　　（2）比较同意

（3）比较不同意　　　　（4）非常不同意

20. 近三年来，您主持的科研项目来自什么？

（1）文献整理　　　　　　　　（2）实际问题

（3）实验观察数据和现象　　　（4）自己长期科研积累所形成

（5）教学

21. 近三年来，您主持的教学项目来自什么？

（1）科研　　　　　（2）教学　　　　　（3）教学与科研相结合

（4）社会实践　　　（5）文献整理

22. 2019 年，您新承担纵向科研项目多少项？

（1）0　　　　　　　（2）1—3 项　　　　（3）4—6 项

（4）7—9 项　　　　（5）10 项以上

23. 2019 年，您新承担横向科研项目多少项？

（1）0　　　　　　　（2）1—3 项　　　　（3）4—6 项

（4）7—9 项　　　　（5）10 项以上

24. 2019 年，您发表国际论文（　　　）篇，其中第一作者或通讯作者
（　　　）篇；国内论文（　　　）篇，其中第一作者或通讯作者（　　　）篇。

25. 2019 年，您新承担纵向科研项目的合同金额是？

（1）小于 10 万元　　　　　（2）10 万—50 万元

（3）50 万—100 万元　　　　（4）100 万元以上

26. 2019 年，您新承担横向科研项目的合同金额是？

（1）小于 10 万元　　　　　（2）10 万—50 万元

（3）50 万—100 万元　　　　（4）100 万元以上

27. 在您所在学校和院系，教师薪酬分配的主要依据是什么？

（1）倾向于教学　　　（2）倾向于科研　　　（3）两者兼顾

28. 您认为所在学校当前科研奖励额度是否合适？

（1）合理　　　　　　　（2）过大

（3）过小　　　　　　　（4）不清楚

29. 您认为高校教师职称晋升的主要依据应是什么？

（1）偏向教学　　　　　　　　（2）偏向于科研

（3）两者兼顾　　　　　　　　（4）区分不同情况分别对待

30. 您是否关注本校及上级有关部门出台的相关科研政策？

（1）非常关注　　　　　　　　（2）比较关注

（3）无所谓　　　　　　　　　（4）不关心

31. 您认为哪项科研政策能够调动您的科研积极性？

（1）获取各类科研经费　　　　（2）获得科研奖金

（3）获批科研立项　　　　　　（4）获取同行承认和赞誉

32. 您认为下面哪一项最符合目前本校科研和科研奖励政策的实际状况？

（1）科研奖励政策恰当　　　　（2）科研奖励政策运用不当

（3）科研至上　　　　　　　　（4）科研不被重视

（5）科研冲击教学

33. 您是否同意目前高校"科研至上"的状况是由下述因素造成的？

（1）政府部门考评　　　　　　（2）国内外高校排名

（3）考生及社会压力　　　　　（4）学校科研与教学关系处理不当

（5）科研奖励过多　　　　　　（6）学校不得已而为之

四　科研环境

34. 您的学术生活压力主要来自哪些方面？请选择最重要的要素（不超过三项）

（1）科研　　　　　　（2）教学　　　　　　（3）指导学生

（4）处理人际关系　　（5）处理课题报销及其他事务性工作

（6）其他（请注明）

35. 贵校职称评聘中最重视哪些要素？（不超过5项）

（1）教学成果奖

（2）指导学生获得技能性大赛、创新创业大赛奖项

（3）课堂教学评价的结果

（4）论文数量

（5）论文影响因子及引用率

（6）纵向科研项目数量及金额

（7）横向科研项目数量及金额

（8）拥有高级资格证书

（9）行业、企业的工作或实践经历

（10）专利

（11）专著

（12）技术成果转让金额

（13）高水平的社会兼职

（14）科研成果获奖

（15）各类人才帽子

（16）其他（请注明）

36. 您是否认同"论文代表作制"是解决片面追求论文数量问题的关键？

（1）完全不赞同　　　（2）比较不赞同　　　（3）中立

（4）比较赞同　　　　（5）完全赞同

37. 您是否同意对高校教师进行分类评价与聘任？

（1）不同意　　　　　（2）较不同意　　　　（3）中立

（4）较同意　　　　　（5）完全同意

38. 您对科研外部环境满意吗？

（1）科研项目评审环境

①很不满意　　　　　②较不满意　　　　　③中立

④较满意　　　　　　⑤完全满意

（2）论文发表环境

①很不满意　　　　　②较不满意　　　　　③中立

④较满意　　　　　　⑤完全满意

（3）人才帽子评审环境

①很不满意　　　　　②较不满意　　　　　③中立

④较满意　　　　　　⑤完全满意

（4）总体评价

①很不满意　　　　　②较不满意　　　　　③中立

④较满意　　　　　　⑤完全满意

39. 您对贵校提供的平台及制度设计满意吗？

	很不满意	较不满意	中立	较满意	完全满意
（1）论文等级制度					
（2）项目等级制度					
（3）职称评聘制度					
（4）教学奖励制度					
（5）科研奖励制度					
（6）科研成果转化的激励制度					
（7）人才评价制度					
（8）教师进修培训等职业发展支持制度					
（9）所在学校的科研创新平台					
（10）您对高校教师职业的总体满意程度					
（11）总体评价					

40. 您认为国家在推动高校科研创新激励方面最需要改进的制度设计是什么？

41. 您对国家进一步破"五唯"，取消 SCI 论文等奖励政策怎么看？应怎样贯彻落实？

42. 您认为，应如何破解公立高校科研奖励政策的现实困境，优化公立高校科研创新激励政策？

43. 您认为关于本校科研奖励政策还有哪些重要的问题没有涉及？（烦请写出您的真知灼见）

非常感谢您的合作！

附录Ⅱ A大学教师访谈提纲

一 访谈提纲（教师类）

1. 作为一线教师，您认为，教学和科研哪个对您的发展更有利？您对这两者的时间和精力是如何分配的？

2. 您对高校"科研"的内涵是如何理解的？您的科研初心和使命是什么？

3. 您对公立高校普遍推行的科研奖励政策怎么看？您是如何做的？还有什么建议？

4. 您认为，贵校当前职称评审、津贴分配制度和政策存在的问题有哪些？该如何解决？

5. 您好！近几年，学校教师申报科研项目的热情有增无减，您怎么看待这种现象？您认为项目申报对教师、对学校很重要吗？高校教师申报科研项目的目的是什么？

6. 您对目前国家和地方各级各类人才项目（"帽子"）及贵校的人才引进、人才项目及评价制度（比如××学者）有什么看法呢？

7. 您本人已经申报和获立了很多高层次科研项目，并且获得了比较多的科研奖励、荣誉和研究经费，为什么您热情依旧，还总是申报呢？

8. 您对高校教师搞科研，多挣科研奖金这种现象，怎么看？您身边是否有只为追求科学真理、为满足个人兴趣，而根本不在乎科研奖金的教师吗？

二 访谈提纲（管理类）

1. 校长：您好！在您主政学校工作期间，学校学科建设和科研创新工作取得了很好的发展，还有哪些问题和不足？您认为贵校的发展定位应该是什么？在工作中，还有哪些规定和要求与您的抱负不一致？您如何处理？同时，作为校长，您认为在国家进一步破"五唯"，取消 SCI 论文等奖励政策的条件下，如何破解目前公立高校科研奖励政策的困境？您认为，高校科研创新如何落实立德树人根本任务？

2. 作为协助校长分管学校学科建设和科研工作的副校长，您认为贵校应该发展什么样的科学研究，才能有效促进学校内涵式建设？如何破解高校科研"奖"与"不奖"的两难选择问题？

3. 您怎样看待当前各种学科、专业评估排名和大学排行榜？您如何看待公立高校普遍推行的科研奖励政策？

4. 作为二级学院院长，您认为像贵校这样典型的教学型高校，促科研创新的抓手和措施应该是什么，您又采取什么样的实际措施激励教师的科研创新？

5. 作为人事处长，您能谈谈贵校在科研创新激励方面是如何做的，更看中什么？还有什么突出问题？

6. 您作为科研管理处处长，又是科研项目和论文评审专家，您认为现有的科研项目和论文评审制度存在什么问题？还有哪些建议？您认为本校为什么要推行科研奖励政策？

7. 您对当前公立高校普遍推行的科研奖励政策怎么看？没有它，行吗？若要继续保留，如何改进？